臺灣歷史與文化 研究輯刊

十 編

第 9 冊

石壁部堂林千代生命史

彭盈潔 著

花木蘭文化出版社

國家圖書館出版品預行編目資料

石壁部堂林千代生命史／彭盈潔 著 — 初版 — 新北市：花木
蘭文化出版社，2016〔民 105〕
目 4+218 面：19×26 公分
（臺灣歷史與文化研究輯刊 十編：第 9 冊）
ISBN 978-986-404-790-1（精裝）
1. 林千代 2. 臺灣傳記 3. 通靈術
733.08   105014939

ISBN-978-986-404-790-1

9 789864 047901

臺灣歷史與文化研究輯刊
十 編 第九冊   ISBN：978-986-404-790-1

石壁部堂林千代生命史

作　　者	彭盈潔
總 編 輯	杜潔祥
副總編輯	楊嘉樂
編　　輯	許郁翎、王筑　美術編輯　陳逸婷
出　　版	花木蘭文化出版社
社　　長	高小娟

聯絡地址　235 新北市中和區中安街七二號十三樓
　　　　　電話：02-2923-1455／傳真：02-2923-1452
網　　址　http://www.huamulan.tw 信箱 hml 810518@gmail.com
印　　刷　普羅文化出版廣告事業
初　　版　2016 年 9 月
全書字數　159779 字
定　　價　十編 18 冊（精裝）台幣 36,000 元

石壁部堂林千代生命史

彭盈潔　著

作者簡介

彭盈潔，1978 年生於台灣花蓮砂婆礑山山腳下，石壁部堂座落的村莊中，童年時期課餘常至石壁部堂的廟埕中玩耍，或去廟中尋找來上香敬神的祖母，或觀看牽亡魂的儀式展演，卻因年幼無知而不懂其神秘奧妙之處。國中時期搬離此地後，因忙於課業就咸少再去拜拜，只有過年時才會和家人一同去上香祈福。民國 97 年進入花蓮教育大學鄉土文化學系碩士班研讀，在李世偉教授指導下進行石壁部堂相關專題研究，後以著名的「牽亡魂師姑：林千代」為畢業論文研究議題主軸，此時再度與石壁部堂的緣連結上。民國 100 年因大學及系所合併之故，畢業於東華大學台灣文化學系碩士班。目前服務於宜昌國小，擔任級任導師工作。

提　　要

　　本文的研究對象為在花蓮慈惠石壁部堂服務四十多年的牽亡師姑 林千代，使用生命史研究法中常見的口訪方式，蒐集資料、記載千代師姑服務於慈惠石壁部堂多年的歷史。透過千代師姑個人生命史的建構，能更加了解牽亡儀式的過程，藉由研究牽亡家屬與靈媒、亡魂間的社會互動，得知社會大眾對於死後世界的重視。而牽亡魂儀式對漢人世界的意義在於：漢人普遍相信死後有靈，亡魂在活人的世界中仍與眾人息息相關，不論是家庭、事業、健康的不順遂，都能與亡靈作祟有著相當程度的聯結；而亡魂在另一個世界中，是可以被召喚出來交談，透過牽亡儀式能重新連接起陰陽兩個世界，讓死亡不再象徵永遠的別離。因此社會上相當需要靈媒的存在，用以協助溝通鬼神，消災解厄。

　　千代師姑雖具有神準的靈通能力，但卻不曾想過要設立私人宮堂，反而盡心盡力協助石壁部堂建廟大業，身為在台灣如此著名的女性靈媒，卻對於掌控權力的慾望很低。此外師姑還會利用自身牽亡魂的能力，到各地需要她的宮堂幫忙。千代師姑辦事的靈驗性是沒有國界限制的，再加上有名的弟子及媒體的宣傳，使她能走出台灣，廣受其他國家信眾歡迎，將台灣民俗信仰往國外發揚光大，因此林千代師姑在眾多女性靈媒中具有相當高的獨特性。

目次

圖目次

表目次

第一章 緒 論

　　在台灣偏遠的花蓮，有一間廟座落在「石壁堵」〔註1〕，「慈惠石壁部堂」〔註2〕爲其名號。廟裡工作人員身穿青衣，〔註3〕青如老玉，衣服款式爲唐裝，合身且簡樸。其中有位師姑，個子矮小且駝背，特別顯眼，在廟的大殿中總被大量的香客們圍繞著，他們以尊敬、崇拜與焦慮的神情聽她說話。

　　爾後香客拿著香與她走到廟外，一走到廟外空地，師姑朝天際比劃一番，闔上眼睛、無力站立要人扶持。坐下後開口說話，香客們總會因爲她的話語哭成一團。儀式結束後，師姑恢復爲原本的狀態，香客們離開廟的表情是淚中帶笑，總是顯得相當安慰。從 50 年代到 90 年代，只要這位師姑出現在廟中，這間廟都上演這樣子的場景。這位身穿青衣，個子矮小且駝背，總被大量的香客們圍繞的師姑，就是在牽亡魂界享有盛名的林千代師姑。而這些不斷上演的場景，就是香客們透過這位靈媒與身故的親人進行了最不捨的溝通及談話——牽亡儀式。

　　從小，我就在這座廟的廟埕中玩耍長大，看著絡繹不絕的香客，不辭千里來此進行牽亡儀式。隨著成長，每想到那曾看過的牽亡景象，總讓我想起曾在書中讀過的一段話：

〔註 1〕廟後方的山壁上有一塊無植被的石壁，因此那個地區被當地人以客語或閩南語發音稱爲「石壁堵」。

〔註 2〕石壁部堂位於花蓮市西郊的山腳下，屬於慈惠堂體系中的一分堂，分靈自法華山慈惠堂。創建於民國 54 年（1965 年），主祀瑤池金母，以渡陰渡陽爲宗旨。石壁部堂以牽亡魂聞名海內外，其中牽亡靈媒林千代被譽爲「台灣首席靈媒」。

〔註 3〕瑤池金母的契子女、契孫，是身著青色合身唐裝，稱作青衣。

在生命飄逝的剎那間，最深的恐懼就是如何「再接續」（reconnection）。這種絕對的孤獨感絕不是平時厭煩他人的干擾而想離群索居的感覺；也不是一時的寂寞，而是從生命最底層發現「自己一個人在暗室」。〔註4〕

就是因為心情思念，所以人們才會不斷尋求方法，期望能與往生的親人能有所接觸，將這已斷裂的關係再接起。

第一節　研究動機與目的

台灣很多的家庭信奉著道教或民間信仰，我家則是以瑤池金母信仰為主，在早期農曆的初一、十五、初十、二十，傍晚祖母會以扁旦挑飯菜到廟裡拜拜。此外，每當神明的生日或是得道日，祖母也會穿著一身青衣帶著水果、餅乾到家附近的廟裡拜拜。在早期民生困苦的時代，孩童們的零食，或是一般家庭餐桌上的蛋白質來源，都得先經過拜拜的程序後，才會進到人們的口中，因此這些拜拜日是小孩最喜愛的日子，可以吃到平時因為貧困無法享用到的佳餚。若有家中成員當年犯沖需要制煞、安太歲，或是小孩受到驚嚇需要收驚，諸如此類的事情，我們都會請廟裡的師姑們幫忙。

林千代師姑服務的道場就是我家附近的那座廟，家裡大大小小跟信仰有關的事都會找廟中的師姑們幫忙。廟中的師姑在廟宇創立時期有七位，師姑們各有所長，有的專長在於制煞，有的是寫疏文，更有的擅長於牽亡魂。小時候跟著祖母去廟裡，看見牽亡魂的儀式正在舉行，其實並不懂那是什麼？祖母總不喜歡我們太靠近觀看，她都說那「很陰」，小孩子不要靠近。後來有一次聽到母親說起，我才知道那個叫做「牽亡魂」。

筆者的母親以前也曾為了因為車禍而死亡的外婆去廟裡請師姑幫忙牽亡魂。外婆在民國 69 年往生，走在路上被車撞死的，身亡時，沒有留下遺言或

〔註4〕余安邦，薛麗仙〈關係、家與成就：親人死亡的情蘊現象之詮釋〉，《中央研究院民族學研究所集刊》第 85 期（南港，中央研究院，1998 年春季），頁 12。其原文引自余德慧，《觀山觀雲觀生死》（台北：張老師文化事業公司，1995年），頁 66〜67。原文為：在生命飄逝的剎那間，最深的恐懼就是「從此不再有人環繞在身旁」，也只有在這當下，人才能清楚生命就是人與人之間有深沉的聯繫（relatedness）。這種絕對的孤獨感絕不是平時厭煩他人的干擾而想離群索居的感覺；也不是一時的寂寞，而是從生命最底層發現「自己一個人在暗室」。

字句。事情來得突然，讓大家措手不及，每次想到她，大家都相當不捨與滿滿的牽掛，很想知道外婆生前有什麼未了的心願。

那一次的牽亡儀式是外公和母親一起參加的。母親說：「當外婆被林千代師姑牽上來時，開口就叫外公是『lo` fan' go`！lo` heu' go`！〔註5〕』。後來喊出妳台北的舅舅『阿全』，那叫出名字時的聲調和尾音牽得細細長長的，就像外婆生前叫舅舅的樣子，一模一樣。」牽亡魂過程中，外婆說她最擔心的人就是台北的舅舅。此話一出又與外婆在世時的想法極為相似，因為台北舅舅是外婆所有孩子當中最令她擔心的一個。

母親就像那些香客一樣，當師姑一開口，就已經對她完全信服了，儀式後也得到了心靈上的安慰。我問母親，「牽」過外婆後有什麼感覺呢？母親說：「就覺得放心呀！」外婆依附在師姑身上時，提到她是冤死的，她的陽壽還有三十年未盡，因此要關在枉死城三十年，但在那裡她過得不好，那裡的獄卒對她很兇，所以希望母親燒些錢給她，讓她可以拿錢打通關，讓自己可以過得好一些。透過這次牽亡儀式，母親能知道外婆現在身在枉死城，燒錢給外婆就能讓她的生活得以改善，所以母親覺得終於放下心中的大石頭，不用擔心外婆在另一個世界的生活了。

每次與其他人提到筆者老家在花蓮「石壁堵」，〔註6〕人們總會提起那邊有一間以牽亡魂著名的廟。有的人會稱讚牽亡師姑厲害，有的人會說母娘靈感，於是乎筆者開始思考著，慈惠堂在全國有這麼多分堂，為什麼石壁部堂會這麼出名？在那條通往石壁部堂的小路上，一天之內常進出好幾輛載滿香客的遊覽車。而牽亡魂最靈驗的林千代師姑又是如何得這些能力？她對整個宗教界的影響力究竟有多深呢？因為自己土生土長的地方有這麼一個讓大家印象深刻的廟宇，廟中有知名的牽亡儀式及靈媒林千代師姑，讓我對此研究議題產生更強烈的使命感。

在民間宗教信仰的研究成果中，談論道場本身的研究，往往多過於對道場中的人物研究，特別是針對女性靈媒為研究對象的議題更是少見，目前僅見蔡佩如《穿梭天人之際的女人——女童乩的性別特質與身體意涵》，書中

〔註5〕外公外婆的語言是使用四縣腔客家話，外婆平日對外公的稱呼翻譯成普通話意思為「老番男！老猴男！」。

〔註6〕據筆者了解，閩南語或客語都稱石壁部堂的所在地為「石壁堵」，是因為位於石壁部堂後面的那座山，有一面光滑的石壁，進而以此命名。

是以台南地區女童乩的身體意涵為研究主題，〔註7〕及詹碧珠《尪姨與其儀式表演：當代臺灣女性靈媒的民族誌調查》，以台南地區尪姨及牽亡儀式為研究對象。〔註8〕以筆者要研究的林千代師姑來說，身在台灣後山且交通較不便利的石壁部堂道場，為什麼國內各地香客願意花費時間、金錢，不辭勞苦的到花蓮來找她牽亡魂？石壁部堂也因此成為國內牽亡魂的重鎮。其名聲遠播連知名頻道 discovery 也曾找上石壁部堂，希望能做個牽亡魂的主題報導。〔註9〕

　　在民間宗教信仰中，「靈媒」一直位居於舉足輕重的地位，特別是童乩議題一直都是研究者所關注的對象，但研究對象以男性童乩居多，近年來僅有少數論文研究女性童乩及尪姨，但研究面象是針對女性童乩的性別特質與身體意涵，或其展演的儀式背後隱藏的意義。隨著林千代師姑的過世，再加上目前沒有任何一篇文獻是針對她過去在宗教界的付出予以紀錄及探討的，讓筆者更加堅定要進行此議題的研究。筆者期望能透過此份研究，除為台灣社會中女性靈媒相關研究增添版圖，也期望透過林千代師姑個人生命史的探討，讓讀者能了解一位女性靈媒是如何透過牽亡儀式來興旺道場、發揚母娘信仰，以一位女性之姿在男性為主體的宗教界佔有一席之地，在眾多靈媒中能得到首席靈媒之美名。

第二節　研究回顧

　　筆者在此研究中的主體——林千代師姑，是屬於慈惠石壁部堂道場的女性靈媒，因此本節研究回顧將針對以女性靈媒為主體的研究資料，以及慈惠石壁部堂相關的研究進行回顧。

一、女性靈媒研究

　　在台灣的民間信仰中，靈媒是不可或缺的要角，早期的研究多朝民俗醫

〔註7〕蔡佩如，《穿梭天人之際的女人——女童乩的性別特質與身體意涵》（新竹：國立清華大學人類學研究所碩士論文，1998年）。

〔註8〕詹碧珠，《尪姨與其儀式表演：當代臺灣女性靈媒的民族誌調查》（新竹：清華大學社會人類學研究所碩士論文，1997年）。

〔註9〕該節目於民國93年夏季以電話聯繫當時的董事長彭進源（正確日期已不記得，但彭進源記得當時是夏天），表達希望能在廟中進行牽亡儀式的主題報導，但因故被董事長婉拒此節目的製作。資料來源：田野筆記980522。

療面向進行，如李亦園、〔註 10〕文榮光等〔註 11〕。也有研究是以童乩治療疾病功能來討論分析其醫療行為和特性，如張珣、〔註 12〕董芳苑、〔註 13〕宋和、〔註 14〕小靈醫〔註 15〕等人。以女性靈媒為主體的研究較少見，以下筆者將其相關研究分述討論。

　　蔡佩如《穿梭天人之際的女人——女童乩的性別特質與身體意涵》以台南市的女童乩為研究對象，從女性童乩的性別特質與身體意涵等面向中著手，探討女童乩存在的文化意義及社會意涵。其研究發現在宗教領域中，女性童乩跨越性別界限，在傳統兩性概念下進入宗教領域產生互動、交融，重構出不同於往的兩性意涵。女童乩的出現，也打破了女性屬陰、不潔的理論，女性的身體是能交互承受陰陽，同時擔任神明與祖先的代言人。女性由女人成為女童乩的歷程中，雖是打破傳統兩性能力限制的文化概念，進入神聖領域擔任神的代言人，但既存的性別概念與文化價值卻始終無法被丟棄，使得女童乩在重新定位己身的同時，不可免的再現了原有的秩序。〔註 16〕

　　詹碧珠《尪姨與其儀式表演：當代臺灣女性靈媒的民族誌調查》的研究，研究者從實際參與觀察牽亡儀式過程中，建立尪姨〔註 17〕個人生命史，並試圖從中了解尪姨與牽亡儀式所隱含的社會文化意義。研究指出在牽亡儀式中，尪姨與主家的對話內容多與家庭問題相關，因此可顯示出在台灣傳統中「家庭」或「家族」對個人的重要性。〔註 18〕

　　林美容、鄭鳳嘉、釋念慧的〈為母娘辦事——法華山慈惠堂溫滿妹五十

〔註 10〕李亦園，〈是真是假話童乩〉，《信仰與文化》（台北市：巨流圖書公司，1978年 8 月），頁 101～115。

〔註 11〕文榮光、林淑鈴、陳正宗、周文君、黃曉玲，〈靈魂附身現象：台灣本土的壓力因應行為〉，《中央研究院民族學研究所集刊》第 73 期（南港：中央研究所，1992 年春季），頁 1～32。

〔註 12〕張珣，〈民俗醫生——童乩〉，《疾病與文化》（台北縣：稻鄉出版社，1989 年），頁 73～99。

〔註 13〕董芳苑，《台灣民間宗教信仰》（台北：長青文化，1984 年）。

〔註 14〕宋和，《台灣區神媒的社會功能——一個醫藥人類學的探討》（台北：台灣大學考古人類學研究所碩士論文，1978 年）。

〔註 15〕小靈醫，《童乩桌頭之研究》（台南：人光出版社，1977 年）。

〔註 16〕蔡佩如，《穿梭天人之際的女人——女童乩的性別特質與身體意涵》。

〔註 17〕書中所提的尪姨泛指替人辦事舉行牽亡儀式的女性乩童。詹碧珠，《尪姨與其儀式表演：當代臺灣女性靈媒的民族誌調查》，頁 8。

〔註 18〕詹碧珠，《尪姨與其儀式表演：當代臺灣女性靈媒的民族誌調查》。

年的宗教療癒與實踐〉一文，以法華山慈惠堂堂主溫滿妹爲研究中心，從溫
堂主的宗教實踐與經驗出發，探討溫堂主如何透過「訓身」及宗教修行的過
程，除了提升自我靈力，還引領信徒成爲母娘信仰的虔信者，並且走上宗教
修行的歷程。研究發現，溫堂主以母性的力量擔任母娘在現世的代言人，透
過儀式展演及道德勸說，讓信徒感受到母娘的慈悲，並得到信眾的崇敬與信
任，使得母娘信仰透過勸化能轉化成一種療癒的能量。〔註19〕

二、慈惠石壁部堂研究

　　彭榮邦《牽亡：惦念世界的安置與撫慰》與許雅婷《母娘與祂的兒女：
慈惠石壁部堂宗教人物的經驗世界》都是以慈惠石壁部堂爲研究田野，進行
研究的碩士論文。彭榮邦是以牽亡儀式在生死關係上重建所帶來的可能意涵
進行探討，研究發現牽亡對於以母娘爲主要靈象徵的慈惠石壁部堂來說，是
對亡靈的一種救渡方式，而牽亡的師姑居中則扮演著關鍵的角色，〔註20〕帶
給亡者家屬心靈上的撫慰與安置。花蓮的慈惠石壁部堂自從 1960 年代的中
期，開始「母娘」交付之救陽渡陰聖事，以牽亡做爲「救陰」之聖事，是讓
亡者的魂能附身於師姑的身上，與亡者家屬進行溝通談話。來進行牽亡儀式
的家屬，可能是因爲自身或家人的身體、運途不順遂，爲過世親人移靈撿金，
或者是因爲亡者有所託付等等，將問題訴諸於與「亡靈」面對面的處理。在
亡者之靈附身到師姑的身上之後，家屬藉由與過世親人的亡靈對話，瞭解家
屬目前遇到的問題原因所在，以及過世親人的需求。彭榮邦認爲對失親者而
言，牽亡最重大的意義在於，給了失親者一個與過世親人重逢的短暫時空，
以撫慰家屬失去親人的傷痛。〔註21〕

　　許雅婷著重於分析師姑們的成乩歷程，探索宗教人如何與母娘溝通的神
祕經驗，並針對契子女們〔註22〕進入恍惚入神的狀態分析比較童乩、尫姨與

〔註19〕林美容、鄭鳳嘉、釋念慧，〈爲母娘辦事——法華山慈惠堂溫滿妹五十年的宗
　　　　教療癒與實踐〉，發表於慈濟大學宗教與文化研究所：「慈濟人間與宗教療癒」
　　　　研討會，2009 年 6 月 13～14 日。
〔註20〕文中指的牽亡師姑有兩位，皆姓林，稱林師姑，其中一位即爲林千代師姑。
〔註21〕彭榮邦，《牽亡：惦念世界的安置與撫慰》（花蓮：國立東華大學族群關係與
　　　　文化研究所碩士論文，2000 年）。
〔註22〕慈惠堂信仰中，信徒會向母娘擲筊，希望母娘同意收自己爲契子、契女。獲
　　　　得擲筊同意者，再填寫一張契子女證明，在香爐中火化繳回天庭即可。這個
　　　　儀式讓信徒認母娘爲母親，讓自己成爲母娘所疼惜的孩子，並穿上代表獲得

鸞乩的特色。研究者發現在各種靈動現象的背後，如同一個龐大的「屬靈世界」在運轉，母娘透過靈象徵的召喚，以夢、神話、三世因果、宇宙感等多元思維，讓契子女們在生命的困頓中開始接受神佛的調教，歷經各種魔考後獲得天啓領旨，開始替母娘辦事，最後才呼應母娘收圓神話，完成母娘救渡蒙塵元靈的使命。另外研究者認爲師姑是靈象徵的中界者，而師姑所展演的儀式──牽亡，其過程就如同一場象徵治療，充滿撫慰與情感。〔註23〕

　　這兩篇碩士論文是從心理學的角度來研究本土宗教治療的功能，以研究靈象徵來說明慈惠堂於台灣民間宗教療癒的意義影響，其研究並分析慈惠堂宗教人物的成乩歷程或於宗教儀式上的社會文化意義，嘗試透過興盛於台灣民間宗教的慈惠堂體系，來觀察其帶給人們心靈層面的醫療與文化意義。

　　劉秀琴在〈西王母研究初稿：台灣西王母的信仰中心──花蓮聖地慈惠堂之沿革與發展〉中，回顧從清朝到日治時期的方志文獻資料，都查不到有關瑤池金母信仰的相關文字，因此認爲慈惠堂是從光復後才興起的民間信仰體系。文中對於慈惠堂的歷史來由與扶鸞的情形，內容解說詳盡。其認爲道教「慈惠堂」是台灣光復後發展最快、信徒與分堂數量最多的新興民間宗教，爲道教六大教派中的瑤池派。宗教活動有乩童、觀落陰、扶鸞。而慈惠石壁部堂以牽亡魂出名，擔任一職的尫姨能傳達死者話語並驅除使人生病的鬼神。文中提及牽亡魂的尫姨爲楊老太太。因林千代之夫姓楊，因此文中所指之人即爲林千代，但文中對於林千代的事蹟並未詳加進一步探討。〔註24〕

　　姚誠《洄瀾神境──花蓮的寺廟與神明》介紹花蓮境內的大小廟宇，其中慈惠堂總堂的沿革與特色皆有介紹，認爲慈惠堂結合民間信仰中的西王母信仰傳說，稱主祀爲金母或瑤池金母。慈惠堂發跡於民國三十八年八月十五日，蘇烈東被金母娘娘附體表示要下凡渡眾救世，且靈感事蹟不斷，因此香火盛。後因信徒意見不合分裂爲兩系統，一派分得香爐爲慈惠堂，一派分得金身爲勝安宮。慈惠堂於瑤池金母的感召下，信徒散佈各地且廣佈分堂，爲全台較特殊的例子，其各分堂祭祀儀式統一，且信徒穿青色道服，信仰系統

認同的青衣。

〔註23〕許雅婷，《母娘與祂的兒女──慈惠堂石壁部堂宗教人的經驗世界》（花蓮：國立東華大學族群關係與文化研究所碩士論文，2001年）。

〔註24〕劉秀琴，〈西王母研究初稿：台灣西王母的信仰中心──花蓮聖地慈惠堂之沿革與發展〉，《大漢學報》第9期（花蓮：大漢技術學院，2000年），頁153～186。

科儀較為嚴謹。慈惠石壁部堂位於花蓮市西南隅的奇萊山腳下，雖距花蓮市區有一段距離，但因主神瑤池金母加諸於信徒的靈驗事蹟不斷發生，因此信仰活動相當活絡。其中最具知名的人物即是林千代，透過林千代擔任神明代言人，讓許多人感受到母娘的法力，使各方祈求消災納福者接踵而至，信徒遍布全國各地。〔註25〕此文對於石壁部堂的歷史與其他文獻資料有所出入，這是需要再進一步求證，而石壁部堂牽亡魂是全國知名，但文中卻未觸及林千代與牽亡魂的相關事蹟，這是稍嫌可惜之處。

　　張開基《台灣首席靈媒》一書，以花蓮慈惠石壁部堂為田野，進行「牽亡魂」儀式的研究。張開基提到石壁部堂的林千代師姑為台灣的首席靈媒，她通靈牽亡的名氣在台灣地區可說是無出其右。本書是張開基花十二年時間針對牽亡魂及林千代通靈能力進行探索的心得，透過近百場的現場目擊與四十餘宗的牽亡魂民眾事後訪談，他認為石壁部堂的牽亡魂儀式或林千代師姑本身，確實具有某種不可思議的靈異能力。〔註26〕

　　黃玄的〈林千代──橫跨陰陽兩地的靈魂轉接站〉一文提及林千代為花蓮石壁部堂的執事，負責牽亡魂的工作。文中敘述林千代是幫助靈仙真佛宗創辦人盧勝彥，讓他由基督的信徒進而走入母娘的世界中。此外還對於林千代的牽亡魂實例進行紀錄，此案例記載了信仰基督的民眾替冤死的兒子進行牽亡魂儀式的過程。從這兩點來看，文中企圖讓讀者了解林千代的靈力足以影響其他宗教信仰者。〔註27〕

三、小　結

　　隨著慈惠堂的迅速擴張，讓王母信仰能在民間廣為流傳，而石壁部堂的王母信仰隨著林千代的牽亡魂儀式，展現出王母的靈驗與慈悲，廣增知名度。隨著國內各地民眾絡繹不絕前來進香及報名牽亡，石壁部堂可謂是國內的牽亡聖地。從目前收集到的相關資料中可以看出，如果沒有林千代這一號人物，石壁部堂是沒有機會踏上宗教傳奇舞台上的。

　　張開基先生的《台灣首席靈媒與牽亡魂》，完整地紀錄了林千代師姑的工

〔註25〕姚誠，《洄瀾神境──花蓮的寺廟與神明》（花蓮：花蓮縣立文化中心，1999年）。

〔註26〕張開基，《台灣首席靈媒與牽亡魂》（板橋：上硯出版社，1995年）。

〔註27〕黃玄，〈林千代──橫跨陰陽兩地的靈魂轉接站〉，《陰間大法師》（台北市：金波蘿文化事業出版社，1994年）。

作內容，讓筆者能更加理解牽亡魂儀式及案例，可以很快地了解如此為世人所震撼的靈力是如何地被呈現出來。隨著上述前輩們的研究進行回顧，筆者在進行研究探討時，發現以女性靈媒為主體的研究成果有限，能參考的資料並不多。現今文獻中真正紀錄林千代生平事蹟的資料少之又少，更別說分析她所帶來的影響力。隨著林千代師姑去世後，可以找出來的相關資訊開始會隨著時間的流逝越來越難取得。因此筆者希望能藉由此份研究，於女性靈媒的研究成果能有更多的展現，使讀者能了解臺灣第一靈媒的生命故事及隱藏於內的社會文化意涵。

第三節　研究方法

　　本節是對於本研究要使用的研究方法進行論述。第一點先說明本研究為何會選擇採用生命史的理由；第二點再說明本研究形成及進行的步驟；第三點是對於文獻資料進行研讀；第四點是針對資料蒐集進行說明；最後一點是說明本研究之倫理。

一、選擇生命史的理由

　　筆者的論文針對林千代個人進行研究，但林千代所留下來的相關文獻資料、紀錄相當地少，又再加上她已經往生，而其所屬道場的行政系統較不重視文字記錄保存，因此在文獻資料不足的情況下，可以得到相關資料的方式就只剩下口訪和個人資料收集。其中生命史研究法中常使用口訪方式來蒐集資料，這在社會人文學科領域是常見的一種研究形式。

　　Stephens 認為生命史的研究，裡面包含著兩種面向，一種是屬於研究對象的故事，而另一種則是研究者的個人觀點與整理，因此生命史是屬於此兩者的混合體。〔註28〕「生命史」（life history）亦可解釋成「生活史」，但兩者的不同在於生命史強調的是對於生命的延續性，是偏重於公領域、社會層面的研究；生活史重視的則是個體性，屬於私領域的面向。〔註29〕誠如王明珂所言：生命史研究著重於生命歷程所處的歷史與社會脈絡，以及個人與歷史以

〔註28〕許傳德，《一個國小校長的生命史》（台東：國立臺東師範學院教育研究所碩士論文，1999 年）。

〔註29〕江文瑜，〈口述史法〉，收入：《質性研究：理論、方法及本土女性研究實例》（台北：巨流出版社，1996 年），頁 250。

及社會脈絡如何互動，是將個人歷史放入廣大歷史脈絡中。〔註30〕此外，生命史研究假設了生活是開放的，每個個人周遭的許多關係不但會受到歷史及社會脈絡的影響，彼此之間也會發生交互作用進而與個人的覺知、經驗等產生互動。因此，在許多時候，一個事件、觀點的產生並不一定會有十分明顯的因果關係，相對的，它是模糊且複雜的。藉由將研究對象的口述生命故事置於時空、社會環境的脈絡下，研究者不但可以了解到對研究對象而言，社會世界之中的角色及規則是如何產生意義，並且可以在他們的生命經驗及想法觀點之中看到社會的變遷──生命史的研究呈現出了一種歷史的連續性。〔註31〕對於筆者要研究的林千代師姑來說，她一生的成就源自於牽亡魂，其所涵蓋的面向不僅是私領域的範圍，對於社會層面來說，此宗教文化現象可謂影響廣大。

　　就如同 Becker 所認為，生命史的研究，其所關注的焦點是由研究者來選定。因為生命史的研究並不僅是一段段片面的歷史，或是一個完整的生命歷程，而是要能依據研究者的研究目的來訂定。〔註32〕它對於資料的收集型式相容性相當地高，在書面資料缺乏時是相當好用的一個工具，研究者可以設定想要關注的焦點進行資料收集，再將可以使用的一堆散亂資料，整理爬梳出所需要的內容。

　　生命史研究屬於傳記法（biographical method）領域中的一種研究方法。生命史敘述屬於一種獨特的個人文件，個人文件如自傳、日記，包括個人一切具表現性作品，是將個人如何看待自己、生活情境、事過境遷之後，對所處世界所持的特定觀點加以呈現，而生命史與其他個人文件的不同在於生命史是被他人誘發，以書寫或者口述形式呈現的個人生命整體或部分的回溯性資料，而不只是生命史主角的自我陳述。〔註33〕生命史所提供的資料主要以

〔註30〕王明珂，〈誰的歷史：自傳、傳記與口述歷史的社會記憶本質〉，《思與言》34：3（台北：思與言雜誌社，1996年），頁147～184。

〔註31〕Goodson & sikes，2001。轉引自康萃婷，《將團少年之生命史研究》（嘉義：國立中正大學教育研究所碩士論文，2001年），頁24。

〔註32〕Becker, H.S. (1970). The Life History and The Scientific Mosaic. in Becker, H.S. Sociological Work: Method and Substance (pp.63 ～ 73). Chicago: Aldine Publishing Company.

〔註33〕Watson and Watson-Franke，轉引自周慧洵，《她們眼中的學校教育與文憑：不同口合高學歷女性的生命史研究》（嘉義：中正大學教育研究所碩士論文，2001年），頁33。

研究對象為主，針對研究對象進行口訪或是個人日記及相關作品進行探討，也有透過大量的量化資料所取得。〔註34〕因此我們可以說，生命史的研究是以各種方式收集研究者所需要的資料後，以文件的方式撰寫出來。這種方式，在我們身邊到處都是，隨著科技的變化，錄音機、相機、網路也都加入了生命史研究用的工具，而表現生命史研究的形式則有電視報導、報紙、專書、網路、博物館等。

　　第二次世界大戰就有很多人物及歷史事件是藉由生命史的研究方法來進行，特別是使用口述歷史的方式去還原現場，台灣曾發生的二二八事件亦是如此。江文瑜認為口述歷史是一種以錄音，甚至是錄影的方式，去收集相關人事的訪談，透過拼湊及比對的方式去取得較全面且完整、已發生事件口述歷史是以錄音訪談（interview）的方式蒐集口傳記憶以及具有歷史意義的個人觀點。〔註35〕口述歷史研究法的其中一個手段就是口訪，需要有系統系的規劃，並多次地對關鍵人物進行訪談，紀錄並整理出一連串有關聯的資料內容。〔註36〕筆者在進行生命史研究（林千代的事蹟）時，因為缺少完整文件的紀錄，再加上當事人已經往生，口訪將會是最主要的探討及收集資料的方法。

　　生命史包含了三個主要部分：個人的生命故事、所面臨的社會與文化情況，以及這些經驗與情況的順序性，〔註37〕這剛好符合筆者要對林千代師姑研究的著重要點。本論文也將運用生命史的方法去收集資料，並以專題論文的方式去表現出來。

二、研究形成及步驟

　　由於林千代師姑為人少言，較少與外界人群有私底下的接觸，未留下大量文字記錄，再加上石壁部堂與林千代師姑的互動全無文字資料存在，僅能透過一些過去的信徒、廟宇的工作人員以及曾對林千代師姑牽亡儀式有進一步紀錄的文件進行收集。所以筆者的口訪部份將針對千代師姑的信徒、親人以及石壁部堂的工作人員，甚至於曾對林千代師姑牽亡有詳盡報導的作者，

〔註34〕劉道一，《戰爭、移民與台籍日本兵──以劉添木生命史為例》（花蓮：國立東華大學鄉土文化學系碩士在職專班論文，2009年）。
〔註35〕江文瑜，〈口述史法〉，頁250。
〔註36〕Donald A. Ritchie著，王芝芝譯，《大家來做口述歷史》（台北：遠流出版社，1997年），頁34。
〔註37〕Denzin，1989。轉引自周慧洵，《她們眼中的學校教育與文憑：不同口合高學歷女性的生命史研究》，頁33。

也是筆者進行訪問的對象，期待他們可以對師姑有更進一步的資訊提供。在於文件部份，由於石壁部堂鮮少有文件上的保留及存放，必須從外界的報章、導覽、宗教界文章以及相關的書籍中找到蛛絲馬跡，像張開基寫的《臺灣首席靈媒》，就是其中一本讓筆者緊握在手中的資料。根據目前可以搜尋的方向，筆者將逐一向需要進行口訪的對象聯繫，徵得對方同意後，再排定時間開始進行口訪。口訪完成後將這些內容整理成文字資料，以這些資料為基礎來完成論文。

三、文獻資料研讀

確立研究方向之後，蒐集資料是必要的研究過程。蒐集資料之前，需先閱讀相關文獻資料，才能對研究主題更熟悉。筆者閱讀過的資料可分為以下幾類：

（一）與林千代有直接相關的書籍，如：張開基《臺灣首席靈媒》、黃玄〈林千代——橫跨陰陽兩地的靈魂轉接站〉，這些書籍內容是作者在石壁部堂觀察林千代牽亡魂儀式的情形，再進行紀錄與分析。

（二）與石壁部堂有關的論文，如：彭榮邦《牽亡：惦念世界的安置與撫慰》與許雅婷《母娘與祂的兒女：慈惠石壁部堂宗教人物的經驗世界》，這是以石壁部堂為田野所完成的碩論。

（三）與靈媒相關的宗教人物傳記類論文：如：蔡佩如《穿梭天人之際的女人——女童乩的性別特質與身體意涵》、詹碧珠《尪姨與其儀式表演：當代臺灣女性靈媒的民族誌調查》、林美容、鄭鳳嘉、釋念慧〈為母娘辦事——法華山慈惠堂溫滿妹五十年的宗教療癒與實踐〉。

四、資料蒐集說明

閱讀完上述文獻資料後，將以這些資料為本研究的基礎，著手進行本研究的資料蒐集。筆者所進行的資料蒐集，可分為下列幾個部份：

（一）蒐集林千代師姑的個人資料，包括日治時期戶籍資料、書信、照片

在訪問林千代師姑的長女與長媳時，透過她們的協助，提供千代師姑日治時期的戶籍資料、千代師姑的同學寫給她的書信、千代師姑的照片等資料，這些資料是難得一見而顯得彌足珍貴。在千代師姑日治時代戶籍資料中，由

於當時的戶籍資料紀錄詳盡，因此可以知道她的家庭背景等基本資料。在與同學往來的書信當中，得以瞭解她與同學的互動狀況，甚至可以從中得到研究的新線索。至於個人照片則可看到平時較鮮少為人注意的生活景象及交友關係，這些新的研究線索，讓筆者得以獲取更多的研究發現。

（二）訪問千代師姑的子女及親人

千代師姑生育有五個小孩，筆者選擇訪問的對象為長女楊菊枝、長子楊松根及長媳鍾玉秋。因為千代師姑在長子三歲後就常年忙於在廟中服務，因此長子、長女對於許多家中的事情較有印象。千代師姑的長女住吉安鄉，長子及長媳與母親同住，除了長子、女兒以外的孩子常年都在外縣市，因此與千代師姑相處的時間以這三人為最多，所以他們是筆者採訪對象的優先人選，提供了筆者許多千代師姑個人的資料。透過鍾玉秋的協助，筆者亦能與千代師姑的弟弟取得訪問資料。

（三）訪問廟中的工作人員〔註38〕

廟中的工作人員包括師姑、志工、信眾。現存的兩位師姑——蕭添妹師姑〔註39〕與許金蓮師姑〔註40〕，她們與千代師姑比鄰而居，有著親戚關係，她們一同在廟中服務長達四十多年。對於千代師姑在宗教界的事務，她們因長時間的相處與合作，筆者能從師姑們那裡知道不少關於千代師姑牽亡魂儀

〔註38〕包括前任董事長彭進源及不願公開個人資料的人員。石壁部堂前任董事長彭進源，民國40年生，學歷為高職畢業。他在石壁山腳下村庄中土生土長，與林千代有親戚關係，比鄰而居。他從小就在廟埕中遊戲長大的，童年時期放學後就會待在廟中協助牽亡魂的燒金紙的工作，往往忙到晚上十一點後才回家，對於林千代與牽亡魂等廟中事物有一定的瞭解，近年又擔任石壁部堂的董事長一職約六年，期間曾與林千代共事過，對石壁部堂中事務了解甚多。

〔註39〕蕭添妹師姑民國14年生，自幼失學目不識字，為石壁部堂的辦事師姑之一，是當初創建石壁部堂時得到母娘指示去三民迎母娘令旗的師姑之一，現今廟地是她與先生獻出蓋廟，為創廟元老之一。與林千代師姑為年輕時就相識的友人，婚後又共同在石壁部堂同為辦事師姑，共事四十餘年，對於千代師姑的認識，可謂甚深。

〔註40〕許金蓮師姑民國19年生，自幼失學目不識字，為花蓮佳山地區附近茄冬腳人，夫婿入贅其家後三年，在婆家要求下搬回居住，定居在石壁部堂現廟址後方。許金蓮師姑平日負責問事、祭煞。林千代師姑與林鶯桃師姑牽亡魂時，她都在一旁擔任助手，雙方合作數十年。她自稱會牽亡魂，千代師姑往生後，石壁部堂改由許金蓮師姑牽亡魂，但方式有異，不再是由亡魂附身說話，而是透過許金蓮師姑傳達亡魂與陽世家屬的話語進行溝通，金蓮師姑指稱因為她沒有助手協助保護，因此只能透過傳話方式牽亡魂。

式的事蹟。而廟中的行政人員及服務志工在廟中服務時間長，與信徒都熟識或有密切聯繫，因此與千代師姑有關的信徒們等訊息，即可從這些人員處得知。

（四）訪問受千代師姑影響的其他宗教人士及信徒

千代師姑在宗教界的時間長達四十幾年，從文獻資料中可知其曾引導許多人進入母娘信仰的世界，協助許多人進行訓練，使他們具有靈力能力，能辦理無形界的事務。因為千代師姑的引導，讓哪些人在宗教界有所發展，進而影響著宗教界的變化。另外，信徒大多透過千代師姑進行牽亡魂儀式，有些則處理消災解厄事項，這些信徒透過千代師姑有了哪些的改變、影響，也是筆者所欲明瞭之處。

（五）訪問與林千代相關書籍的作者

張開基先生是筆者最主要的訪談對象，張開基長時間對於靈異界及宗教界的事件進行研究，其著作「台灣首席靈媒」，是他觀看千代師姑上百場的牽亡儀式，時間前後長達十二年時間之久，他對千代師姑進行長時間的田野調查，對於千代師姑的牽亡儀式有一定程度的認識。筆者嘗試透過出版社聯繫張開基，但出版社表示無法協助。後來筆者在尋找張開基的電子資料中，發現以其筆名「醉公子」的部落格，終於連繫上張開基，他表示對於有學術論文研究林千代他樂觀其成，也願意接受筆者的訪問，他願意知無不言。

每一次的田野調查所記錄的內容，採訪時同意錄音的部份，筆者都親自將訪問的錄音內容打成逐字稿。有些受訪者年紀大，慣用的語言為客家語或閩南語，有些語詞筆者較少或未曾聽過，亦或是不知如何翻譯，因此筆者整理逐字稿時，遇到不確定的語詞，會再回去請教受訪者或精通客語、閩南語的人，力求逐字稿內容正確。未徵得同意錄音的採訪內容，每次採訪結束即在當天整理成田野筆記，這些筆記的編檔方式以年月日的方式進行，例如：田野筆記 980522，即為民國 98 年 5 月 22 日進行的田調訪談。這些筆記對研究者來說，可以幫助筆者避免因時間久遠造成記憶模糊，而使採訪內容與當事者的陳述有所出入，並藉由將這些內容整理成文字資料，以這些文字資料為基礎，來書寫論文。

五、研究倫理

筆者以生命史方式進行研究，透過訪談方式來蒐集研究對象的資料，因

此筆者在進行訪談之前須先經過採訪對象的同意，讓對方了解筆者的研究主題、研究目的、需要的時間、文件資料處理、是否接受錄音等。將採訪大綱先讓對方過目後，約定日期及採訪地點，以採訪對象感到最舒適、放鬆的地點為主。在採訪前先向採訪對象自我介紹，再次表明本次的研究主題、研究目的、是否接受錄音等事項，取得對方同意後再進行口訪。因此本研究在採訪過程中，秉持著誠實與尊重兩個原則來進行口訪。

筆者為力求研究結果的正確性，將在研究之中所獲取的資料採用多方的資料檢證，及引用研究對象的相關訪談錄音資料。陳向明認為在質的研究當中，個人的關懷不僅不被認為是一個障礙，而且被認為是一筆寶貴的財富，可以為研究提供靈感、理論和資料。因此，我們應該做的不是拋棄或否認自己個人目的，而是想辦法積極地（有意識地）利用它們。〔註41〕Agar 認為質性研究者傾向將「信度」視為是，他們記錄下來的資料與研究場域的實際發生，兩者之間的符合度，而不只是不同觀察之間在文字上的一致性，他們關心資料的正確性與可理解性。〔註42〕也因此筆者在研究過程中，除要求自己能如實、客觀記錄口訪內容外，後續資料整理工作也以謹慎的態度進行。之後再進一步以自我觀點出發，提出對於研究對象的認知與解釋，書寫出論文內容。

第四節　章節架構概述

本論文計畫以五個章節來完成，各章節摘要分述如下：

第一章為緒論，本章在說明研究動機與目的、研究回顧、研究方法及研究的章節架構等。

第二章為林千代的靈媒事業，文中先敘述林千代的生平事蹟，包括家庭、婚姻以及如何進入慈惠堂與母娘結緣，接著再進行討論她是如何開始靈媒事業。以往社會對於靈媒的看法、評價是如何？而面對這個靈媒事業，他人及千代師姑自身對牽亡魂事業的看法與評價又是如何？

第三章以千代師姑最聞名的牽亡儀式進行探討，從漢人的鬼神信仰來討

〔註41〕陳向明，《教師如何作質的研究》（台北市：洪葉文化，2002 年），頁 33。
〔註42〕Bogdan,&Biklen（1998/2001：52）。引自施淑娟，《自我超越的展現——慈惠法師生命史研究》（宜蘭：佛光大學教育資訊學系碩士論文，2006 年），頁 52。

論牽亡魂儀式的興起，再詳述千代師姑是如何進行牽亡魂，列出千代師姑的牽亡案例，並從中探討千代師姑的牽亡事業能如此興盛的原因為何。

　　第四章談及林千代的力量，身為一位女性靈媒，希望能了解這位女性在宗教領域的立場與地位，及其所帶來的影響。她的靈媒事業中，除了能撫慰人心的牽亡術外，她亦是通靈者的啟蒙師與解決問題者，而石壁部堂的興衰與她也息息相關，筆者欲從這章討論她與石壁部堂及其他宗教界人士的互動關係，找出她對石壁部堂與宗教界的影響。台灣的女性靈媒為數眾多，而筆者藉由千代師姑生命史的研究，將千代師姑在眾多靈媒中定位出她的獨特之處。

　　第五章是結論，綜合前面幾章節所研究的結果，做出結論。

第二章　林千代的生平靈媒事業

　　靈媒一職的產生，並不像一般的職業，能經過國民教育、社會教育、公司訓練而形成的能力，必須由心靈上的鍛鍊或身體上的生命經歷體驗，並經過領旨、神跡的加持或本身帶有天命由神明指導訓練而成。靈媒的世界穿梭在迷信與民間信仰一體兩面的爭議話題裡，儘管身邊的信徒及香客無所不信，當家庭裡的成員經過教育以及接觸到其他種類的宗教信仰之洗禮後，或是社會文化觀感不同及與論壓力，一定會面臨被質疑或是被投以特殊的眼光，假若靈媒的事業達到頂峰時，自然而然被影響的還有家庭教育，特別是為人母親的靈媒。

　　林千代師姑出生於日治時期，由於父親為醫務人員的職業背景，她的家境在當時社會中是屬於相當好的。一位出身良好，受過日本基礎教育的人，是如何走入被日人視為舊慣陋習的民間宗教，以牽亡為畢生志業，是本章欲探討的重點。本章敘述要點將從林千代師姑的家庭成長背景為研究出發，再討論其如何進入母娘的信仰世界並開始牽亡魂。從成長的過程、背景中知道林千代師姑的人格養成與宗教觀，再由她對母娘信仰的開始並展開牽亡魂事業，了解牽亡事業對其一生的影響與改變。

第一節　人女時期

一、家庭背景

　　大正 15 年（1926），日本大正天皇患病駕崩，裕仁皇太子繼位改元昭和，成為昭和天皇。林千代師姑在這年也來到世間，出生於被日本殖民統治的臺

灣，位於花蓮港廳鳳林區，即為今日鳳林鎮長橋里一帶。祖父名諱林仲台，祖母徐等妹，父親林兆帆，為從新竹關西遷居花蓮鳳林的客家後裔。母親黃過妹則是從南庄出生成長，南庄公學校畢業後搬遷到花蓮居住。〔註1〕

在當時，臺灣普通教育之目標在於教育中、上階層子弟，因此，臺灣的普通教育雖然稱為『普通教育』，事實上，應該稱之為『精英教育』。1899～1918年度的公學校畢業生，只佔1919年臺人總數3,538,681人的1.5%。〔註2〕直到1943年，受過中等教育的臺人所佔的比率仍是相當微少，當時的中等教育足可稱之為臺灣人的「精英教育」，能具有中等教育程度者，已屬社會的中間份子。〔註3〕由於日本總督府的教育政策刻意打壓臺人受中、高級教育，因此教育政策長期欠缺完備的制度與公平機會，再加上潮流的刺激，所以日治時代，出國留學的學生非常多。而日本因語言、交通及未來就業均對臺人較有利，成為許多留學生的首選。〔註4〕能有機會出國留學者，大都家境富裕，屬於豪紳家族或是地主。〔註5〕

〔註1〕資料來源：筆者透過林千代長女楊菊枝的協助，於98年4月3日在花蓮縣鳳林鎮戶政事務所申請取得林千代於日治時期的戶籍資料。

〔註2〕日據全期，總督府的教育政策乃是以漸進原則，採逐步強化的同化主義方針，而差別待遇及隔離政策之運用實為其主要特徵。一九一九年臺灣教育令頒佈之前，乃所謂臺灣教育的試驗時期，總督府迄未建立完整的學制系統。在順應現實需要隨機應變的「無方針主義」下，建立以初等教育機關公學校為主的新式教育，而以中、上階層子弟為勸誘入學的主要對象，並不急於普及一般平民子弟。1901～1910年擔任學務課長的持地六三郎曾表示，臺灣「普通教育之目標在於教育中、上階層子弟，因此，臺灣的普通教育雖然稱為『普通教育』，事實上，應該稱之為『精英教育』。」據資料顯示，在上述教育政策下，公學校擴充甚緩，入學率長期均甚低，直至1915年度仍不及10%（只佔9.6%），加以在學中異動甚大，中途退學者，1911年度以前平均高達三分之一，其後雖逐年下降，至1918年度仍佔八分之一。若累計1899～1918年度的公學校畢業生，計有53,401人，只佔1919年臺人總數3,538,681人的1.5%。無怪乎持地稱臺灣的初等教育為精英教育。據基督長老教會傳教士甘為霖（William Campbell）觀察，當時公學校畢業生即可在殖民政府中找到雇員及通譯的工作。內容摘自吳文星，《日據時期臺灣社會領導階層之研究》（台北市：正中書局，1992年），頁97～98。

〔註3〕吳文星，《日據時期臺灣社會領導階層之研究》，頁101。

〔註4〕吳文星，《日據時期臺灣社會領導階層之研究》，頁118。

〔註5〕吳文星，《日據時期臺灣社會領導階層之研究》，頁135。

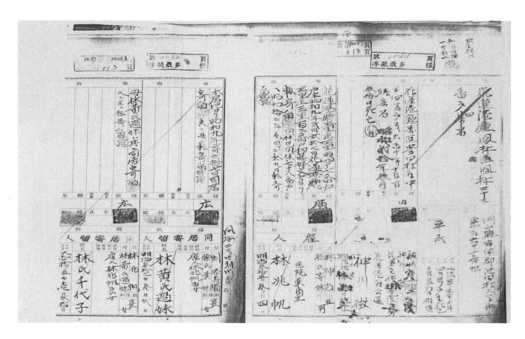

圖 1-1：林千代日治時期戶籍資料（彭盈潔攝）

　　而千代師姑的父親林兆帆，出生於明治 35 年（1902）3 月 4 日，為新竹
咸菜硼公學校畢業後，〔註6〕因父母過世，跟著哥哥遷居到花蓮。後因在公學
校的成績優異，為第一名畢業，因此他的日籍老師為栽培他，帶著他一起到
日本留學，無需自行負擔費用。〔註7〕所以在戶籍資料上，林兆帆有著日本東
京國民中學畢業的中等教育學歷。〔註8〕千代師姑的母親黃過妹，出生於明治
37 年（1904）3 月 2 日，在就學率相當低的年代，且當時社會普遍重男輕女
的舊思惟中，身為女子卻能接受基礎教育從南庄公學校畢業，黃過妹的家境
是相當富裕。從千代師姑雙親的學歷背景來看，他們都是受過相當教育程度
的臺籍人士，千代師姑就是出生於這樣的家庭當中，由於父親的家境清寒，

〔註 6〕99 年 6 月 10 日上午電訪鍾玉秋及林佳焰。據千代師姑的二弟林佳焰表示，其
　　　　父林兆帆是關西公學校第一名成績畢業。筆者查證後發現，1898 年 4 月 24 日
　　　　創立的咸菜硼公學校，在 1921 年 4 月 1 日才改稱為關西公學校。以林兆帆出
　　　　生於 1902 年，林兆帆應該是從咸菜硼公學校畢業才對。關西公學校的相關資
　　　　料來源自：新竹縣關西國小學校網頁 http://www.gses.hcc.edu.tw/front/bin/
　　　　ptlist.phtml?Category=3。
〔註 7〕99 年 6 月 10 日上午電訪鍾玉秋及林佳焰。
〔註 8〕資料來源：筆者透過林千代長女楊菊枝的協助，於 98 年 4 月 3 日在花蓮縣富
　　　　里鄉戶政事務所申請取得戶籍資料。

於是入贅於家境富裕的黃過妹家生活著。〔註9〕林千代身為長女，下有三位弟弟、一位妹妹。〔註10〕

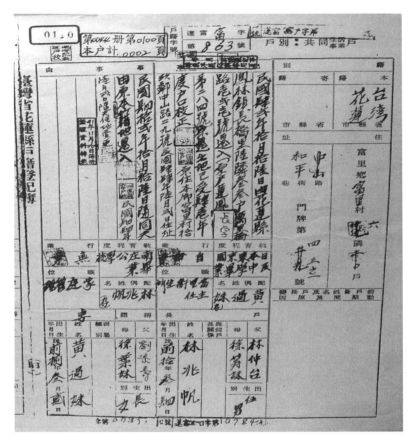

圖1-2：林千代父母的戶籍資料（彭盈潔攝）

二、求學與工作

台灣在日治時代有「限地開業醫師」制度，讓沒有正式經過醫科大畢業的人，參加限地開業考試，考試合格者可以依照自己的志願，到規定的偏遠

〔註 9〕99 年 6 月 10 日上午電訪鍾玉秋。

〔註10〕99 年 6 月 8 日下午於鍾玉秋家中進行口訪，鍾玉秋表示林千代的三位弟弟依序為：林佳雄、林佳焰、林佳政。大弟已往生，二弟林佳焰目前居住在東勢，三弟住在花蓮市美崙地區，關於筆者想知道關於他們父親的事蹟，她推薦我電訪林佳焰，並熱心協助聯繫、提供資料。鍾玉秋還提到千代師姑的妹妹以前是一位護士。

地區或山區去行醫，稱作「乙種醫師」或「限地醫」。〔註11〕這個台灣乙種醫師制度是給貧窮子弟唯一發大財的捷徑，只要有公學校高等科畢業學歷，且能拿到一張在診所擔任過藥局生（兼工友）三年的服務證明，就能參加台灣乙種醫師考試。〔註12〕而千代師姑的父親有中等教育學歷，在日治時期為花蓮港公醫「神川徵」所雇用的藥局生，〔註13〕符合參加乙種醫師考試資格，經過乙種醫師考試合格後，即從鳳林搬遷至富里行醫，後又被徵調為日本軍醫，至台灣光復後升任為富里衛生所的主任。〔註14〕林千代的家庭環境良好，社經地位較一般家庭高，因此她也受過良好的教育。

圖1-3：千代師姑參加同學會與同學拍們靈者印證等的合照，千代師姑為前排左二坐椅子者。從照片中的註記可知，她畢業於鳳林公學校第十三屆、高等科一屆。（照片為鍾玉秋提供，彭盈潔翻拍）

〔註11〕吳平城、胡慧玲，《草地醫生》（台北市：玉山社出版事業，1997 年 11 月）。
〔註12〕陳金生，〈「日治時代台灣醫療制度」的回憶——以台灣乙種醫師制度為主（下）〉，《台灣史料研究》第 9 期（臺北市：吳三連台灣史料基金會，1997 年 5 月），頁 119～122。
〔註13〕資料來源：筆者透過林千代長女楊菊枝的協助，於 98 年 4 月 3 日在花蓮縣鳳林鎮戶政事務所申請取得林千代的日治時期戶籍資料，見圖一。
〔註14〕99 年 6 月 10 日上午電訪鍾玉秋。

千代師姑爲鳳林公學校高等科畢業，〔註15〕具有不錯的日文能力，在當時可視爲知識份子。年輕時，蕭添妹師姑與林千代在鳳林認識，據蕭師姑表示，千代師姑年輕時曾從事化妝品的販售工作。〔註16〕而楊菊枝則說，她母親在日據時代曾於日本軍營內從事過文書工作，負責送公文、接聽電話及處理雜事，光復後則留在家中，負責照料尙在求學中的弟妹生活起居：

> 聽媽媽說都是在家裡幫忙外公，因爲外公那時是當醫生，媽媽就是在家裡幫外公和外祖母她們做家裡事情，因爲她們兄弟姊妹多，我外公他們沒有固定住哪裡，看國家派他們到哪就去哪。譬如：鳳林還是到富里，他就要到那裡住。可是那時候我舅舅他們都要讀書，到花蓮來讀，我媽媽就要照顧弟弟他們，就是舅舅他們。所以媽媽就長期離家照顧弟弟，媽媽說那時候外公已經在富里了，派到富里衛生所當主任，那時候舅舅他們在花蓮市讀書，在花蓮市這裡有房子，媽媽那時候就在這裡照顧弟弟，照顧舅舅他們。我是聽媽媽這樣講。〔註17〕

> 結婚前她就是在家裡幫忙照顧弟弟妹妹，然後還有就是在日據時候，她說是在營區工作，日本人回去以後，變中國政府的時候，她就在家裡照顧弟弟他們，直到結婚，她是這樣跟我們講。〔註18〕

因爲千代師姑的父親是醫生，與日本人的關係良好，因此透過熟人介紹，進入日本軍營內工作：

> 她沒有經過什麼考試，就是進入營區上班，送公文、寫公文、聽聽電話，她就是可以到那邊去工作了。普通女人到營區不是那麼簡單，那個日本營區我們台灣人不是那麼簡單可以進去。〔註19〕

但千代師姑能進入軍營工作，不僅是日文程度不錯，且因爲口風緊，通過日本人的測試，才能被允許進入日本軍營工作，楊菊枝這麼說：

〔註15〕千代師姑爲鳳林公學校第 13 屆，高等科 1 屆（資料來源：千代師姑於民國 87 年同學會合照照片上的說明，見圖三）。

〔註16〕98 年 3 月 28 日晚上 7 點於蕭添妹師姑自宅內進行第一次口訪。98 年 9 月 20 日上午 10 點於石壁部堂內進行第二次口訪。本章文中以下關於蕭添妹師姑提供的資訊，都是在這二次口訪時所談到的內容。

〔註17〕98 年 4 月 17 日下午 4 點於楊菊枝自宅內進行第一次口訪。98 年 4 月 25 日晚上 7 點進行電訪。

〔註18〕98 年 4 月 17 日下午 4 點於楊菊枝自宅內進行口訪。

〔註19〕98 年 4 月 17 日下午 4 點於楊菊枝自宅內進行口訪。

　　因為我媽很會講日本話，會通曉日語。而且他們看中我媽媽的人
　　品，是不會洩漏秘密出去的人。因為他試過我媽，我媽說日本人
　　偽裝成台灣人，他問我媽媽：妳知道嗎？現在那個日本營區裡面
　　有多少兵？有多少人？我媽都說不知道。這就是那個是日本軍官
　　試我們台灣人，看你會不會洩漏裡面的秘密出去，有人會傻傻說：
　　「有啊！有多少兵呀！他都知道」我媽她不會講，不行講的她都
　　說她不知道。〔註20〕

　　從上所述，可見得千代師姑身於富裕家庭，在日據時期完成公學校教育，於高等科畢業，日語能力佳。她在處事上是低調且嚴謹的一個人，因此得以被安排至日軍營工作。當時工作的軍營，據其二弟林佳焰所述，位置在今花蓮縣壽豐鄉池南一帶，靠近鯉魚潭那裡。〔註21〕

　　而千代師姑也有想過要追隨父親的腳步從事醫療相關工作的念頭，曾經試過進入手術房學習，但最終因為害怕見血而放棄這個想法。

　　我媽媽不敢開刀，她怕血啊！以前在日本時代她也是希望能夠學醫
　　呀！她也想說我公公是學醫的呀！要帶她進去開刀房有沒有，讓她
　　去學開刀怎麼樣，以後當助理也好。我媽看到血就不敢。外公有試
　　著要帶她進去開刀房，她看到血就不敢了，沒辦法。〔註22〕

第二節　人婦時期

　　千代師姑在32歲那年嫁給了楊天祿當繼室，〔註23〕除了先生原有的三位女兒外，她自己也生了五個小孩，二女三子，一共養育八個小孩。

　　千代師姑出生富裕，生活無虞，日軍撤台後，雖離開軍營的工作，在家中料理家務，協助照顧弟妹，成為父母的左右手，直到三位弟弟長大，各自成家立業。原本她並不想嫁人，但最後卻成為繼室，是什麼原因讓她嫁人當繼室？

〔註20〕98年4月17日下午4點於楊菊枝自宅內進行口訪。
〔註21〕99年6月10日上午電訪林佳焰。
〔註22〕98年4月17日下午4點於楊菊枝自宅內進行口訪。
〔註23〕筆者口訪楊菊枝時，她表示母親是在32歲嫁給爸爸的，但筆者從林千代的戶籍謄本資料中發現，上面寫著林千代民國15年（1926）生，民國45年（1956）嫁給楊天祿，是30歲那年結婚。後來再次確認，楊菊枝所說的32歲是以虛歲而論。（見圖四）

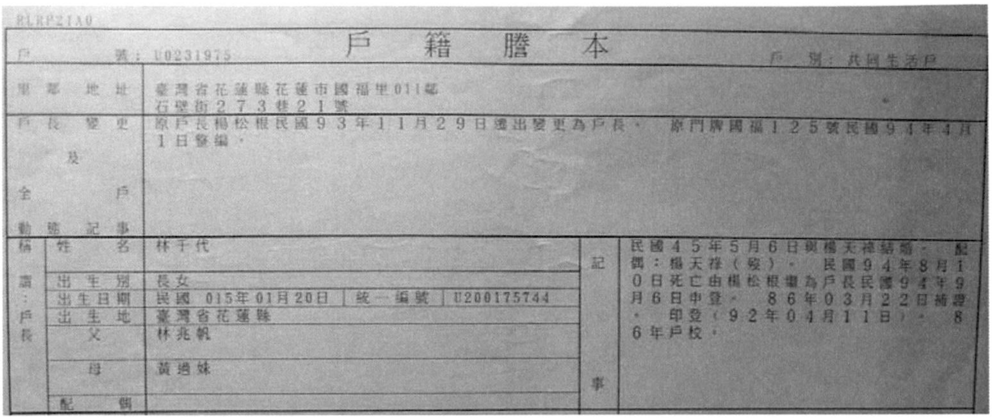

RLRP21A0

戶籍謄本

戶號：U0231975　戶別：共同生活戶

里鄰地址	臺灣省花蓮縣花蓮市國福里011鄰 石壁街273巷21號
戶長變更及全戶動態記事	原戶長楊松根民國93年11月29日遷出變更為戶長。原門牌國福125號民國94年4月1日整編。

稱謂：戶長	姓名	林千代	記事	民國45年5月6日與楊天祿結婚。配偶：楊天祿（歿）。民國94年8月10日死亡由楊松根變為戶長民國94年9月6日申登。86年03月22日補發。印登（92年04月11日）。86年戶校。
	出生別	長女		
	出生日期	民國 015年01月20日　統一編號　U200175744		
	出生地	臺灣省花蓮縣		
	父	林兆帆		
	母	黃過妹		
	配偶			

圖 1-4：林千代戶籍謄本（彭盈潔攝）

據楊菊枝所言，千代師姑在嬰兒時期約八、九個月大時，就感染「飛蛇」（帶狀疱疹），她的父親雖身爲醫師，卻無法治好她的疾病，後來是她的母親用民間偏方「蛇藥」擦在千代師姑的發病處，才使飛蛇消失的，但卻已經造成脖子及顏面神經受損了，影響到她的外貌。千代師姑原不打算嫁人，後來因爲弟弟結婚成家後，不再需要她的照顧，讓她動了成家念頭：

> 可能是想說弟弟大家都結婚了吧！不用她幫忙了，啊！算了！我也來結婚好了。〔註 24〕

在當時仍獨身的千代師姑因與弟媳不合，在生活上起了摩擦產生不快，進而動了想婚的念頭，認爲還是要有自己的家才有歸屬。蕭師姑說：

> 她的脖子有長東西，她本來也說不要嫁啦！後來她的弟弟娶妻，兩個人處不來，所以人家幫她做媒人，她才結婚。她曾經跟我這樣說過。〔註 25〕

當時社會背景中，32 歲成婚是屬於晚婚，千代師姑改變她的想法選擇走入婚姻，可見當時她的原生家庭在生活中所給予她的壓力，使她不得不成婚，以建立自己的家庭重新生活。

當時住在石壁山腳下的楊天祿成了鰥夫，尚有三個年幼的女兒需要照顧。與楊天祿同村庄的人（劉振燈）與千代師姑當時在市公所上班的妹婿爲同窗，成爲他們的介紹人、媒人，讓他們結爲夫妻。

〔註 24〕98 年 4 月 17 日下午 4 點於楊菊枝自宅內進行口訪。

〔註 25〕98 年 3 月 28 日晚上 7 點於蕭添妹師姑自宅內進行口訪。

（指媒人）那時和我媽媽的姊妹認識，他和我在市公所的姨丈有
熟啦！他們好像是一起在讀書認識的啦！〔註26〕

楊天祿是窮苦的農家人，有三個幼女嗷嗷待哺，迎娶林千代時，家裡窮
困的窘境，讓新娘子悲傷的坐在新房內哭泣。

我當時五歲，記得很清楚。那時因為好奇，想看新娘子長什麼
樣子，就跑去偷看，結果看到新娘子坐在床角哭，床上是一件
破草蓆。旁人就跟媒人阿燈仔說，你做媒人的，還不趕快買件
新草蓆來。所以媒人就騎著鐵馬到街上買件新草蓆回來送給新
娘子。〔註27〕

彭進源先生說起這件往事，當時林千代是由富裕的家境嫁入一個貧苦的
農家，家是矮矮的茅草屋，一貧如洗。楊菊枝說，她的媽媽心中也是很感嘆
的：

想說無緣無故嫁到這麼山下來。又沒有電燈又沒有水，要用挑的，
覺得也是很無奈呀！那麼多歲怎麼會嫁到這種地方來，她說她常常
也是在哭。只會埋怨怎麼會那麼苦，什麼都沒有。

也是緣分啦！年輕又不嫁，三十多歲才嫁，又嫁到那麼鄉下，嫁
到那邊又窮得要死，沒有電燈又沒有水，什麼都沒有，路又不好
走。〔註28〕

千代師姑吃苦耐勞，雖埋怨生活困苦仍認真打理這個家庭。她的生活相
當忙碌，傳統農家除了種田外，還要種地瓜、種花生、養豬等貼補家用。她
除了要照顧自己生的小孩，還有丈夫第一任老婆的三個小孩要照顧，忙碌的
情況可想而知。但這種忙碌的生活並無法改善家境，因為貧窮農家的收入有
限，再怎麼努力也賺不了多少錢。

家裡有養豬，那些都需要餵呀，像我們慢慢一直出生，她就要照顧
我們，就一直很忙。

種地瓜、種花生、養豬、種稻。很窮，以前又苦又窮。

家裡不好阿，住那個茅草屋，後來颱風把那個茅草屋扛走才又蓋過。
給颱風吹的都沒有屋頂。（又矮又小，快倒快倒斜斜的）有一次大颱

〔註26〕98年4月17日下午4點於楊菊枝自宅內進行口訪。
〔註27〕98年5月22日晚上7點於彭進源自宅內進行口訪。
〔註28〕98年4月17日下午4點於楊菊枝自宅內進行口訪。

> 風來把屋頂都掀掉，沒有屋頂了，害我們小時候因為颱風來，去人
> 家家裡躲，回來看到沒有屋頂都一直哭。〔註29〕

當時連住家屋頂都被颱風吹掀了，千代師姑的先生後來就想請人擔保，才能向糧食局貸款，當時村庄裡的人都不願意替他們擔保，認定他們家窮，還不起貸款會被連累。只有當時新城代表會主席——易水玉願意替他們當保人，才能順利貸款蓋新房子。

> 我媽媽就說那麼可憐，颱風就沒有屋頂，小孩子都要去人家家裡
> 住，那麼可憐。那時候糧食局有可以貸款，如果説要蓋房子，農民
> 蓋房子，最多可以貸六萬塊，那時候六萬塊，給你分幾年還，就像
> 現在的房貸那樣，六萬塊可以分幾年還。我們貸六萬那時候，要去
> 叫那個誰給我們擔保，結果林鶯桃就説：你和他擔保的人會倒楣，
> 以後會倒掉，會給他拖倒，會給我們拖倒，沒有人敢給我們擔保。
> 後來我們去哪裡擔保？就是易水玉給我們擔保，他以前是代表會主
> 席，我爸爸去找他，很早就去喔！去了又不好意思開口，很久後才
> 説：「不好意思，我想去和糧食局貸款蓋房子，你可不可以和我們
> 擔保？」喔！那個易水玉聽到我爸爸説要貸款，説：「唉呀！你不
> 早講，沒問題我給你擔保，我給你擔保」
>
> 他（指易水玉）知道我爸爸老實啊！易水玉經營糧食局倉庫，所以
> 糧食局官員跟他都很熟，他很好打交道啊，沒有第二句話就給我們
> 擔保。他知道我們插秧，穀子都去那邊銷帳呀！〔註30〕

從本節所述內容可以得知，千代師姑在日治時期受過公學校教育，是高等科畢業，在當時的時代背景中是知識份子。然當政權改朝換代之後，日文能力良好的千代師姑無發揮之地，於是只能在家協助打理家務。由於她的外貌因病而異於常人，原是不想結婚，後來卻與嫁入家中的弟媳相處不快，於是她才決定結婚且嫁入貧困的農家，生活與未婚之前是天壤之別，結婚前在父母身邊生活過得衣食無虞，婚後卻是家貧如洗，缺食無衣。這對千代師姑來說，是人生中重大的轉變，也是不順遂的開始。

〔註29〕98 年 4 月 17 日下午 4 點於楊菊枝自宅內進行口訪。
〔註30〕98 年 4 月 17 日下午 4 點於楊菊枝自宅內進行口訪。

第三節　人母時期

一、救子心切：向母娘求醫

　　婚後進入貧困家庭生活的千代師姑，終日忙於維持家庭生計，無心過問宗教等事，會與母娘結緣，也是因為救子心切。

　　　　她的人是很硬直，不大信宗教的人。〔註31〕

　　楊菊枝說千代師姑早年對於宗教有自我想法，無特別信仰單一宗教。而楊松根則說到他母親未婚前的宗教信仰是跟著父母親拜土地公、媽祖，也曾信仰過西方宗教，但他忘了是基督教還是天主教，有受洗過，但婚後因忙碌就沒時間再去接觸。張開基的《台灣首席靈媒與牽亡魂》提到他在採訪中遇到石壁部堂另一位牽亡鸞生「林鶯桃」，林鶯桃師姑告訴他：「千代師姑以前是護士，而且還是個虔誠的基督徒呢！」〔註32〕

　　千代師姑婚後是住在石壁部堂今廟址的後方，蕭師姑回憶起在當初未建廟之前，耳聞法華山瑤池金母治病靈驗，眾人紛紛前往當時的法華山分堂拜母娘請求醫病。而千代師姑則是因母愛，而前往法華山求母娘救他的孩子。當時整日忙碌的千代師姑已生了大女兒和大兒子，大兒子約 2 歲時因為生病導致雙腳無力行走，當時因為千代師姑的大弟與慶生醫院的醫師熟識，因此送到慶生醫院進行治療，但效果不彰。千代師姑一方面自責疏於照料導致孩子病重，一方面也擔心孩子日後不能行走，開始了求神拜佛的路。一開始千代師姑是在別的廟中拜神，後來聽聞法華山的母娘靈驗，便跟隨大家來到法華山拜母娘，當時是民國 51、52 年。〔註33〕楊菊枝也這麼說：

　　　　那時候我那個大的弟弟就是發燒，發燒是因為出麻疹發燒，影響到
　　　　他的兩隻腳，都已經麻痺了。

　　　　就是因為出疹，發燒過度小兒麻痺。發燒過度影響他的腳。那時候
　　　　醫學沒有這麼發達，他的兩隻腳可以說是不能走了啦！好像是癱瘓
　　　　一樣，都不能走了。

　　　　那時候弟弟好像是只有兩三歲吧！都不會走，兩隻腳都軟軟的，那

〔註31〕98 年 4 月 17 日下午 4 點於楊菊枝自宅內進行口訪。
〔註32〕張開基，《台灣首席靈媒與牽亡魂》（板橋：上硯出版社，1995 年），頁 26～27。
〔註33〕99 年 6 月 10 日上午電訪鍾玉秋及林佳焰。

時候媽媽就很傷心，想說怎麼辦，才一個兒子而已，兩隻腳就這樣給我照顧的，她就很埋怨自己沒有照顧好這樣，可是也來不及了呀！兩隻腳已經軟軟了呀！就不會走。那時候剛好大家就去拜母娘，就去法華山拜母娘呀。我媽媽她就跟我講，她就說為什麼她會進入這個宗教去拜母娘，就是大家都說哪裡母娘很靈喔，大家都去那裡拜，那時媽媽就半信半疑也好，我們來去拜神看看，求神拜佛，看看這個小孩子能不能挽回一點希望，就是讓他會走路的希望。然後他就去那裡拜了之後，大家都很虔誠的去求，她也跟著大家去求，她就很虔誠的許願，就跟母娘說：「母娘，我現在有一個願望就是說，我如果能夠讓我這個小孩子兩隻腳，我不要求他能全部會好，我只要他能走就好了，不要說讓他覺得現在就是不會好」「她說讓我這個兒子會走，我以後會把時間奉獻在廟這裡，幫母娘服務，就是渡眾生」然後她就許願過後就回來慢慢接觸到母娘，接觸到母娘賜給她的懿旨，讓她要渡眾生，讓她陰陽都渡，讓她渡陰陽，渡陰的就是牽亡魂，陽的就是人家辦事情，人家就是有事情有困難來問她，她就要無條件幫助人家問母娘，請教母娘，幫助人家解決事情這樣。就是從這裡開始。〔註34〕

雖然蕭師姑說千代師姑是因為自己開刀後身體不好而開始拜母娘，但當時她還沒有虔誠信仰母娘，後來是因為母愛，讓她對母娘許下願望的，祈求兒子康復，也許下了日後為母娘奉獻的承諾。

她開刀是以前生我之後就有開刀，開刀以後她那時候身體還可以呀！後來就是生我弟弟呀！就是因為我那個大的弟弟，他就是出麻疹以後太燒她沒有注意，她那時生活很苦呀，整天就是要挑水、養豬什麼的，就想說小孩子睡得好好的，不懂得他發燒過度呀！然後知道的時候，發現的時候已經發燒過度了，太慢了，那兩隻腳已經可以說都軟軟，沒有會走的跡象了。她就是去法華山以後拜母娘開始啦！拜母娘開始她就許願，就像我剛剛講的這個樣子。

慢慢的，就真的喔，回來不久我那個弟弟就會爬，後來就會跑，他的腳雖然不會很好，可是跑的很快，我媽心裡就很高興，所以說她

〔註34〕98 年 4 月 17 日下午 4 點於楊菊枝自宅內進行口訪。

許的願就達成了，她就很願意跟母娘這樣子。她就說：我真的就是
說，母娘真的這樣子靈感，讓我的心願這樣子實現，讓我的小孩子
這樣會跑，就會走阿。她有也講不完全好沒關係呀，會好就好，會
走就好。真的呀，我那個弟弟就會走了呀！〔註35〕

　　因為母娘讓千代師姑的兒子雙腳能行走，所以她也履行自己的承諾，全
心奉獻給母娘，但當時的她也沒料到自己後來會聞名海內外。楊松根提起母
親為他去法華山求母娘時，曾說到當時千代師姑去法華山時，一開始只是去
拜拜，並沒有通靈辦事的能力。當時法華山的老堂主（羅瑞火）告訴千代師
姑她以後要效勞母娘，要幫忙辦事，甚至會到國外去。千代師姑認為堂主是
開玩笑的，因為她連台北都沒去過，怎麼可能去到國外幫忙？黎金菊師姐在
提到千代師姑當年虔誠求道的心，也不斷稱讚：

　　千代師姑真的很有心，當年她是揹著2、3歲的小孩，一路走到這裡
　　來拜母娘的。她對母娘很忠心，對石壁的母娘忠心，對這裡（指法
　　華山）的母娘也是忠心的。〔註36〕

　　法華山的溫堂主也告訴筆者，當初千代師姑是無神論者，因為孩子生病
求醫無門，最後才走往法華山向母娘祈求孩子康復。在孩子逐漸康復後，她
在拜拜中也開始對於母娘產生感應能通靈。在那個交通不便利的年代，千代
師姑與同村庄裡的婦人們在一同前往法華山拜拜，而且相當的勤奮，即使是
下大雨讓交通受阻也不懈怠，寧願繞遠道走山路也要去法華山拜拜。千代師
姑這份心意讓溫堂主一提起就讚不絕口。

　　一開始你們那邊是阿添姐、阿綢姐先來拜，後來嘰哦姐才來，她那
　　時有一個孩子生病，她有一個弟弟住在花蓮，後來他的弟弟就說要
　　帶她來拜，一開始她也不太相信，因為她是受日本教育。不過後來
　　她來第一次、第二次，自己就會起來跳了。就是「青童」（台語）妳
　　知道嗎？青童就是沒有經過訓練，都不知道，來這裡拜拜，念經念

〔註35〕98年4月17日下午4點於楊菊枝自宅內進行口訪。
〔註36〕98年12月16日下午4點於法華山對黎金菊師姐進行口訪，本章文中關於黎
　　　　金菊師姐提供的資訊，都是在這次口訪時所談到的內容。黎金菊師姐民國35
　　　　年次，教育程度為國小畢業，住在稻香村，19歲就開始到石壁部堂拜母娘並
　　　　擔任志工，41歲轉往法華山擔任志工，目前仍在法華山服務，跟隨溫滿妹堂
　　　　主修行。石壁部堂建廟時與當時的劉有妹師姑兩人自願顧廟，每晚都夜宿廟
　　　　中，因此對於石壁部堂早期廟中事務知情甚多。

好就開始跟拜，然後就開始跳，千代好像就看到地獄了，就開始有感應。〔註37〕

那時她們來得很勤很虔誠，那時候這裡沒有橋，下大雨時還要拐到上面繞一大圈才能下來，很遠、真的很遠。那時候大家都很虔誠，你不來也不行，你不來第二天就會有人催，嘰哦姐（千代師姑）會催。〔註38〕

　　就如同筆者在前面所言，成為靈媒的要件之一，就是生活上遇挫折不順、壓力或處於身心困頓中。而千代師姑在歷經生活貧困與親人病重難癒的雙重壓力下，經過法華山的母娘施以神蹟使她完成心願，讓她的孩子身體康復，因此千代師姑願意相信母娘的力量，同時也實現自己的諾言，開始前往法華山進行訓身、修練。然千代師姑去法華山拜拜幾次之後，就被母娘抓乩了，據溫堂主所說就是天生帶有天命，是屬於母娘的正乩，〔註39〕天生帶有的通靈能力經過訓身過程被開啟了，於是肩負著使命，展開替母娘渡陰渡陽的任務。

二、神諭：成為母娘鸞生

　　千代師姑如何開始通靈辦事？黎金菊師姐提到，千代師姑在法華山經過訓身的磨練後，〔註40〕才開始會通靈辦事。筆者訪問溫堂主時，溫堂主也提到千代師姑因帶有天命，被母娘抓乩之後，漸漸就會通靈，且還看得到地獄。而蕭師姑、許金蓮師姑〔註41〕都提到千代師姑一開始辦事時只有「問花樹」〔註42〕、

〔註37〕99 年 7 月 25 日上午 8 點於法華山大殿與溫堂主進行口訪。
〔註38〕99 年 7 月 25 日上午 8 點於法華山大殿與溫堂主進行口訪。文中所提的嘰哦姐就是指林千代，嘰哦是千代的日文發音。
〔註39〕99 年 7 月 25 日上午 8 點於法華山大殿與溫堂主進行口訪。溫堂主說，母娘抓乩時有分正乩和副乩，正乩才是有指令的人，而千代師姑就是所謂的正乩。雖然石壁部堂的師姑都有通靈能力，但不是每個人都會牽亡魂，即便是千代師姑和鶯桃師姑都能牽亡，也因為千代師姑是屬於正乩，因此牽亡的功力會較好。
〔註40〕蕭添妹師姑說：「當時到法華山訓身的信徒，都是白天農忙結束後，傍晚或晚上才到廟中，信徒們焚香祭拜後，就開始在母娘前面隨著個人靈感而舞動，跳得滿身大汗而不覺得累，反而覺得精神奕奕，身體的病痛都感覺好多了。」
〔註41〕98 年 12 月 15 日下午 3 點 30 分於許金蓮師姑自宅內進行口訪，本章文中關於許金蓮師姑提供的資訊，都是在這此口訪時所談到的內容。
〔註42〕蕭師姑說每個人誕生時，本靈以花樹的形式留在靈界，一棵樹上有許多花，一朵花就是一個人的本靈，紅花代表女性，白花代表男性。師姑能透過觀看

「問事」〔註43〕，後來才開始「牽亡魂」。蕭師姑說：千代師姑有一夜在蕭師姑家屋後的大水缸挑水時，看到七爺八爺出現，當時她並不感到害怕，只覺得奇怪。七爺八爺甚至還隨著她回到家中，後來母娘才告訴她，要讓她來負責牽亡魂，讓她救陰渡陽，陰陽兩渡。當我問起千代師姑是如何開始牽亡魂，蕭師姑這麼說：

> 她就和我這樣說，契母（指母娘）要我去牽亡，高爺矮爺也叫她牽亡，〔註44〕她說高爺矮爺去她家中，她家後面以前有一個水池，她晚上都要去水池挑水，以前都要用竹桶挑水，三更半夜時，她的膽子很大。她說：「高爺矮爺都一直跟著她，跟到家中怎麼辦？」〔註45〕

而楊菊枝更進一步告訴我：

> 就是我們不是有七爺八爺，那個七爺八爺是真的現給我媽媽看。我只知道剛開始就是現七爺八爺給她看，看了之後我媽媽就是說她不會怕，都不會怕，母娘就說可以，妳不會怕就可以開始牽陰魂了。〔註46〕

許金蓮師姑的說法則是：

> 在張金英家裡有拜母娘時，當時前面空地停很多車，千代從前面走過，看到很多車子之外，還看到城隍廟的神，就這樣後來才開始牽亡的。〔註47〕

　　母娘要千代師姑牽亡前，有先顯現陰間的神祇——七爺八爺，當千代師姑表現出不會害怕所見的景象，母娘就認定她可以負責牽亡魂的工作，因此

花朵生長的位置、狀況，判斷此人的健康或運勢。例如：花朵開在接近樹的根部，則此人的身體較好；反之花朵開在頂端，易受風雨摧殘或飄搖，則表示此人的身體較不好，容易生病。

溫堂主則說：看樹花，有看樹、看花，有兩種。這個人生病來看的時候，男的就會是一棵樹，樹大概哪裡有一個洞，被看到了，就是哪個器官生病，用這樣子抓病的。女生就是花，以前女生生孩子啊，來看花樹，花叢裡面白花就是生兒子，紅花就是生女兒。

〔註43〕「問事」就是信徒有任何問題，都可以透過靈媒向神明請求指示，希望能透過問事達到遭災解厄的效果。
〔註44〕當時受訪者是以客家語回答，客語所稱的高爺矮爺就是七爺八爺。
〔註45〕98年3月28日晚上7點於蕭添妹師姑自宅內進行口訪。
〔註46〕98年4月17日下午4點於楊菊枝自宅內進行口訪。
〔註47〕98年12月15日下午3點30分於許金蓮師姑自宅進行口訪。

要擔任牽亡的工作，首要條件就是能不畏懼陰界事物。

　　早年對於母娘的安排，千代師姑可謂是完全的犧牲奉獻，白天要忙家務，太陽下山後就要去替母娘辦事。〔註48〕後來越忙越晚，連家務都顧不得，年幼的孩子也只能放在家中，所以先生也曾有怨言，但看見妻子是如此的虔誠奉獻，最後性情和善的楊天祿也體諒、接受這種生活。

　　　我們是覺得媽媽怎麼這麼忙，沒有在家裡陪我們。小時候會這樣想，爲什麼別人的媽媽會在家裡陪我們，我們的媽媽沒有在家裡陪我們。每次放學時候回來都沒有看到我的媽媽，唉，爲什麼會這樣？而且常常都沒有飯吃，要自己煮飯，自己怎麼養豬，小時候也是很做（指做家事），都自己養豬。〔註49〕

　　　那麼小（指小孩），你想那麼晚，做那麼晚，我們農家們不是要很早起床，她就根本起不來，起不來煮飯啊！當然妳像我們農家人晚一點的話，豬也要吃、牛也要吃，又人也要吃，結果都沒有煮。他一個男人，我們小孩又小，他當然心裡會比較反對說爲什麼做那麼晚，家裡又什麼都沒有，飯也沒有煮，什麼都沒有，早上都起不來煮飯。什麼事都要靠我爸爸，他才會說要我媽媽不要做那麼晚。

　　　後來我爸爸就了解，辦這個事情就是要這樣沒有辦法，他就不會再講了，他就知道阿。〔註50〕

　　從楊菊枝回憶的童年生活中，她羨慕他人有母親陪伴的課後生活，而她卻因母親忙於廟務，課餘時必須身代母職，接手家務。千代師姑的先生也曾不滿這種狀況，但是爲什麼最後能接受妻子專職從事靈媒工作，是千代師姑的堅持而讓他屈服，亦或是他被千代師姑的服務信念感動，還是經由這份工作的收入能改善家計？筆者認爲其家人會改變想法，眞正的原因不足外人所道，但家人的支持是重要的力量。

　　楊松根對於母親的一生，說到母親對於母娘、對石壁鞠躬盡瘁的奉獻，表示肯定與認同。相較於一般靈媒在成乩之道上，會受到家人的輕視或強烈反對，進而產生衝突，使她們陷入要不要做「靈媒」的掙扎中。〔註51〕在這

〔註48〕當時林千代師姑等人都在張金英家中替母娘辦事情。
〔註49〕98 年 4 月 17 日下午 4 點於楊菊枝自宅內進行口訪。
〔註50〕98 年 4 月 17 日下午 4 點於楊菊枝自宅內進行口訪。
〔註51〕蔡佩如，《穿梭天人之際的女人——女童乩的性別特質與身體意涵》，頁 247

段訪問中筆者發現，千代師姑的家人對於她擔任神職的工作，終日忙碌而疏忽了家務，一開始雖曾有埋怨，但後來還是接受現況，因此千代師姑在家人支持下，能無後顧之憂的全力奉獻給母娘。溫堂主與筆者私底下提到千代師姑的家庭生活時，提到千代師姑的先生對她非常好，很支持她。就如同陳藝匀的研究指出，絕大多數的童乩都是在婚後成乩，她們的配偶有的成為其助手，有的給予精神上的支持與鼓勵，有的雖然一開始反對，不過後來逐漸面對事實，轉而接受或不置可否，成乩的事實往往都能獲得配偶的諒解與支持。〔註 52〕而千代師姑的靈媒事業，相信她的家庭支持帶給她不少的信心與力量，也是她能成功很重要的要件之一。

　　許多學者對於靈媒的產生進行研究，其中一種說法是認為靈媒大多是先天上有精神疾病，或是承受極大壓力產生精神問題，因此容易進入失神狀態，進而被動地或是自主性地把自己塑造成靈媒。如：張珣認為台灣的童乩本質上屬於東北亞「薩滿信仰」的系統，處理宗教儀式時會表現出恍惚忘我的狀態，以口示神意，人們可以藉著童乩進行人與神之間的直接對話和問答，神能藉童乩之口解決人的問題。童乩雖不能給出馬上去除病痛的藥方，卻能給病人一個安心的理由來說明引起他身體病痛的原因，使病人心理得到安慰的力量。童乩先天上精神大都不穩定，在早年人生過程中有不幸的事或病痛纏身之困擾，或在現實生活中沒有滿意的解決，因此常會有失神忘我的精神狀態以求逃避問題。童乩的產生分成三類，第一種是自己於夢中或生活中看到或聽到神的徵召而進行自我訓練，且能對失神時間進行控制。第二種是由神明指派經過退休的老童乩訓練而成。第三種則是受到當時廟會節目進行時的氣氛影響而進入失神狀態，由群眾中被發現才經由老童乩訓練而成。但現在有許多的童乩是未經過失神狀態到廟中訓練而成的。〔註 53〕李亦園認為能成為童乩的人，有些是先天性具有精神異常狀態的人，有些是後天文化暗示而成的，還有一種是因種種環境壓力或家庭因素而塑造出的童乩。〔註 54〕

　　另一種說法是認為這些靈媒原本都是平凡人，是被神靈選出來的才擔任

　　　　　　〜254。
〔註 52〕陳藝云，《乩童的社會形象與自我認同》，頁 110。
〔註 53〕張珣，〈民俗醫生—童乩〉，《疾病與文化》（台北縣：稻鄉出版社，1989 年），頁 73〜99。
〔註 54〕李亦園，〈是真是假話童乩〉，《信仰與文化》（台北市：巨流圖書公司，1978年 8 月），頁 101〜115。

靈媒的。蔡佩如、〔註 55〕詹碧珠〔註 56〕等人經過長期田野調查後發現，她們的研究對象幾乎都不是自願擔任童乩，而是被神選出的，也就是所謂的帶天命。但這些童乩一開始都是抗拒擔任，因此遭受到許多病痛或家庭不順遂的折磨，之後才受禁成為童乩。陳藝匀在其碩論中提到童乩的成乩歷程中，有一項就是身心困頓求助無門之下，感受到神召後，許多不順遂自此化開，或是身體病痛不藥而癒，才進而受訓成乩的。〔註 57〕

綜合以上說法，筆者認為其實靈媒不一定是有精神疾病，至少就筆者所研究的場域——石壁部堂，當中的鸞生就無一人有所謂的精神疾病，但是這些師姑都有遭受到生活壓力上的事件，有的是身體病痛，有的是家庭因素，在無法尋求適當解決之下，只能求助無形界的力量來支持，當問題得到改善後，自然就擔任起靈媒的工作了。

筆者在文中稱千代師姑是一位靈媒，而非直接以乩童或尪姨稱呼，因為筆者認為她是綜合了乩童與尪姨兩者的專長，既能通神亦能通鬼。張珣在《疾病與醫療》提到童乩、尪姨等人是屬於宗教類的民間醫療人員，以超自然的力量來說明疾病的起因，以宗教儀式來醫療病痛。〔註 58〕李亦園認為靈媒可分為童乩、扶乩與尪姨三種，其中尪姨負責替人尋找亡魂說話，童乩是傳達神喻的人，且男多女少。〔註 59〕同樣以功能性來區分童乩與尪姨的還有謝世忠，他認為通鬼者的媒介為尪姨，通神的媒介為乩童。〔註 60〕蔡佩如《穿梭天人之際的女人——女童乩的性別特質與身體意涵》提到有學者（鈴木清一郎、連橫、高賢志）是以附身神靈來區分乩童與尪姨之間的差異，認為乩童是溝通人、神之間的橋樑，而尪姨則是人與鬼靈間的中介。〔註 61〕詹碧珠在《尪姨與其儀式表演：當代臺灣女性靈媒的民族誌調查》提到尪姨是替人辦

〔註 55〕 蔡佩如，《穿梭天人之際的女人——女童乩的性別特質與身體意涵》（台北：唐山出版社，2001 年）。

〔註 56〕 詹碧珠，《尪姨與其儀式表演：當代臺灣女性靈媒的民族誌調查》（新竹：清華大學社會人類學研究所碩士論文，1997 年）。

〔註 57〕 陳藝云，《乩童的社會形象與自我認同》（新莊：輔仁大學宗教學研究所碩士論文，2003 年），頁 115～117。

〔註 58〕 張珣〈民俗醫生—童乩〉，頁 73～99。

〔註 59〕 李亦園，〈是真是假話童乩〉，頁 101～115。

〔註 60〕 謝世忠，〈試論中國民間宗教中之通神者與通靈者的性別優勢〉，《思與言 23（5）》（台北：思與言雜誌社，1986 年），頁 51～58。

〔註 61〕 蔡佩如，《穿梭天人之際的女人——女童乩的性別特質與身體意涵》，頁 15～16。

理牽亡儀式的女乩童，女乩童有可能也是尪姨，因此詹碧珠打破了以附身神靈來區分的絕對原則，認爲尪姨是含括在童乩之內。〔註62〕

　　另一種論點是以男女性別不同來論定童乩與尪姨，《台灣民間信仰小百科——靈媒卷》提到乩童扮演神人溝通的橋樑，可藉巫器、巫術表現，是鞏固祭祀圈、信仰圈的重要角色。〔註63〕尪姨自古來飽受批判，與傳統社會觀念及修法方式有關。尪姨又稱紅姨，主持的法事以牽亡和進花園爲主。尪姨被認爲是女巫，爲亡靈的媒介。從法事及行爲來看，與乩童有許多相似之處，唯一的差別是男女之別。〔註64〕蔡相輝、吳永猛在《台灣民間信仰》指出在台灣民間信仰中，靈媒爲一大特色，男靈媒稱乩童，女靈媒稱尪姨（紅姨），現通稱爲乩身或童乩，而現今台灣靈媒種類可分爲：乩童、輦轎、扶鸞、牽亡。〔註65〕筆者認爲輦轎、扶鸞與牽亡應爲儀式而不是靈媒種類。

　　林富士認爲人和鬼神溝通的方式有許多類，其中有一種類型稱作「憑附」（possession），也就是讓鬼神進入人的身體中。「靈媒」可以自由自主掌握其意識而被附身，成爲一般人和神明溝通時的媒介，讓亡魂能和人面對面的交談。靈媒在儀式中，往往身兼神與人的雙重角色。〔註66〕以上所述筆者以表格整理出童乩與尪姨的區別：

表2-1：童乩與尪姨比較表

研究者	童乩	尪姨	附註
李亦園	童乩是傳達神喻的人	替人尋找亡魂說話	童乩者男多女少
謝世忠	通神的媒介	通鬼者的媒介	女性易擔任尪姨
蔡佩如	男童乩可溝通人、神；女童乩業務範圍橫跨童乩與尪姨，具雙重身份。	人與鬼靈間的中介	女童乩有可能同時具有尪姨身分

〔註62〕詹碧珠，《尪姨與其儀式表演：當代臺灣女性靈媒的民族誌調查》，頁8。

〔註63〕劉還月，《台灣民間信仰小百科——靈媒卷》（台北市：臺原出版社，1994年），頁85。

〔註64〕劉還月，《台灣民間信仰小百科——靈媒卷》，頁120～121。

〔註65〕蔡相輝、吳永猛編著，《台灣民間信仰》（台北縣：空大，2001年），頁177～187。

〔註66〕林富士，〈巫覡、道士與僧尼〉，《孤魂與鬼雄的世界：北台灣的厲鬼信仰》（台北縣：北縣文化中心，1995年），頁155～199。

研究者	童乩	尪姨	附註
詹碧珠	被神明附體者	尪姨能擔任生者與亡者溝通的媒介，也能被神明附體，為替人辦事舉行牽亡儀式的女性童乩	打破以神明或亡者附身來做童乩與尪姨的區別
劉還月	扮演神人溝通的橋樑，為男人擔任	主持的法事以牽亡和進花園為主，為女人擔任	單純以性別區分童乩與尪姨
蔡相輝、吳永猛	男靈媒	女靈媒	單純以性別區分童乩與尪姨

資料來源：筆者根據李亦園，〈是真是假話童乩〉、謝世忠，〈試論中國民間宗教中之通神者與通靈者的性別優勢〉、蔡佩如，《穿梭天人之際的女人——女童乩的性別特質與身體意涵》、詹碧珠，《尪姨與其儀式表演：當代臺灣女性靈媒的民族誌調查》、劉還月，《台灣民間信仰小百科——靈媒卷》、蔡相輝、吳永猛編著，《台灣民間信仰》等資料整理而成。

　　筆者認為在現今社會中有女童乩的存在是不可否認的，因此這兩種分類方式中以性別來區分是不成立的說法，然通鬼與通神的能力並非不能同時存在，以筆者所研究的林千代師姑來說，母娘一開始給她的任務就是渡陰渡陽，渡陰就是牽亡魂，渡陽就是幫人家問事。就如楊菊枝所說：「母娘讓她要渡眾生，讓她陰陽都渡，讓她渡陰陽，渡陰的就是牽亡魂，陽的就是人家辦事情，人家就是有事情有困難來問她，她就要無條件幫助人家問母娘。」〔註67〕，因此林千代並非只能與陰界亡魂接觸，她與神明也能溝通。千代師姑的專長是牽亡魂，但在牽亡魂之前要先與神明溝通之後，才能將魂從陰間調到陽間進行牽亡儀式，整個牽亡過程中，她要進行與神鬼雙方的溝通，雖擔任尪姨工作居多，但需要時也與神溝通，較似詹碧珠所形容的女性童乩，但是千代師姑是不曾操過五寶或是受禁。蔡佩如認為被神明偎身的女人，也為神明塑上金身加以膜拜後，只是具備成為女童乩的資格，尚未有開壇作法的能力，一般稱這些人為「生童」。生童必須在老一輩、有經驗的童乩、道士或桌頭的協助下，經歷一套俗稱「受禁」或「坐禁」的嚴格訓練之後才能成為一位獨當一面、為人辦事的「熟童」。〔註68〕

〔註67〕98年4月17日下午4點於楊菊枝自宅內進行口訪。
〔註68〕蔡佩如，《穿梭天人之際的女人——女童乩的性別特質與身體意涵》，頁78。

現在法華山的溫堂主在教導弟子修練時，是有好幾個面向來進行，分別為：誦經、訓身、練靈、靜坐。〔註69〕然千代師姑早期在法華山開始通靈時，僅透過在母娘前的訓身靈動而養成的，與現今法華山的方式相較之下簡單許多，亦沒有一般乩童必經的「受禁」。許雅婷則認為慈惠堂的師姑是接近靈乩系統，靈乩是不需要操五寶或是扶鸞，她們所表現的形式是說靈語、唱靈歌、跳靈舞、靈動等。〔註70〕在石壁部堂辦事的鸞生，皆被信徒以師姑相稱，而筆者認為千代師姑是一個具有通靈能力的靈媒，因為母娘要她救陰渡陽，陰陽兩渡，因此她既能通神亦能通鬼，兼具童乩與尪姨之能力，確實是如同許雅婷所認為較接近靈乩系統，但千代師姑的修練過程，最初在法華山及石壁母娘仍供奉於民宅時期是靈動訓身，在民國77年新廟落成後，則用靜坐修練，只要她人在花蓮，每早會到廟裡上香，必定會到三樓觀音菩薩前靜坐或俯跪，歷時約莫一、二小時結束，其過程還是較靈乩的修練過程簡化。

三、改善家計

在石壁部堂40多年的千代師姑，在早期還曾發生過出走事件。她曾經離開過石壁部堂，在鄰近的另一間神壇繼續為母娘服務，後來才又回到石壁。她離開石壁的原因，眾說紛紜，有一說法是指她因為與張金英不合而離開，但也有一說法是因為想改善家計，才會在周呆與張金英起衝突而自行開堂建廟時，〔註71〕與其他二位師姑一起到周呆的廟服務，而這段歷史很少被提及，也就漸漸不為人知。〔註72〕

> 以前在光添那邊通通都沒有，連金紙錢都沒有，我最記得，我爸
> 爸那時候還罵我媽媽說，做到那麼晚回來，小孩子也沒有喝奶，

〔註69〕林美容、鄭鳳嘉、釋念慧，〈為母娘辦事——法華山慈惠堂溫滿妹五十年的宗教療癒與實踐〉，發表於慈濟大學宗教與文化研究所：「慈濟人間與宗教療癒」研討會，2009年6月13～14日，頁21～24。
〔註70〕許雅婷，《母娘與祂的兒女——慈惠堂石壁部堂宗教人的經驗世界》，頁34～35。
〔註71〕范德房為石壁部堂的第一任堂主，迎母娘令旗的張金英是其妻，未蓋廟時令旗就是供奉在他家，而周呆是當時廟中辦事的鸞生之一。據聞周呆與范德房、張金英起爭執後，憤而在住家開壇自立，以可和師姑分紅的方式把石壁三位師姑也挖角過去，當時僅剩張金英、蕭添妹、巫茶妹、劉有妹在石壁部堂。周呆又名榮華，一般人都稱之為榮華，少稱周呆。
〔註72〕有數位受訪者提起這段歷史，都說千代師姑曾經背叛過石壁，或是以反叛石壁母娘來形容，但他們都不願筆者暴露其身份。

做到半夜回來，我那個最小的弟弟也沒有奶可以喝，我爸爸怎樣，煮那個稀飯，用那個粥汁來餵我那個弟弟你知道嗎？做沒有錢，在光添那裡沒有錢啦，只是一直奉獻，小孩子又沒有奶喝，又哭得要命。〔註73〕

當初也是都沒有錢耶，當初在廟初期都沒有收錢，當初母娘有說都不能拿紅包的喔，連客人拿的都沒有拿。在光添家裡拜的時候都不能收錢，後來不是到榮華那裡拜，榮華分堂出去叫我媽媽過去牽陰，榮華分堂時才開始有收錢。早期都是奉獻的。

那時候他們（周呆）為了錢與堂主鬧翻了，自己出去開堂。他老婆很聰明，叫小孩在路口看到客人就去拉，告訴客人牽亡要他們那裡才有。然後賺的金紙錢就跟師姑他們分，所以是為了錢過去的啦！〔註74〕

後來千代師姑又與周呆等人意見不合，所以回去石壁部堂，之後經過母娘的同意，就開始有收入了。師姑的收入即是牽亡魂時會燒金紙錢，金紙錢扣除進價後，師姑再與廟中拆帳，其實這就是延續她去周呆那裡辦事時的收入算法。但也因為這些收入，讓她的家境得以改善。對於這一點，鍾玉秋也提到：「當初一開始真的是沒有收錢，後來因為家裡真的很窮，為了改善家境。」〔註75〕

從過去原本寬裕的生活突然轉到貧困的日子裡，身為一個有小孩的母親會有更強烈的動力找到機會就要努力地賺錢，想給小孩有較正常或是更好的生活，也許是因為這樣，所以使林千代師姑在當靈媒時，曾有一段時期甚至為了賺錢而換了一間廟繼續辦事，但最終還是回到石壁部堂來辦事。

然根據楊菊枝的說法，母娘有先測試過千代師姑的心，因為她不貪心，通過母娘的考驗，母娘才同意給她收入的。

我媽跟我們講為什麼會收錢？她說母娘化給她看，第一次化什麼你知道嗎？元寶，很多元寶。她說整箱整箱的元寶給她看，我媽就說：「唉呀！化這個做什麼？這個我又不會用，這個元寶我又不會用！」

〔註73〕光添是指范德房與張金英之子，文中稱光添家中就是指未蓋廟時在他家中拜母娘的情形。
〔註74〕98年4月17日下午4點於楊菊枝自宅內進行口訪。
〔註75〕99年6月8日下午於鍾玉秋家中進行口訪。

母娘就收回去了。再化一次，珍珠瑪瑙，整箱整箱的珍珠瑪瑙再化給我媽媽看，我媽又說怎樣？她說：「唉！那個珍珠瑪瑙我又不戴，化這個我不喜歡」不喜歡就收起來。再化，這次化新台幣囉！我媽說：「這個我要我要，這個我會用，這個新台幣我要我要，這個新台幣我會用」母娘就說：「好，可以了，就給妳吧！」就送我媽媽。妳聽懂沒有。祂說那妳要這個就送給妳，開始就有錢了，慢慢的就一直有錢可以拿了。她說母娘會試人的心耶！祂化那個元寶，好大耶！整箱整箱給她看喔！看她會不會貪。我媽說她不要，她說元寶她不會用，要怎樣用她不會用。珍珠瑪瑙也是整箱，我媽說很漂亮喔！整箱整箱一大堆。我媽說她不要，這個她不會戴。母娘試人的心，看會不會貪。會貪的人就會說要。像我媽媽她說拿那個要做什麼？珍珠瑪瑙又不會戴，要拿去賣又那麼麻煩，拿那個要做什麼？元寶要做什麼？要拿去賣嗎？現在的人又沒有在用元寶交易我要做什麼，所以母娘就是知道我媽媽的心有沒有，她不會貪，那個新台幣她就說可以用，可以通用，這個比較好，這個可以。哈哈哈！我媽講給我們聽。我就說：「阿！媽！妳不會說元寶就好。」她說：「母娘在試人！妳知道嗎？試看看我會不會貪？珍珠瑪瑙那麼多給我，看看我會不會貪？祂試我的心啊！」〔註76〕

　　從上述的話語，可看出師姑將紅包收入合理化，認爲自己通過母娘的測試，母娘先顯化珠寶、元寶欲賜給她，她都不要，因此母娘同意讓她有金錢收入。而這段石壁部堂鸞生的分裂歷史鮮爲人知，因爲知情者大多認爲這是不光彩的事情，不過我們可以知道的是，經過這次的事件，師姑們開始有了收入，而收入是不固定的，是無底薪看業績抽成，依照香客信徒燒金錢的多寡來分紅。不同於陳藝勻所研究的對象之處，〔註77〕千代師姑是專職的靈媒，千代師姑在此後藉由牽亡魂及問事等工作獲取收入，包括香客供奉的紅包收入皆歸師姑私人所有，並無繳回廟中。這些收入，千代師姑會用在廟中建設，也會用於超度法會中，也成爲改善家計的重要支柱。在村庄中的老住戶就曾

〔註76〕98 年 4 月 17 日下午 4 點於楊菊枝自宅內進行口訪。

〔註77〕陳藝勻所研究的乩童大多是兼職的，必須有另外的主業賺錢謀生。且成乩前後經濟狀況改善有限，即便是有改善者，也是因爲家中經濟支柱角色轉移與經濟來源的多元分擔所致。參閱陳藝勻，《乩童的社會形象與自我認同》，（新莊：輔仁大學宗教學研究所碩士論文，2003）頁 145。

說過，以前千代師姑家是村庄裡很窮的，因爲開始牽亡辦事有收入，就漸漸有錢了，並還清房子倒塌後重建的貸款，尚有餘力貢獻金錢於廟的建設中。

四、牽亡爲主業

關於牽亡魂的開始，時間是在民國 52 年底，蕭師姑說一開始千代師姑每天只有牽三個人，牽完三個就停止下來，有名額上的限制。楊菊枝則說會這樣規定是因爲一開始還沒習慣，所以不能一開始就替許多人牽亡魂，否則身體會受不了，適應了以後才開始牽很多人。那時牽亡魂是從下午三點開始，人少一些就牽到七、八點，人多時最晚一直牽亡到晚上十一點才休息。蕭師姑與楊菊枝都表示，千代師姑說牽亡魂是很累人的，讓陰的附身之後，都會覺得胸口鬱悶，也沒什麼胃口，若是牽到陽壽未盡而死亡的（兇死），如：車禍、自殺等，會感受到亡魂臨死前的痛苦及情緒變化。釋念慧研究花蓮法華山慈惠堂的超度法會，法會中有一項陰陽會，是乩童出借身體讓亡靈附身，使陰陽兩隔的親人得以對話互動，如同千代師姑的牽亡儀式。乩童被亡魂附身時，顯現出的是亡者死亡時的狀態，因此會感受到到亡魂臨死前的痛苦或受傷處，而這些乩童在亡靈退身後，有些身子比較虛弱者，顯得一附疲累虛脫的模樣，他們不能被亡靈借身太久，乩身會受不了。有些人則表示乩身會覺得冷冷的、暈暈的，因此他們牽完亡魂後都需要起來訓身調理一番。〔註78〕然而千代師姑在數十年的牽亡歲月中，每牽完一位亡魂，並不需要休息或是訓身調理，就繼續爲下一位報名的牽亡家屬服務，只是晚上返家吃飯休息時，會告訴家人覺得疲累，由此可以看出她的功力與體力。

宋兆麟在研究薩滿巫師時提到，巫師是需要助手，這些助手在活動中有一定的作用，如：維持會場使祭祀能正常進行、當巫師進入無我狀態時，由助手在身旁護理，可以防止巫師跌倒、協助人與神鬼之間翻譯溝通等。〔註79〕而千代師姑牽亡魂時，身旁都有一位師姑護駕，據了解因爲有些亡魂附身後會捨不得離開，此時就要有人在千代師姑的背後用力一拍，一拍下去千代師姑人就清醒過來，亡靈就會離開。許金蓮師姑表示，她當了千代師姑牽亡魂時的副手三十多年，就是負責要保護的，有時千代師姑被亡魂附身無法行走

〔註78〕釋念慧，〈幽冥對話：花蓮法華山慈惠堂超度法會田野紀實與分析〉，《2010台灣宗教學會年會「傳統宗教與新興宗教」學術會議論文集》（新竹市：台灣宗教學會，2010 年 6 月 26 日～27 日），頁 198～205。
〔註79〕宋兆麟，《巫現～人與鬼神之間》（北京：學苑出版社，2001 年 12 月），頁 131。

或突然癱軟，她就要趕緊攙扶住千代師姑以防她跌倒；有時千代師姑或家屬聽不清楚時，她也要幫忙講話、幫忙溝通。〔註80〕釋念慧研究法華山的陰陽會中所參與的工作人員，除了被亡魂附身的乩童外，尚有桌頭與護法。桌頭是替家屬與乩童溝通並傳達訊息、安排程序的人；護法則是輔助的人，在乩童的身後或旁邊，保護著乩童的身體安全。每當乩童被亡魂附身顯得痛苦時，桌頭就會與護法協助處理，有時會幫忙向母娘求藥，有時會在乩童的背後畫符減輕痛苦。而乩童在亡魂退身後若仍感不適，桌頭及護法也會在乩童的背後畫符或拍一下，讓亡魂從乩身上完全退離。〔註81〕可見得牽亡者在被亡魂附身之後，是處於相當虛弱、極需被保護的狀態，若亡魂眷戀陽世不肯離去，會讓乩身受到傷害，因此牽亡儀式在進行時，是需要神力及其他人力的協助，才能順利的展開與安全的結束。

　　千代師姑的牽亡魂儀式在與其他師姑的搭配下，於石壁部堂展開，從一開始每日限三位牽亡名額，發展出其特色與名氣後，各地香客相繼前來一探究竟，因此每日牽亡香客增多，常要忙到夜幕低垂。師姑原本以問花樹、問事為主，到後來以牽亡魂為主業，問事為輔。

第四節　千代師姑與靈媒事業

一、漢人社會對靈媒的評價

　　俗稱靈媒的童乩與尪姨，其存在自古即有。林富士在《小歷史—歷史的邊陲》提到，巫覡（在台灣俗稱童乩）在中國古代社會中曾擁有相當高的政治社會地位，在中國古代文明締建過程中扮演了相當重要的角色，但政治社會環境的變遷，加上儒家官吏打壓與其他宗教競爭，巫覡逐漸淪邊中國社會的邊緣人物，在這些打壓與競爭中，他們仍繼續活躍於社會的各個角落，擁有相當數量的信徒。過往研究童乩的人有人類學者、民俗學家、基督教宣教師、精神科醫師，雖然立場各不同，也不是皆認同童乩的存在，但卻無法否認童乩在社會上被需要及持續存在的事實。〔註82〕

〔註80〕98 年 12 月 15 日下午 3 點 30 分於許金蓮師姑自宅進行口訪。
〔註81〕釋念慧，〈幽冥對話：花蓮法華山慈惠堂超度法會田野紀實與分析〉，頁 198〜205。
〔註82〕林富士，〈臺灣童乩〉，《小歷史—歷史的邊陲》（台北市：三民書局，2000 年），頁 26〜39。

　　李亦園認爲雖然產生童乩的方式多種，但不論是哪一種原因產生的童
乩，大多沒有受過較高的教育，社會地位也不高，除在作法時，其他時間都
不受人特別尊重。〔註 83〕曾景來在《台灣的迷信與陋習》中談到台灣的尪姨
是巫覡靈媒的一種，又稱爲紅姨，又尊稱爲紅姨媽，雖屬於賤民階級，但卻
爲社會大眾所尊敬，相當受禮遇，多爲已婚婦人擔任，但他認爲像這種紅姨
術是一種迷信，其目的是爲了詐騙錢財。〔註 84〕蔡相煇、吳永猛認爲古代乩
童是經過師傅傳授民俗驗方知識且長久學習始敢執業，今之乩童多無師自
通，荒誕不經。紅姨牽亡及關落陰時有紅姨透爲其打聽地方家族私事，事前
掌握牽亡亡家親屬的資訊，也常因知識不足而鬧出笑話。近年則因對當事者
家屬進行催眠，固出錯較少。廣泛的牽亡分兩類，一爲親自到地獄拜訪，又
稱關落陰；另一爲請亡魂顯現，藉乩還魂。這這種儀式當中，最常見到亡魂
哭窮要陽世親人多燒些紙錢，且越多越好。〔註 85〕這個論點對靈媒是充滿負
面與否定的價值觀，評價極低。

　　蔡佩如《穿梭天人之際的女人——女童乩的性別特質與身體意涵》以台
南縣市女童乩爲研究對象，認爲女性獨具的特質及女童乩與女信徒間的互動
較易親近。不過女童乩在被神明選上之時，家人大多是反對她們擔任此工作
的，因爲童乩在社會中的觀感並不好，會受嘲笑，大多要經過一番家庭革命
才能得到認同。然而女童乩的身分呈現出在傳統與非傳統間的角色扮演，反
映了傳統漢人社會的兩性概念，也提供女性一個原有社會定位的機會。〔註 86〕
詹碧珠認爲因爲社會對於尪姨的評價不高，常有神棍混雜，因此大部分的尪
姨本身多不認同「尪姨」此稱呼，多以乩童、童乩、師姐、仙姑、聖姑來自
稱。〔註 87〕陳藝匀在其研究田調中發現社會塑造的負面形象導致童乩自覺受
到蔑視與歧視，對童乩的身分、稱呼是排斥的。〔註 88〕

　　林富士則認爲透過靈媒，一般人可以了解另一個全然不知的世界，可
以知道死者的生活，可以明白自己福禍的因緣，有祈福解禍的機會，並滿

〔註 83〕李亦園，〈是眞是假話童乩〉，頁 101～115。

〔註 84〕曾景來，〈神奇的紅姨〉，《台灣的迷信與陋俗》，台北市：武陵出版有限公司，
　　　　1998 年重刊一版二刷（1939 年出版），57～67。

〔註 85〕蔡相煇、吳永猛編著，《台灣民間信仰》，頁 146～147、183～186。

〔註 86〕蔡佩如，《穿梭天人之際的女人——女童乩的性別特質與身體意涵》，頁 125
　　　　～129。

〔註 87〕詹碧珠，《尪姨與其儀式表演：當代臺灣女性靈媒的民族誌調查》，頁 7～8。

〔註 88〕陳藝云，《乩童的社會形象與自我認同》，頁 151～152。

足對未知世界的好奇心。因此在台灣三、四百年間的歷史中，雖歷經改朝換代、殖民統治、戰後回歸等階段，每個統治當局都以壓抑、取締和攻擊來對待童乩，也僅能讓童乩式微而無法絕跡，近二、三十年又開始活躍於各個角落。〔註89〕

從過去學者中的研究中可發現，自古即有巫覡的存在，在隨著儒家思想及父權主義盛行，其地位被貶得極低。又因其為眼不可見的無形力量，無法以科學來證明或解說，常被認為是迷信或騙財行為，因此在社會中的評價極低，在台灣近三、四百年歷史中是受到政府打壓的族群。然不論學者或研究者對靈媒的評價如何，卻改變不了社會大眾對此一民間信仰的需求，因此靈媒的存在並未隨著民眾學經歷提升或經濟好轉而減少或消失，仍蓬勃的存在於社會各個角落中，可見得其存在是具有重大的社會文化意涵。就如同彭榮邦碩論《牽亡：惦念世界的安置與撫慰》中所說：「對失親者來說，牽亡最重大的意義在於，給了失親者一個與過世親人重逢的短暫時空。」；「牽亡除了是一種對亡靈的救渡外，同時也是對失親者受苦心靈的照拂」；「透過牽亡的象徵演示，失親者還可以提供過是親人的需要。失親者長久以來的懸念，在牽亡中得到安置。」〔註90〕牽亡，對於失去親人的家屬來說，是可以得到心靈救贖的重要宗教儀式。

二、聲名崛起後的生活

對於千代師姑的評價，在研究中令筆者感到困難度高，因為筆者的訪問對象總是語多保留或輕描淡寫帶過，但褒遠多過於貶。對於千代師姑的個人評價，筆者綜合訪談對象提到的評價內容，不外乎是：比較好強、孤僻、脾氣不好、急躁、有潔癖、對母娘鞠躬盡瘁、對母娘很有心等評論居多，但也有少數的評價認為她是有貪念、看重金錢的。

從張開基的《台灣首席靈媒與牽亡魂》曾提到：數年前他在皇冠雜誌上撰寫了一篇報導，這也是在國內對林千代女士的第一篇正式報導，名為「台灣首席靈媒——林千代女士」。此後，每次他見到林千代女士，總要挨她幾聲埋怨。各地慕名而來的民眾，使她應接不暇，經常忙得連喘氣的機會都沒有。也沒有人會相信，這位充滿靈異傳奇的人物，經常是在那裡怨天尤人，嘀咕

〔註89〕林富士，〈巫覡、道士與僧尼〉，頁155～199。
〔註90〕彭榮邦，《牽亡：惦念世界的安置與撫慰》，頁95～101。

著上天不該派遣這麼重的任務讓她一肩承擔。因此在文章中有著這麼一段文字形容千代師姑：

> 依然是那一身耀眼的藍，
>
> 依然是那接近一百度沸騰的急性子，
>
> 依然還是一邊忙碌，口中不停的埋怨與嘀咕，
>
> 而身後永遠跟著一群人，
>
> 有急於和亡靈會面的陽世親友，還有一群看熱鬧的民眾。〔註91〕

對於千代師姑的為人，眾人都稱讚她千代師姑的心地好、做人不錯，但或許是受日本教育的影響，她的個性是很嚴謹、一絲不苟，求好心切之下就會顯得急躁，就容易罵人或發脾氣。因此石壁部堂的師姑們，只有蕭添妹師姑比較能忍讓她，所以她與千代師姑的交情較好。蕭師姑這麼說到：

> 她喔！說真的她不會不好，就是脾氣不好，比較急躁。
>
> 客人比較難搞的她會罵，裡面的人得罪她的她也會罵。
>
> 我是不曾被她罵，像阿有姐（大師姑）那些就被她罵過。讓她不高興她就會罵，所以每次要去哪裡，她（千代師姑）都不要和她們（其他師姑）一起出門，像我是比較會讓她（忍她）。
>
> 像她那樣牽亡，有時有些話不說的，客人多問幾句，她一下子就不牽了，這樣怎麼不會得罪人，會得罪人呀！〔註92〕

楊菊枝也曾這樣說：

> 我媽的脾氣比較爆、很強、很急，比較急性，人急的時候脾氣就比較壞呀！比較暴躁！一急起來就比較心直口快，就比較會說話沒有那麼客氣。〔註93〕

而溫堂主雖然也認為千代師姑的個性不好，為人處事較為強勢，但也不是石壁部堂師姑中脾氣最差的。溫堂主認為千代師姑畢竟是受過日本教育的人，是個讀書人，因此雖然個性不好，但仍是個講理的人，而同一個道理，從千代師姑口中講出，與其他未受教育者口中說出，給人的感受就是不一樣。溫堂主這麼說的：

〔註91〕張開基，《台灣首席靈媒與牽亡魂》，頁79～80。
〔註92〕98年3月28日晚上7點於蕭添妹師姑自宅內進行口訪。
〔註93〕98年4月17日下午4點於楊菊枝自宅內進行口訪。

千代師姑的個性很強，我們都會讓她。她的個性不好，不過她很有
理，她有讀書嘛！有時候有讀書講的話是一樣的道理，但講出來就
是會不一樣。不認識字的人，有時就會講得怎樣怎樣，比較沒理。
阿添姐都會讓千代師姑，阿添師姑常說：「妳看，她動不動就並並蹦
蹦的」（用客語說，意思指的是千代師姑常發脾氣）〔註94〕

　　張開基在書中曾提到千代師姑會在神的面前怨天尤人，埋怨著快累壞
了，認為一個神職人員敢在神的面前如此說話，真的是相當鐵齒。〔註95〕蕭
師姑也說過：「神明有時讓她牽亡牽到生氣時，她也會罵喔！就是說：『現在
是怎樣喔！沒有正經，怎樣怎樣……』像這樣子罵，是真的這樣，不是假的，
常常罵喔，不是只有一次這樣，真的。」〔註96〕，然詹碧珠就提到她發現在
成為一個尪姨的過程中，剛開始是尪姨受到神明控制，一旦尪姨開始辦事之
後，神明的靈驗加強了尪姨個人的自信，這時神明與尪姨的關係，反而不像
剛開始那樣是單向的控制，已轉變成雙向的溝通。尪姨可以與神明討論，甚
至反對神明的旨意。〔註97〕千代師姑在辦事過程中，會在神的面前抱怨或發
牢騷，是眾人皆耳聞過的往事，或許就是牽亡靈驗帶來名聲與地位，改變了
她與神明間的心態和關係，亦或是長年累月的辛勞，加上年紀大體力不堪負
荷，因此難免產生怨懟。

　　關於千代師姑具有潔癖的習性，是她的兒媳鍾玉秋與筆者閒談中所聊
到，但是筆者後來也聽到溫堂主這麼形容千代師姑，且認為千代師姑因她的
潔癖而浪費了許多進修自我的時間，而導致後來眾人對她牽亡功力評價的改
變。溫堂主說：

本來蠟燭是照亮別人，可是一直一直照亮別人，蠟燭淚一直流，最
後就乾了。我說電就會一直沒有，所以就是要充電，所以就是要加
油嘛！就是要加油充電，沒有充電不好。後來有啦！後來機哦姐也
有蠻多人會跟她提議，真的有心人會跟她提議：「妳要把自己做一個
整理，什麼時候妳要靜坐？什麼時候妳要怎麼做？」可是她很潔癖，
家裡都弄得很乾淨，吼！家裡都弄得好乾淨，麻糬掉下去都還不會

〔註94〕99 年 7 月 25 日上午 8 點於法華山大殿與溫堂主進行口訪。
〔註95〕張開基，《台灣首席靈媒與牽亡魂》，頁 55。
〔註96〕98 年 3 月 28 日晚上 7 點於蕭添妹師姑自宅內進行口訪。
〔註97〕詹碧珠，《尪姨與其儀式表演：當代臺灣女性靈媒的民族誌調查》，頁 70。

髒，就是這樣，早上時我去呀！我看到她這樣做，說：「啊！妳不是
在修行？不是在靜坐？不是在…，妳還在做這個雜七雜八，這個不
要呀！妳還是去請一個人來做，妳這個不要做。」我也有這樣曾經
這樣跟她講過。〔註98〕

千代師姑是極具名氣的靈媒，一生奉獻母娘。令人好奇的是，千代師姑
是否有後人來傳承衣缽？在此，我認定的傳人是指千代師姑親授她的「問
事」、「牽亡魂」的本事者。就我訪問的結果，答案是：有弟子，但沒有牽亡
傳人接衣缽。盧勝彥是林千代的第一位弟子，15 年後千代師姑再收一位弟子，
是住在台中沙鹿的蔡宗宏，蔡宗宏與千代師姑間的故事於第五章筆者再詳
述。據聞蔡宗宏也是母娘找了好幾年的人，在拜入師門時，母娘讓他實際牽
過一次亡，也問他願不願意接牽亡的工作，但是蔡宗宏拒絕了，只願意問事。
在這之後，母娘就沒有再透過千代師姑來找尋牽亡的靈媒了。蔡宗宏提到拒
絕牽亡這件往事時，說到：「我不知她是神來附身的」〔註99〕，換言之，找他
牽亡的就是附在千代師姑身上的母娘，而非千代師姑。

「牽亡」究竟能不能教？能不能學？蕭師姑說這種事情是無法教人的，
因為是母娘才能教的，母娘說她們就做，有事情也要母娘說她們才知道，並
不是她們自己本身會這些東西。此外，蕭師姑也認為，千代師姑就是為人較
低調，所以不會主動去教人，她說：「她也不會像人家什麼很臭屁，去教人家
什麼東西，她不會這樣」〔註100〕。而楊松根進一步表示：

母親曾說過：「不是她會，是神佛會！」

楊松根提到千代師姑說過她不等於神，她只是神的代言人，她只負責轉
達神的意思，神有說的她才知道，神沒有跟她提傳人的事情，因此沒有所謂
的傳人之說。雖說如此，難道千代師姑不想將如此神妙的牽亡術傳承下去嗎？
千代師姑的大女兒楊菊枝提過，她的媽媽也曾在辦事情時問過她們是否看見
出現的亡靈了？

媽媽也是常常說：「我現在牽亡魂了，妳們可以來看看，看妳們看得
到嗎？」我們都看不到啊！沒辦法阿！她怎麼教？〔註101〕

似乎千代師姑也曾想傳授女兒一些東西，不過因為女兒無法看見靈的存

〔註98〕99 年 7 月 25 日上午 8 點於法華山大殿與溫堂主進行口訪。
〔註99〕100 年 1 月 24 日下午 2 點～4 點於沙鹿蔡宗宏自宅進行口訪。
〔註100〕98 年 3 月 28 日晚上 7 點於蕭添妹師姑自宅內進行口訪。
〔註101〕98 年 4 月 17 日下午 4 點於楊菊枝自宅內進行口訪。

在，因此無法教授。黎金菊師姐說，其實想學的人非常多，長年跟在千代師姑身邊打轉，幫忙拿東西跟上跟下，連出國都會跟。但這些人都沒有帶天命，也不夠誠心，所以即使千代師姑想教她們，也從來沒有成功的傳人。她認為牽亡魂不是那麼簡單容易的事。另外許金蓮師姑也說過：「母娘沒有找阿！」，因為母娘沒有找接班人，所以就沒有傳人可以傳下去。

　　釋念慧〈幽冥對話：花蓮法華山慈惠堂超度法會田野紀實與分析〉提到，法華山的陰陽會中有許多師兄姐都會牽亡魂，法華山的溫堂主說以前是她一個人做，做了二十多年後，就開始有一些人跟著她學，母娘說她可以教人了，這些人就漸漸有感應，可以被亡魂附身牽亡。〔註 102〕法華山的陰陽會只有在超度法會那三天舉行，平時並不辦理牽亡魂活動。雖然石壁部堂的母娘是分靈自法華山，石壁部堂部分師姑也是從法華山訓練而成的，石壁部堂是以牽亡魂出名，法華山卻是一年只有法會三天有牽亡魂。溫堂主對於這個差異性是這樣解釋的：

> 陰陽會跟牽亡魂是一樣的，但是領旨是在石壁。以前雖然有很多人來這裡叫我們牽，但我們不行。不知道的人以為我們慈惠堂這邊在相拚（台語），那這樣就不行，就好像嫁出去的女兒也是要有飯吃。專職做這個的就專職做，母娘說的要專職，這樣子做起來會比較好。〔註 103〕

　　然筆者覺得難以理解，為什麼法華山的溫堂主可以教導人學習牽亡魂，而千代師姑就不行呢？是真的不行，還是不願？為什麼給石壁部堂旨令的母娘也沒有找傳人呢？對於筆者眾多的疑問，這個問題大家都說：「不清楚、不知道」。能與母娘溝通的蕭師姑也說：「我哪裡會知道？」〔註 104〕；溫堂主認為這是個人想法不同，她說：「那是她（千代）認為渡陰那是她有的宗旨，她的宗旨就是說我從頭到尾，就是做，做到結束就這樣子，並沒有要傳下去。可能那時候她也沒有這麼想。」〔註 105〕；許金蓮師姑則說：「母娘說現在兩個師姑就不講話了，若有外人來辦事，不就更相處不來。」〔註 106〕我所提的這

〔註 102〕釋念慧，〈幽冥對話：花蓮法華山慈惠堂超度法會田野紀實與分析〉，頁 198
　　　　～205。
〔註 103〕99 年 7 月 25 日上午 8 點於法華山大殿與溫堂主進行口訪。
〔註 104〕98 年 3 月 28 日晚上 7 點於蕭添妹師姑自宅內進行口訪。
〔註 105〕99 年 7 月 25 日上午 8 點於法華山大殿與溫堂主進行口訪。
〔註 106〕98 年 12 月 15 日下午 3 點 30 分於許金蓮師姑自宅進行口訪。在筆者進行多

個問題雖在與許金蓮師姑的訪問中找不出直接的答案，但卻從中可以感受到師姑們彼此間不和睦的氣氛，以及排斥外來者的心態。從這裡可發現，石壁部堂除了有牽亡魂失傳的問題存在外，還有人事不和的問題存在，而人事問題並不在本章節研究範圍中，就不在此繼續探討研究。

此外，許金蓮師姑也提到，其實她也會牽亡魂，只是千代師姑比較出名。〔註107〕為什麼千代師姑會比較出名呢？許金蓮師姑認為因為千代師姑有一個很有名的弟子替她出書宣傳，才讓她全省知名的。而這個弟子就是蓮生活佛盧勝彥。對於這個說法，黎金菊師姐也提到，千代師姑牽亡很厲害，但也是因為有出書的關係，才能讓大家都知道，她說連高雄那邊的人都是看到書才知道要來這邊找千代師姑牽亡魂。對於此點，筆者較持保留態度，據盧勝彥著作中最早提到千代師姑是於 1975 年的著作《靈機神算漫談》〔註108〕，這個時期是石壁部堂已開始打出名聲，廟中香客已開始自全國各地而來，〔註109〕至少提到牽亡魂，知道的人就會提到石壁部堂的青衣婦人林千代，林千代與牽亡魂劃上了等號。就如筆者在前面也有談到張開基的書中內容，亦提及他因報導千代師姑牽亡的事蹟，使得千代師姑每天因慕名而來的香客忙碌不已。〔註110〕張開基的書籍，吸引許多對靈異有興趣的讀者，在當時的社會背

場田調中，也有人對筆者透露許金蓮師姑與蕭添妹師姑失和多年，在石壁部堂中照面都不說話的，大家都知道他們相處不來，失和原因不明，據說已有五、六年之久了。但二年前許金蓮師姑在廟中擔任廚工的女兒被開除後，她就把這個也怪罪在蕭師姑頭上。（因尊重訪談不願具名，故不透露人名。）

〔註107〕對於許金蓮師姑是否會牽亡這個問題，筆者田調時問過溫堂主與蕭師姑，她們對於這個說法不置可否。然溫堂主也強調千代師姑是正乩，因此牽亡功力自然比其他師姑要好，其他師姑是屬於副乩。蕭師姑則說當初一開始是千代師姑會牽亡，後來林鶯桃師姑看千代師姑牽亡後，才開始學牽亡的，蕭師姑沒有說金蓮師姑會牽亡，她說金蓮師姑所自稱的牽亡並不是附身，而是像問病這樣問話而已。許金蓮師姑的牽亡魂並不能讓亡魂附身，只能在地藏王菩薩前透過她傳話讓亡魂與家屬溝通。她向筆者表示不是她不會讓亡魂附身，而是因為沒有人當副手幫忙，所以她才沒辦法像千代師姑這樣讓亡魂附身的。

〔註108〕盧勝彥，《靈機神算漫談》（台中：新企業世界出版社，1975 年）。

〔註109〕彭進源先生說民國 50 幾年時，花蓮客運一天開往水源村站牌最多有 32 班車，都是外地前來石壁部堂的香客。60 幾年時，雖然客運班次較少，但計程車都往石壁部堂的方向跑，人潮絡繹不絕。

〔註110〕張開基，《台灣首席靈媒與牽亡魂》，頁 79。書中內容提到：自從在數年前，執筆在皇冠雜誌上撰寫了「台灣首席靈媒——林千代女士」在國內第一篇正式的報導起，每次見到林千代女士，總要挨她幾聲埋怨。各地慕名而來的民眾，使她應接不暇，經常忙的連喘氣的機會都沒有。

景中，傳播媒體仍不發達，想要觀看八卦或靈異新聞，只能透過當時的書報雜誌。鍾玉秋表示，民國七十幾年她跟千代師姑的大兒子交往時，曾經有一次在基隆夜市那裏，看到某雜誌的封面主題，內容就是介紹她婆婆的牽亡魂。她說後來她才知道千代師姑的牽亡魂是如此有名，雜誌還介紹好幾次呢！她說：

> 我認識她是因為我先生，那時候我根本不知道我婆婆是做什麼事情的，那時候很多雜誌，我在板橋的市場裡隨便看一下，呦，這不是我未來婆婆嗎？它寫台灣第一靈媒，我忘記什麼雜誌了？以前那個雜誌什麼是很有名，翡翠或時報周刊，封面很大，哎喲，這個不是我未來婆婆，什麼台灣首席靈媒，在封面登很大，後來我才慢慢了解。〔註111〕

因此，透過報章雜誌及張開基的書籍介紹，讓當時的社會大眾認識牽亡魂的千代師姑，使原本因牽亡而頗具名氣的千代師姑，更具知名度。反觀盧勝彥的書，使真佛宗弟子認識了師尊的啓蒙老師，這些真佛宗弟子因為對師尊的敬重，對千代師姑的景仰就不在話下，因此盧勝彥可說是使千代師姑在宗教界的名氣大為增加。然而，筆者認為，雖然透過書報雜誌等媒體的力量，讓千代師姑更具知名度，但若非牽亡魂「牽得準」，或是千代師姑有其特殊過人之處，還是無法讓千代師姑在牽亡界立足四十幾年，成為第一把交椅的。

真佛宗是一個在台灣當代相當蓬勃的宗教團體，在全球各地的分寺、堂或同修會組織數量龐大，其中又以台灣為最多，其創教及領導者盧勝彥尊稱林千代師姑為啓蒙師尊。丁仁傑則指出盧勝彥會進入民間信仰的世界，和林千代的帶領有絕對關係。林千代長期協助盧勝彥進行宗教訓練，盧勝彥也多次到石壁部堂接受林千代在宗教上的訓練與培育。〔註112〕盧勝彥在其個人著作中，屢次談及林千代師姑是改變他一生的人。〔註113〕

> 我有聽媽媽說，她說上次台灣有一位盧勝彥先生。母娘就和媽媽說，要請他出來渡眾生，也是就是這樣子指點媽媽，叫那個盧勝彥要出

〔註111〕99 年 6 月 8 日下午於鍾玉秋家中進行口訪。
〔註112〕丁仁傑，《社會分化與宗教制度變遷》（台北市：聯經出版社，2004 年），頁549～551。
〔註113〕盧勝彥，《靈機神算漫談》，台中：新企業世界出版社，1975。http://www.wtbn.org/685/p685-04-01.shtm，2008 年 3 月 23 日。〈真佛宗是正信的佛教〉，世界真佛報，第 685 期，2008 年 4 月 3 日。

來，也要從拜母娘開始渡眾生。〔註114〕

　　楊菊枝說，印尼也有一位辦事的人，算是千代師姑的弟子，因為也是千代師姑受母娘指示去協助訓練辦事的。

> 母娘有牽一個印尼的會辦事情。一開始也是媽媽去那裡幫忙，就是說母娘說要叫他渡印尼的眾生，母娘就會化一些東西問他說看得到嗎？有時候看得到，有時候看不到，看不到時就要求母娘再化一次，會慢慢讓他接近。所以後來就開堂這樣子，他會辦事，但不會牽。〔註115〕

圖 2-1：林千代出國辦事情的照片，至於是哪一個國？家屬則說不清楚。（照片為鍾玉秋提供，彭盈潔翻拍）

　　有許多廟宇是受到千代師姑的影響，信任她的能力，需由千代師姑去協助辦事，甚至協助訓練辦事人員。就如同當年若不是台中玉皇宮請千代師姑去辦事，因緣際會下替盧勝彥開天眼，就不會有現在的真佛宗盧勝彥。但這些都不是千代師姑可以自由意識決定要教給誰？而是由母娘決定。當母娘決定好要教誰法術或靈通時，再藉由千代師姑之手去落實。

〔註114〕98 年 4 月 17 日下午 4 點於楊菊枝自宅內進行口訪。
〔註115〕98 年 4 月 17 日下午 4 點於楊菊枝自宅內進行口訪。

廟、公堂是有很多人來問媽媽說請教她什麼的，可是媽媽也說母娘
她沒有指點我，我也不會，不敢隨便教人家什麼，因為這種東西不
是用說教的，母娘真的有化出來給你看才可以的。妳就是聽蕭添妹
師姑說也會這樣講。〔註116〕

　　就如同楊菊枝所說，蕭添妹師姑也證實，在千代師姑往生後，曾有些自
稱是千代師姑傳人的出現，自稱母娘要她到石壁部堂來牽亡魂，但蕭師姑讓
她試著牽亡魂，試牽了三個人卻什麼話都不會說，最後此人也不再出現於石
壁部堂，而石壁至今也未再出現能牽亡魂的人員。有趣的是，與千代師姑同
住20幾年的大媳婦鍾玉秋告訴筆者，當初有許多的宗教人士，都認為千代師
姑之所以有如此厲害的牽亡能力，都是因為所居住的房子。那些人認為只要
住在裡面，似乎會有特別的感應使之能與無形界有所聯繫。因此有許多人曾
提出要求想住進那棟房子裡，似乎就是想得到千代師姑擁有的通靈能力，即
便是千代師姑往生數年了，仍有不少修道人士前往她家拜訪，甚至連盧勝彥
的弟子都還會去她家呢！〔註117〕

圖2-2：林千代在其屋前留影（照片為鍾玉秋提供，彭盈潔翻拍）

〔註116〕98年4月17日下午4點於楊菊枝自宅內進行口訪。
〔註117〕99年6月8日下午於鍾玉秋家中進行口訪。

因爲千代師姑精準的牽亡術，爲石壁部堂在數十年的歲月中帶來各地的香客信眾，因此石壁部堂能從民宅一路增建擴大到今日的規模，隨著千代師姑的離世，石壁部堂的牽亡術也成爲傳奇事蹟，爲眾人所懷念。

第五節　小　結

從過去寬裕的身世背景一直到嫁在貧苦的環境中，再加上一個身體因病而殘疾的小孩，促使林千代師姑接觸母娘，也引動了她與母娘的緣份。林千代師姑如果未經歷過這樣的環境，恐怕就不會有這麼一個傳奇的靈媒了。這在詹碧珠、〔註118〕蔡佩如、〔註119〕陳藝匀〔註120〕等人的論文研究當中，提到大部份的靈媒或是神的使者，皆經過一段痛苦的人生經歷或是挫折，進而轉入了民俗信仰這一個世界裡。而他們的教育背景幾乎都不高，女性靈媒也都先完成婚姻與生兒育女的任務後才開始替神辦事。在筆者的田調進行對千代師姑生命史的研究中，發現千代師姑的學歷在日治時期是完成初等教育，在當台灣主權不再屬於日本後，她所受的日本教育不能讓她有所發揮。到了後來國民教育普及的情況下，她的教育水平已被歸類爲教育程度不高的一類。千代師姑的生活從婚前的富裕到婚後的貧困，再加上愛子身染重病求醫無門，使她的身心受到相當大的打擊與困頓，進而接觸到母娘信仰，感受到母娘帶來的靈驗神蹟後，才開始成爲替母娘濟世的乩身。關於千代師姑的成乩歷程，亦相當符合許多研究者對靈媒成乩條件的研究。千代師姑的五官因生病而有些扭曲變形、異於常人，她也稱自己爲「鬼仔面」〔註121〕再加上駝背的身形，更增添其神秘感與傳奇性。

姑且不論是因爲書籍介紹使林千代師姑揚名世界，或是社會環境使然，至少所調查到的香客或是信徒，無不說林千代師姑在牽亡魂所創下的神蹟。然而，正因爲筆者訪問到的都是香客或是信徒，所以在於千代師姑準不準這事是可能失之偏頗的。像是在訪問張開基的過程中，他也有提到關於千代師姑牽得準不準，其實他認爲千代師姑也是在模糊地帶之中遊走的！從施寄青的《看神聽鬼》〔註122〕一書中，看到許多與張開基相關的話題，在書中有一段是施寄青問張開基關於關於慈惠石壁部堂牽亡魂林千代師姑的道行是否很

〔註118〕詹碧珠，《尪姨與其儀式表演：當代臺灣女性靈媒的民族誌調查》，頁63。
〔註119〕蔡佩如，《穿梭天人之際的女人──女童乩的性別特質與身體意涵》，頁56～104。
〔註120〕陳藝云，《乩童的社會形象與自我認同》，頁112～118。
〔註121〕張開基，《台灣首席靈媒與牽亡魂》，板橋：上硯出版社，1995，頁28。
〔註122〕施寄青，《看神聽鬼》，台北市：大塊文化，2004，頁49～50。

高？，而張開基是這麼回答：

> 至於牽亡魂，別太當真。他們能提供的信息，不過是你自己心中已
> 有的，更何況有多語焉不詳的指示

不過對照張開基在《臺灣首席靈媒》對千代師姑的牽亡術是持較中立客觀的立場。筆者訪問張開基從《臺灣首席靈媒》出版後到施老師訪問他這十幾年間，對於牽亡術的看法或認知是否有改變，因此讓他有不同的評價反應。張開基是這麼回覆的：

> 是的！我一直在從事靈魂學研究，不曾中輟或改志（我也會進步
> 的），更多的觀察、資料閱讀比對加上個人的其他靈異經歷和思辨；
> 我發現「如果固定養小鬼」或者能比較清晰的和不固定的鬼靈溝通，
> 藉由鬼靈的「讀心術」（讀取當事人首相記憶資料）的能力，也可讀
> 到當事人對於亡親故友的記憶，不論是生前的容貌、個性、關係和
> 習慣等等，所以『假設要包裝成牽亡魂』也是可以讓一般人相信的；
> 但是，如果這樣是成立的，那麼林千代女士應該百發百中，不會發
> 生「凸槌」才對，但是，以我現場觀察紀錄的結果，她的準確率大
> 約5～6成，其他也有「牽紅姨，循話尾」的現象（因為她是職業性
> 的靈媒，總不能承認自己不能），所以，應該不是固定「養小鬼」，
> 而是和不固定的鬼靈溝通，而這些不固定的鬼靈也有能力高低差
> 別，所以就會形成不穩定的後果。所以，目前我比較傾向她未必真
> 的牽到亡魂，而是包裝過的另類通靈結果。所以讀取的其實只是當
> 事人記憶舊檔。〔註123〕

筆者研究的重點並非在於林千代師姑的牽亡魂是真是假，或者靈驗度如何。就如同張開基所言：

> 林千代女士的出名是來自「牽亡魂」的『術』，而非開創某種可以永
> 世流傳的「教義」，所以，人亡「術」息，只是徒留一些傳奇供於後
> 人說而已。〔註124〕

彭榮邦的論文中也談到千代師姑的牽亡術帶給家屬心靈上輔慰的功效，〔註125〕因此筆者相信牽亡對於民間信仰中生死文化有著相當大的影響。本章

〔註123〕張開基於 99 年 6 月 26 日回覆筆者的電子郵件內容所提及。
〔註124〕張開基於 99 年 4 月 16 日回覆筆者的電子郵件內容所提及。
〔註125〕彭榮邦，《牽亡：惦念世界的安置與撫慰》，頁 99～101。

先就千代師姑的個人身家背景等基本資料做較多的敘述，短短一個章節要談千代師姑的生平事蹟，其實相信有許多事情是未能詳盡的。因爲千代師姑已往生數年，在缺少當事者訪談的最有利資料下，能夠找到的資訊是相當有限，筆者在此也盡可能將蒐集來的資料翔實呈現出。千代師姑除了牽亡術之外，是否還有其他的獨特之處，使她的知名度及地位不同於一般的女性靈媒，這些都是筆者繼續要研究的方向。

第三章 牽亡術與林千代

　　千代師姑肩負著渡陰渡陽、陰陽兩渡的神聖使命，因此對於渡陽這方面，她會制煞、問事、問花樹等項目，但她最具名氣的是渡陰：牽亡魂儀式及處理被陰魂糾纏的問題。本章節將先針對牽亡儀式來進行探討，第一節是從鬼靈信仰中看牽亡儀式為何會興盛於人類社會，漢人世界是如何看待與陰界的接觸；第二節將就千代師姑牽亡術的手法及步驟，做更細部的介紹；第三節是千代師姑牽亡魂案例的介紹，從這些案例中歸納牽亡帶給家屬的感受；在第四節中，筆者欲從中討論出有哪些要素使她能成為首屈一指的靈媒，而又有哪些可能的因素，造成牽亡不準確的結果。

第一節　從鬼靈信仰看牽亡儀式的興起

一、鬼靈信仰與巫術

　　在人類歷史的長河中，鬼神信仰存在已久，漢民族的鬼神信仰早在商周時期就盛行，從《山海經》中可了解該時代雖自然崇拜已逐漸沒落，但神話崇拜仍舊興盛，而精靈崇拜是最為流行。這種精靈崇拜即是建立在萬物有靈的觀念上，相信人自身的精靈會產生出神祕的力量，離開人身的精靈，就成為鬼靈，具有神祕的強大力量。〔註1〕《楚辭九歌》被多數學者認為與當時的宗教信仰與儀式祭典有著密切關係，其崇拜系統中包含了人鬼崇拜系統。「鬼」

〔註 1〕鄭志明，〈《山海經》的鬼神崇拜〉，《中國社會鬼神觀念的衍變》（台北市：中華大道文化事業股份有限公司，2001 年 10 月），頁 31～79。

原指萬物的精靈，最後專指亡人的靈，其中避祟的心理遠大於敬仰之情，因爲害怕鬼留在人間作祟，因此有各種驅趕的應對儀式產生。在氏族社會成立後，對於同一氏族的祖先靈魂則有血緣與生存的共命關係，認爲這種鬼魂冥冥中與許多生活中的禍福發生有關聯，因此崇拜鬼魂的宗教儀式，成爲社會主要的崇拜文化之一。〔註2〕

「魂魄」與「鬼神」有著什麼關係呢？鄭志明認爲「魂魄」與「鬼神」都是古代靈體崇拜的遺留物，在先秦時代已從人的主體性，將「魂魄」與「鬼神」結合起來，建構了人體的靈魂觀，如《左傳》昭公七年引鄭子產語云：「人生始化曰魄，既生魄，陽曰魂。用物精多，則魂魄強。……，而強死，能爲鬼，不亦宜乎！」這種以形體相配的靈魂觀，是用來面對人的生死問題，意識到身中的精神能量，及其死後的歸宿問題，如：《易經》繫辭傳云：「精氣爲物，遊魂爲變。」《禮記》郊特牲篇云：「魂氣歸於天，形魄歸於地。」〔註3〕從這些古文獻中可知，「魂魄」是兩種可以在人死後存在的「靈」，可用於解釋生命的來源與死後去處，既是生命能量的來源，死後也要妥當安排其去處，因此衍生出死後世界的信仰文化。在《墨子》中亦直接有人死爲鬼的觀念，人死後的存在，與魂魄自然有密切的關係。〔註4〕

談到魂魄觀，三魂七魄是我們常聽到的。道教的觀念認爲人有三魂七魄，但是從五行的觀念去解釋。然而人死之後，三魂會游離出肉體，各有其去處的觀念，卻是屬於臺灣俗民道教的說法。傳統道教與俗民道教對於三魂七魄所涉指的對象是不一樣的。〔註5〕在俗民道教中，認爲人死後魂魄各自分散，七魄附枯骨，三魂分別依附在神主牌、墓地、陰間。〔註6〕因此在人往生之後，一個魂會依付於神主牌，神主牌供奉在家中並被定時祭拜；一個魂會留在墓地，特別是墓碑；第三個魂則會往陰間而去。基本上民間是相信三魂中的其中一個亡魂是會跑到陰間地府來的，否則「牽亡」或是「觀落陰」等民間信仰的巫術，就沒有任何存在的意義了。

〔註2〕 鄭志明，〈《楚辭九歌》與原始宗教〉，《中國社會鬼神觀念的衍變》，頁85～120。
〔註3〕 鄭志明，〈朱子的鬼神觀念〉，《中國社會鬼神觀念的衍變》，頁338。
〔註4〕 蒲慕州，《追尋一己之福：中國古代的信仰世界》（台北：麥田出版，2004年10月），頁93～94。
〔註5〕 李坤達，《死亡與不死——台灣俗民道教魂魄觀的死亡哲學研究》（台北：東吳大學哲學系碩士論文，2002年），頁53～54。
〔註6〕 蕭登福，《道教與民俗》（台北：文津出版社，2002年），頁252。

　　巫信仰出現的時間相當早遠，宋兆麟在《巫覡》中認為在史前時代就已經產生了巫師和他們所信仰的原始巫教，巫師和巫術是在原始宗教發展到一定階段後的產物。巫術在人類社會中的出現並不是偶然的現象，是在人類氏族社會階段逐漸發展起來的，原始之巫由自然崇拜、圖騰崇拜到祖先崇拜，逐漸發展成巫術。最早的巫師是由氏族長兼任，隨著社會分工才出現以宗教活動為職業的巫師，巫師是人神兩界的溝通者。〔註7〕對於「巫」的釋意，林富士認為能有三種解釋，一為巫官，是具有官稱的性質，如《禮記》所載的「司巫」、「男巫」和「女巫」都是巫官，掌管祭祀神鬼之事，或祈或禳，以解除各種兇災。第二種是指職業之巫，把它當成一種職業。這種義涵的巫者，不僅有「執技以守官」的官巫，還包括民間以「巫」的專技謀生的人，稱民巫。民巫為人祈福、治病以牟利，被人所輕視。第三種「巫」之意是「事鬼神者」的通稱，具有某種精神特質和特殊知能，能交通鬼神來祈福解惑。〔註8〕

　　從上可知巫術是由原始之巫發展而成，並由專職的巫或巫師擔任其職。史前時代的巫師，不僅是祭祀和巫術活動的主持者，也是當時科學文化知識的保存、傳播和整理者，在天文學、醫學、文字、文學、歷史、音樂、舞蹈、繪畫等方面，都有不少貢獻。在母系氏族時期，巫師是由女性擔任，父權體制出現後，婦女地位下降，社會輿論認為女性是不潔，因此女性巫師數量下降且地位逐漸降低，男性巫師不斷增加，巫師地位發生重要變化。〔註9〕從史料上的記述，在特定歷史條件下，巫者由事神進而成為史官，卜官和禮官，隨之擴大為占卜，預言，並為王事服務，由此化分為官巫和民巫兩種。官巫司掌宮廷與祭祀，預卜國運和戰爭，民巫則為民間祈禳，求福，驅邪免災，醫治病患等。但隨著王權的確立，巫的地位下降，至春秋戰國時代，巫覡的部分功能已由方士取代。而巫者與史官、祝官、卜官已被分別看待。傳統醫學雖從巫術開始，古稱巫醫，東周時巫與醫分業，巫術逐漸被醫術所代替。於是巫者從殷商時期的「巫祝王」到東漢時的「巫家不應為吏」，成了政治社會地位低賤者。雖然巫者社會地位不再尊貴，但在社會中仍具有相當大的影

〔註7〕宋兆麟，《巫覡——人與鬼神之間》（北京：學苑出版社，2001年12月），頁8。

〔註8〕林富士，《漢代的巫者》（台北：稻香出版社，1999年），頁15～26。

〔註9〕宋兆麟，《巫覡——人與鬼神之間》，頁9。

響力，因爲民眾仍會崇信或畏懼巫者，因爲巫者能行使巫術。〔註10〕

二、降神、招魂：溝通陰陽兩界

生、老、病、死是人生必經之路，死亡是人生旅程中的最後一道關卡，卻是人們最忌諱談論的議題，認爲是極爲不祥的事情，這個未知的世界對人來說是個謎，人們因爲無所知而感到恐懼。還記得小時候，只要經過喪家，大人總會要我們把頭轉過去，不讓我們看到靈堂，如此的忌諱死亡，認爲這是不潔的、骯髒的，相對的也以逃避的態度來面對，拒絕談論死亡議題。爲什麼漢人會如此看待死亡議題，是因爲不知道死後世界會如何？或是恐懼死亡的發生？不過也因爲對於無形界的好奇、崇信與畏懼，當人們發生無法解決的問題，或人生找不到方向時，就會去找尋無形力量的協助，於是能跨越陰陽兩界與神鬼溝通的靈媒被人們所需要，而靈媒們所擅長的巫術也因應各種需求而產生，牽亡術就是其中一種。

牽亡魂又稱牽亡，是把亡魂從陰間調來陽間，讓亡魂附身在尪姨身上，使亡魂透過尪姨的身體直接與家屬進行對話，主導整場牽亡魂的人就是尪姨。對於牽亡術或牽亡者──尪姨，古籍文獻亦有若干記載，如：宋朝洪邁《夷堅志》丙志卷五〈葉議秀才〉寫道：

> 紹興二年・處州青田人潘緻・閭丘觀・俱爲蕭山尉・同處一寺・鄉人葉議秀才・以家貧母老・來相依……葉熟睡・聞呼聲・蹶然起・盜適當前・葉急持其袂・盜慮不得脫・掣其肘曰・放我・不然・將殺汝・葉醉甚・持之愈急・盜恐眾至・乃剚刃而去・葉即死・二尉聞之・懼以是坐罪・跡捕未獲・見葉從廡下掩腹入僧房・左右無一睹者・邑有女巫・能通鬼神事・遣詢之・方及門・巫舉止言語如葉平生・大慟曰・爲我謝二尉・我以宿業不幸死・今已得兇人・更數日就擒・無所憾・獨念母老且貧・吾囊中所貯・可及百千・望爲火吾骸・收遺骨及余賫與母・則存沒受賜矣・尉悉如所戒・後五日・果得盜・盜言殺業之次日・即見諸百步外・已而漸近・昨乃與同臥起・自知必敗云。〔註11〕

〔註10〕 林富士，《漢代的巫者》，頁27～50。

〔註11〕 洪邁，〈夷堅丙志卷五〉，《夷堅志》第一冊（台北：明文出版社，1994年），頁402。

　　從文中可知在葉議秀才在被殺害身亡後，透過女巫讓他亡魂附身能與家屬對話，並交代未了心事。而女巫被亡者附身時，言語就如同葉議秀才生前一般，像這樣的巫術，就是我們現今所稱的牽亡術。雖《夷堅志》是志怪小說，專記傳聞的怪異之事，但也可從中知道宋人在民間社會中生活的一面，故可推測宋朝即有牽亡術存在。《淡水廳志》〈風俗考〉提到：

> 信鬼尚巫、蠻貊之習尚存……有為乩童，扶輦踩躝，忘示方藥，手執刀劍，批髮剖額，以示神靈；有為紅姨、託名女佛，探人隱事，類皆乘間取利，信之者牢不可破。最盛者莫如石碇堡，有符咒殺人者，或幻術而恣淫，或劫財殞命，以符灰雜於煙茗檳榔間食之，罔迷勿覺，顛倒至死，其傳授漸廣，九年夏，其魁陳某被雷震死去。〔註12〕

　　在文中所提的紅姨，即是今日所知的尪姨，當時官方對於尪姨的評價並不好，認為她們是在探人隱私並以此來牟利，但相信紅姨者仍堅信不移，是無法改變其心意的。《彰化縣志》卷九〈風俗志〉提到：

> 又有尋神者，或男或女不等，到家排香燭金楮，其人以紅帕覆首掩面，少頃即做鬼語，若亡者來附其身而言者，竟日十數次，費數百錢，婦女尤信而好之，此風不可不嚴禁始止也。〔註13〕

　　這裡提到牽亡者是不拘男女性別，在家中擺好香燭金箔，以紅帕蓋在頭上掩住臉面後，不久之後就能說鬼語，這就表示亡魂前來附身，能夠讓亡魂附身說話。一天內進行此種牽亡術可達十數次，獲取金錢數百錢。而婦女對於這種術法相當熱中且相信之。由此我們知道在當時社會，進行牽亡的尪姨，也有男性在擔任，而不限於女性。在進行儀式前需有點香燭等祭鬼神儀式，儀式進行時尪姨會將頭臉蓋住，不給他人看見的。

　　在較近代的研究中，日人鈴木清一郎認為尪姨是台灣的巫覡之一種，尪姨所行的法術又名「問尪姨」，或稱「牽尪姨」。所謂問尪姨，就是請女巫尋找靈魂，不過據說偶爾也有男性的尪姨。方法是尪姨接受他人之委託，使自己進入催眠狀態，請來死者的靈魂，並且讓死者的靈魂附在自己身上，代替

〔註12〕陳培桂主編，《淡水廳志・卷十一風俗考》第二冊，《台灣文獻叢刊》第 172
　　　種（台北：台灣銀行經濟研究室，1963 年），頁 304。
〔註13〕周璽主編，《彰化縣志・卷九風俗志》第二冊，《台灣文獻叢刊》第 156 種（台
　　　北：台灣銀行經濟研究室，1962 年），頁 293。

死者向家人報告死後的情況和在陰間的生活。如果委託人生病時，那他就探明究竟是什麼惡靈作祟，絕大多數都是應病家之請而行的法術。〔註14〕曾景來認為尪姨在牽亡時是手持二、三尺的裁縫用線，兩端穿針相連，一邊刺進死者牌位，一邊插入自己的髮中，由死者家屬燒香膜拜請求神靈將死亡的家人自陰間引來，尪姨則讓自己陷入自我催眠狀態，讓亡靈附身，開始與家人進行對談，接著會為亡靈燒紙錢，送魂回陰間，然後紅姨逐漸醒來恢復正常，牽亡時間大約都在一小時內就結束了。〔註15〕

在中國各個民族中都有招魂術，且不限於為病人招魂，也可把死去的親人或情人靈魂找回來敘述離別之苦。例如：位於廣西羅城的仫佬族巫師，用被單把自己的頭蒙上，請神附體，不久她就進入昏迷狀態，宣稱神已附體，這時請求招亡靈的人就會對神提出請求，希望神把亡靈請回來。不久，女巫會宣稱亡魂已歸來，於是女巫被亡靈附身又代表亡靈出現，與親人互訴情衷，這種巫術在壯族、毛南族、布依族也較流行。〔註16〕

而現今台灣社會常見的打城與超渡儀式過程中也有牽亡儀式，牽亡儀式是在法師所做的儀式結束後進行的，也是讓尪姨被亡者附身。其方式多樣，較常見的是尪姨坐在桌前，法師在旁邊敲鑼打鼓並念咒請神，讓尪姨進入被附身的狀態，然後尪姨開始叫親人的名字，並與親人進行對話。〔註17〕另一種牽亡儀式的進行則是尪姨趴在桌上，閉上眼睛喃喃自語或唸咒請神降臨，尪姨的頭及身軀輕輕前後搖晃。數分鐘後尪姨會用手重擊桌面、大吼、站立跳躍，或坐著持續搖擺身軀，眼睛半閉開始說話，接著尪姨念一段咒語或唱一段調子，開始說話時語氣就變了，代表神明附體，藉著念咒和唱調子時尋找亡魂，並與家屬確認亡魂身分，確定無誤後尪姨會再度念咒請神將亡魂自陰間調至陽間，接著尪姨將眼睛閉起，頭低下或趴在桌上，身體搖晃發出類似嘔吐聲音，接著慢慢抬頭眼睛半閉或張開，頭開始左右搖晃並開始哭訴痛苦經驗，此時亡魂已附尪姨之身，家屬即可開始對談。〔註18〕

〔註14〕鈴木清一郎著，馮作民譯，《增訂台灣舊慣習俗信仰》（台北市：眾文圖書，1989年），頁77。原著為《台灣舊冠婚葬祭と年中行事》（台北：台灣日日新報社，1934年）。

〔註15〕曾景來，《台灣的迷信與陋俗》（台北：武陵出版社，1994年），頁57～67。

〔註16〕宋兆麟，《巫現～人與鬼神之間》，頁221～223。

〔註17〕葉春榮，〈觀落陰與牽亡魂〉，「台灣漢人民間宗教研究：理論與方法」研討會，2009年11月28日，頁197～230。

〔註18〕詹碧珠，《尪姨與其儀式表演：當代臺灣女性靈媒的民族誌調查》（新竹：清

而石壁部堂的牽亡魂儀式過程與這些不相同，並沒有念咒等過程，只要填寫基本資料，就是俗稱的報名表，內容為死亡時的地址及死亡有多久的時間。再捻香稟告瑤池金母與地藏王菩薩前來牽亡魂，希望能讓土地公將亡魂從陰間帶來石壁部堂。之後就將報名表壓在地藏王菩薩前的案桌上，等待千代師姑的出現牽亡。千代師姑確認亡魂方式就是將聽到亡魂說家屬的名字說出來與家屬確認後，再到西廂房外燒金紙處，在地上用力蹬一下腳，或是由外向內比個手勢，示意亡魂上身，就讓亡魂附體，開始溝通談話。關於石壁部堂的牽亡魂儀式細部內容，筆者將在下節詳述。

第二節　林千代的牽亡手法

石壁部堂領有母娘「救陰渡陽」的旨令，除了問事、祭改等廟宇常見的辦事科目外，還是全國知名的牽亡重鎮。在民國五、六十年代私人汽車不發達時，於花蓮火車站一天最多會有 32 車次的花蓮客運公車開往水源站，[註19] 載運香客前往石壁部堂，石壁部堂的香火興盛可見一般。石壁部堂的眾鸞生中，負責牽亡魂的是：林千代與林鶯桃，本文的研究主角為林千代，故僅以林千代師姑所進行的牽亡魂儀式為研究對象，進行探討。

一、牽亡儀式的舉行時機

死亡，造成亡魂與親人間的聯繫斷裂，自此天人永隔。以社會傳統的說法，亡者想告知親人事情時，會以託夢的方式與親人進行溝通，而親人想與亡魂溝通，就得藉由宗教儀式來協助。一般常聽到的方式有：觀落陰、牽亡魂、遊地府、打城等。石壁部堂的牽亡魂，是讓亡魂從陰間到陽世，使亡魂依附在靈媒的身上與親人進行對話溝通。

究竟有哪些原因會驅使香客前石壁部堂進行牽亡魂儀式呢？有些是家屬思念往生的親人，想知道他們在另一個世界過得好不好？有沒有需要什麼樣的物質或是協助？有些則是因為亡魂死亡的太突然，家屬想知道亡魂還有什麼未了的心事，因此前來牽亡。還有一類是因為家庭不和、事業不順、身體欠安等因素，懷疑是祖先作祟或亡魂有所求才造成這些不祥事情發生，因此前來牽亡魂企圖解決問題。

華大學社會人類學研究所碩士論文，1997 年），頁 9。
〔註19〕98 年 5 月 22 日晚上 7 點於彭進源自宅內進行口訪。

二、牽亡儀式舉行的時間

　　石壁部堂除了在過年、〔註 20〕超渡法會、〔註 21〕拜斗、〔註 22〕梁皇法會及堂慶期間外，〔註 23〕只要千代師姑沒有外出辦事，每天下午三點半後就會開始進行牽亡的服務。結束時間則視客人多寡情況而定，平常日一天約會有五、六組香客，但假日時香客眾多，結束時間就視師姑的體力而定。千代師姑年輕時體力較好，假日時常牽到半夜十一點才休息，但不會超過十一點，即使信眾再多也一樣。後來年事已高體力大不如前，牽亡至七、八點就得休息。〔註 24〕蕭師姑說到以前剛開始時，因為怕家人認為她們會為了拜母娘而耽誤家事，進而反對她們的宗教活動，因此白天她們要先忙完家務及種植農作物等事，等到晚飯過後才去廟裡服務信徒，連牽亡魂也不例外。牽亡魂是晚飯過後就開始，一開始只牽三個人。後來信眾增加，才慢慢增加牽亡報名人數，有時忙到半夜〔註 25〕也因為報名牽亡的人數增加許多，因此千代師姑在家人的支持下，從午後就開始到廟裡服務，家務事就由先生與長女來負責，〔註 26〕因此後來石壁部堂的牽亡有一段時間是從上午十一點就可以開始，幾年後因為千代師姑體力無法負荷，需要午睡休息，有時延到兩三點開始，因此就將牽亡的時間訂於下午三點半開始。到了民國 90 年後，因年老體衰，千代師姑有時要到四點以後才有辦法牽亡，甚至牽亡牽一下子就得停下來休息才行。〔註 27〕

　　綜合以上內容，我們可以歸納出千代師姑牽亡的時間，最早是從上午十一點後就開始，最晚只到晚上十一點，且無論報名牽亡的人數多寡，絕對不超過十一點。上午十一點鐘為午時，晚上十一點鐘為子時，在一天的十二個時辰中，午時開始就是屬於陰魂類的開始活動，直到子時，為新的一天的開始，就得在子時前結束活動。〔註 28〕在民間祭祀活動中，中元普渡一直是漢

〔註 20〕元月初九石壁部堂開始安太歲，元月初十進行保運，初十之後才有開始牽亡魂的服務。
〔註 21〕農曆七月二日至七月四日為超渡法會。
〔註 22〕農曆九月一日至九月九日為拜斗法會，是為了祈福的法會。
〔註 23〕梁皇法會是堂慶的前三天，就是農曆的十一月十日至十二日，法會期間唸頌梁皇寶懺，為消災解厄。十一月十三日就是石壁部堂的堂慶。
〔註 24〕98 年 5 月 22 日晚上 7 點於彭進源自宅內進行口訪。
〔註 25〕98 年 3 月 28 日晚上 7 點於蕭添妹師姑自宅內進行口訪。
〔註 26〕98 年 4 月 17 日下午 4 點於楊菊枝自宅內進行口訪。
〔註 27〕98 年 5 月 22 日晚上 7 點於彭進源自宅內進行口訪。
〔註 28〕99 年 9 月 16 日晚上 7 點於彭進源自宅內進行口訪。

人社會相當重視的活動，一般家庭在農曆七月十五日時在自家門口都會進行普渡儀式，時間都是選在申時之後，理由是午時是陰陽交替之時，接下來就是陰界活動的開始，在申時是陰陽磁場交會最強時，因此申時後至傍晚都是最多人普渡的時間。筆者認為後來千代師姑的牽亡時間延至下午三點半開始，或許就是因為下午三點半後，最易與陰界磁場聯繫上，要牽出亡魂也較容易些。

　　林千代師姑因相當知名，常應邀出外辦事，有時在台灣各地宮堂協助辦事，有時則出國長達一、兩個月，這時廟中只有林鶯桃師姑牽亡，後來林鶯桃師姑身體不適無法牽亡時，林千代師姑若不在廟中就無人可牽亡。因此家屬若要前來石壁部堂牽亡，必須事先打電話詢問廟方師姑是否有牽亡，以免撲空白跑一趟。而家屬要出發牽亡前，要先焚香告知亡者要前往石壁部堂進行牽亡儀式，來到石壁部堂後就按照牆壁上掛的流程指示進行即可。

三、牽亡儀式的空間配置

　　牽亡魂儀式在石壁部堂中，會在不同的兩個場域中進行。儀式中一開始的報名與秉告、調魂等過程都是在廟堂中，這是屬於陽間的地盤，亡魂無法進入，因為在廟埕前方有黑令旗鎮在那裡，且廟中供奉的神佛也使亡魂無法進入。因此在土地公將亡魂調出後，千代師姑會將家屬帶到廟的東北方空地來進行牽亡魂的附體儀式。至於為什麼會在這個地方進行呢？據說只是因為場地比較空曠，且距離燒金紙處近，方便燒金紙給亡魂帶走，與方位並無關係。以前石壁部堂未建廟前，是在張金英家中牽亡辦事，當時牽亡的位置是面北方，因為那裡剛好有個空地可容納多一點的人以及燒金紙。〔註29〕在西廂房外的屋簷下有一組辦公桌椅，就是給被亡魂附體後的千代師姑坐下與家屬進行對談時使用的。

〔註29〕99 年 9 月 16 日晚上 7 點於彭進源自宅內進行口訪。

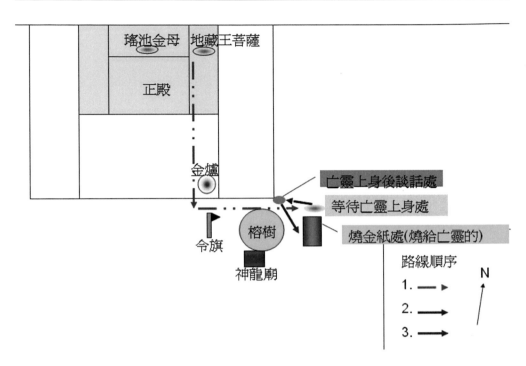

圖 3-1：牽亡儀式空間分布圖（彭盈潔繪）

四、牽亡儀式中的神明

　　牽亡魂儀式需要將亡魂從陰間帶到陽間來進行，而靈媒並不具有這樣的能力，需依靠神明的力量，特別是掌管陰事的地藏王菩薩，因此牽亡魂儀式是在地藏王菩薩前舉行。家屬報名後要先在大殿向母娘上香稟告今天來牽亡魂的事情，請母娘慈悲讓他們能如願以償與親人相會，之後再到地藏王菩薩前秉告，請求地藏王菩薩開恩讓亡魂得以順利調出，讓土地公可以將亡魂帶到陽世間與親人相會。家屬稍後會在地藏王菩薩前擲筊詢問亡魂是否已調出，若無法得到聖杯，就要再等一下，或許是需要時間等待調魂。等了很久若家屬等不到魂被調出來，就會改去正殿瑤池金母前請求指示，請母娘查看亡魂是否還在陰間，因為有時亡魂已經投胎就無法調出魂來牽亡。

　　從以上的過程中，可以發現儀式中出現三位神祇，有瑤池金母、地藏王菩薩、土地公。在傳統社會的陰陽觀中，陰陽兩隔之後，無法隨意跨越陰陽界線的，因此需要透過神聖力量的幫助，穿越陰陽界線讓陰界親人與陽世家屬相會，而母娘、地藏王菩薩、土地公等神祇能幫助眾人達成心願。母娘是

負責處理陽間事，舉凡信徒有任何問題都可以找母娘傾訴，尋求開示、解決問題；地藏王菩薩則被信徒視為管理陰魂、陰界事，因此亡魂要能出陰界必須要得到地藏王菩薩的同意才能被放出；而陰陽兩隔路途渺，因此需要透過地方神土地公的帶路才能到正確的地方。因此在石壁部堂，有了母娘、地藏王菩薩等神祇的同意後，再由土地公將亡魂帶出陰界到陽世間，家屬就能透過千代師姑的身體來進行陰陽相會。

五、牽亡儀式的內容

（一）人物

1. 牽亡靈媒

石壁部堂在牽亡注意事項告示中，第一點就提到：「本堂的牽亡乃無極瑤池金母獨門超玄之靈異脫魂換身牽亡，不同於一般所謂牽紅（尪）姨是也。」一般民間認為牽亡魂者是尪姨的說法，在石壁部堂是不如此認為的，他們認為自己是不同於一般的尪姨。因為林千代師姑雖以牽亡魂出名，但有許多的香客不光是到石壁部堂牽亡魂，也會指定由千代師姑來為他們進行問事、祭煞這些需與神尊溝通的工作。

在石壁部堂負責牽亡魂的師姑有兩位，一位是林千代師姑，一位是林鶯桃師姑。林千代師姑是第一位進行牽亡魂的師姑，早期與石壁師姑們一同進行訓練的法華山溫堂主說千代師姑是正乩，母娘一開始抓乩就是抓她，而林鶯桃師姑是副乩，因此千代師姑的牽亡功力是最厲害的。〔註30〕蕭師姑則說一開始是千代師姑牽亡魂，之後林鶯桃師姑看千代師姑牽亡後才開始學牽亡。〔註31〕在石壁部堂牽亡的兩位師姑中，一般人都認為千代師姑的法力較好，牽亡牽得較準，因此找千代師姑牽亡的人遠多於另一位師姑，而筆者也因為千代師姑的盛名而選擇她為研究對象。

千代師姑除了在地藏王菩薩前牽亡之外，平時也會在「七祖大天尊」前替人問事、制誦、除煞驅邪。千代師姑的牽亡並沒有地方性的限制，不是只能在石壁部堂牽亡，在其他慈惠分堂中只要有母娘、地藏王菩薩可以作主的地方，也能牽亡的，因此早期曾在明山道場、南庄慈惠堂、台中觀音堂……等地進行牽亡魂。然而千代師姑一年當中有不少時間是受邀到許多國家去辦

〔註30〕99 年 7 月 25 日上午 8 點於法華山大殿與溫堂主進行口訪。
〔註31〕98 年 3 月 28 日晚上 7 點於蕭添妹師姑自宅內進行口訪。

事，筆者在訪談蕭師姑時所得到的資訊是出國時只有辦事沒有牽亡，但受訪者也不能完全確定，因此筆者也無法確認千代師姑牽亡是否有受國家不同的限制，只能確定在台灣是不受地方性限制的。

2. 牽亡助手

林千代師姑牽亡時，身邊的助手是許金蓮師姑，兩人搭配合作四十餘年。林鶯桃師姑則是由人稱大師姑的劉有妹〔註 32〕師姑擔任副手，大師姑往生之後，就由許金蓮師姑來協助擔任副手。

助手的工作通常是在客人來到時，協助說明牽亡流程。千代師姑進行家屬名字確認時，助手會在一旁協助問有沒有這個家屬。牽亡進行附體時，會在旁協助攙扶千代師姑以免跌倒發生危險，在牽亡儀式即將結束前，會早一步走到燒金紙處將金紙準備好，按照家屬的意思放入金紙數量焚燒，並指導家屬將燒出的香煙捧給亡魂附體的千代師姑，表示將錢交給亡者。

3. 行政人員

廟方行政人員都是在辦公室內接電話，告知香客現在師姑是否有在廟中進行牽亡儀式，或協助準備離開的家屬打電話叫計程車。

（二）牽亡器物

整個儀式過程中最重要的道具就是千代師姑的身體，其餘需配合的就是瑤池金母神尊與地藏王菩薩神尊，還有香束。先在神尊前進行秉告與調魂工作，確認亡魂身分無誤後就點香前往另一個場地進行讓亡魂附體的儀式，而亡魂借用千代師姑的身體來開口說話與家屬進行對話溝通，也是整個儀式最主要的階段。

以漢人的陰陽觀念來說，人屬陽、鬼屬陰，陰陽是兩相對立的，因此如果陽世間的人碰到了陰，會導致身體病弱或諸事不順，是需要去廟裡尋求神的協助處理乾淨的。然千代師姑將她的身體借給母娘，讓亡魂附她的身體來進行牽亡儀式，是有違漢人俗民觀念中陰陽殊途的說法，因此她晚上結束牽亡工作回家後，會告訴她的家人身體覺得不舒服，胸口悶痛。法華山的溫堂主也會牽亡，她告訴筆者：「問神跟問亡魂完全不一樣，因為神明來的是熱的，亡魂來的是冷的，差別就在這裡。」〔註 33〕因此千代師姑以身體為通道，讓

〔註32〕石壁部堂大師姑劉有妹，後改名劉春妹，但熟識她的人還是稱她為阿有姐或阿有師姑。在本文中就以劉有妹統一稱呼。

〔註33〕99 年 7 月 25 日上午 8 點於法華山大殿與溫堂主進行口訪。

陰魂進入陽體進行牽亡魂，對身體來說實為相當損傷，因此到了後期，只要千代師姑人在花蓮家中沒有受邀外出辦事，早上在石壁部堂的三樓大殿中，可以看到她跪趴在觀世音菩薩案前，或許就是透過神給她的靈力來調節身體的不適，使陰陽得以調和。

（三）祭品

1. 金紙錢

在牽亡儀式進入尾聲時，附身的亡魂總會向家屬要求要燒金紙，至於要燒多少金紙錢給亡魂廟方並無特別規定，一切要看亡魂開口向家屬要求多少，通常家屬都會盡可能地滿足亡魂的要求。若家屬身邊現有的金錢不足或是經濟較吃緊，就會與亡魂商量能否給少一些，最後燒多少金紙錢是與助手許金蓮師姑結算。〔註34〕金紙早期有庫錢與私錢兩種之分，庫錢是繳公庫用，私錢就是由亡魂留下私用。

道教中的《太上老君說五斗金章受生經》所言，靈魂要轉世投胎之前，須先向天曹地府府庫預借受生錢，而出生後，需將欠錢償還，才不會有災病夭折等情形出現，多燒一些，還可以使自己死後及來生受用，因此衍生出寄庫的觀念。〔註35〕在台灣，紙錢的使用相當普遍且多樣化，祭不同的鬼神，有不同的紙錢；如：祭天公有天公金，祭土地有土地金，燒給亡靈的稱為庫銀。〔註36〕

燒紙錢的觀念，是因為漢人觀念中認為陰間與陽世生活無太大差異，仍需使用錢買生活必需品，也需要用錢向陰間獄足打通關，因此我們需要燒錢給往生者使用，甚至燒給自己的天地水庫來償還投胎前所預借的欠債，或是開始為自己死後生活做預存動作來寄庫，讓自己死後也能過好生活。溫堂主說法華山已經三年沒有燒庫錢了，她認為人死後應該要有所修、有所改變，不能一直想著錢，因此法華山希望亡魂能透過聽講經文來修行，不要執著於物慾貪念，所以三年來都不燒庫錢給亡魂。

> 我們就唸經文讓祂們聽一聽，讓祂一直修，往上走，不要沉淪在那
> 裡。像這些都跟我們息息相關，不會斷。這些也是我們四方，像超

〔註34〕牽亡魂雖不收取費用，但燒給亡魂的金紙需向廟裡購買，廟中與千代師姑和助手與廟方拆帳，賺取金紙錢的差價。
〔註35〕蕭登福，《道教與民俗》，頁87。
〔註36〕蕭登福，《道教與民俗》，頁100。

渡的來，也是跟祂們講，也是講法聽經，講這個經文讓祂們都能夠
了解，神人共依，讓靈魂也要受教。所以我也決定不要燒經，我已
經三年沒有燒經、燒庫錢了。因為想說人死了都沒有辦法修，都一
直想說明年到了到了，七月的時候我子孫又燒給我五千萬了，就一
直想著那些錢，就像過年一樣，過年到了又有紅包了，一樣的老人
家也會這樣的。我們人的習性都會這樣的。一年到了我的紅包又會
有多少，就是等紅包一樣，就像過年一樣。〔註37〕

　　石壁部堂牽亡儀式中，最令人有爭議的就是亡魂各個喊窮，各個喊苦，
都要家屬多燒些紙錢，或許從法華山溫堂主的說法中，可以得到另一種解釋。
是否這些亡魂在牽亡儀式中，因可以直接與家屬對談，因此最希望就是能夠
透過家屬的幫助，得到金錢以改善在陰間的生活，因此才會各個喊窮喊苦。

2. 衣服

　　有些亡魂會向家屬要衣服穿，此時就要燒衣服給亡魂，往生時間久遠的
亡魂，就要燒紙衣給他，若往生時間較不久，則燒在陽世時穿的衣服即可。
若亡魂說想跟在母娘身邊修煉，就要準備「青衣」〔註38〕燒給亡魂穿。

3. 食物

　　一般的三牲是「治煞」、「改運」、「祭改」時才需要的，若亡魂想吃食物，
下次只要準備他在陽世喜歡吃的食物即可。

六、牽亡儀式概述

　　石壁部堂牽亡魂的步驟是：

　　（一）填寫基本資料，就是俗稱的報名表，內容為死亡時的地址及死亡
有多久的時間。附註的地方有注意事項，其中第三點有提到：死亡後不滿百
日不辦。

　　（二）捻香稟告瑤池金母與地藏王菩薩前來牽亡魂，希望能讓土地公將
亡魂從陰間帶來石壁部堂，之後就將報名表壓在地藏王菩薩前的案桌上，等
待千代師姑的出現。

　　（三）約過半炷香時間後，即可擲杯詢問地藏王菩薩亡魂是否已調出來，

〔註37〕99 年 7 月 25 日上午 8 點於法華山大殿與溫堂主進行口訪。
〔註38〕為青色唐裝，慈惠堂各堂信奉瑤池金母的契子女都是穿著青衣，象徵與母娘
　　　　的關係。

若還沒有調出來，就要繼續在地藏王菩薩前請求讓亡魂調出。

（四）確認亡魂：千代師姑會將報名單拿近在鼻子與眼睛前面仔細看，又像在嗅單子一樣，確認土地公將亡魂牽到廟廣場前之後，千代師姑會開始問亡魂他的家屬的名字，再將聽到的名字說出來，與家屬確認調出來的亡魂是否無誤，有的是說小名、有的說乳名，大多數是叫單個字。〔註 39〕此外千代師姑還會說出亡者死亡的原因或亡者生前常做打扮模樣來確認亡魂身分。若亡魂沒有錯誤，家屬就要馬上應答，而千代師姑就會要家屬點炷香跟著她到廟的西廂房外側準備讓亡魂附身。

（五）亡魂附體：千代師姑走到西廂房外燒金紙處後，會在地上用力蹾一下腳，或是由外向內比個手勢，就像是要牽亡魂的手，示意亡魂上身，就讓亡魂附體，接著旁邊的助手就會叫家屬趕快來攙扶千代師姑，此時所扶著的就不再是千代師姑，而是他們的親人，雙方的交談就是溝通的開始。被扶到西廂房外屋簷下坐下的千代師姑，會先開口叫家屬，被叫到的家屬就開始哭泣，旁邊的親人也跟著悲傷難過落淚。

（六）亡魂附體時間：亡體附身時間不一定，家屬來的少或問事情少的個案，時間就較快結束。來的家屬若人數多，問的事情多，則結束的時間就較慢。通常最後亡魂都會說土地公在催了，要走了。此時家屬都會問亡魂需要些什麼，有時亡魂會要錢，有時會要衣服或其他需要的東西。

（七）燒金紙：談話要結束前，被亡魂上身的千代師姑就會與親人走到前方燒金紙處，而一旁的助手金蓮師姑就協助將家屬要燒給亡魂的金紙丟入火堆中，金蓮師姑會指導家屬將金紙燒出來的香煙捧給千代師姑，並做出將錢放入口袋送給亡魂的動作。

（八）亡魂離體：千代師姑要讓亡魂離身，會作往後仰的動作，接著金蓮師姑就會輕拍千代師姑的後背，讓亡魂順利離身，結束整個牽亡魂的儀式。

〔註39〕千代師姑在叫名字時，通常只會叫名字的末一字，有時會因為聽不清亡魂的聲音而不確定是哪一個字，因此會問：是阿明還是阿玲的，還是有什麼婷的。有時真的聽不清楚就會生氣，要亡魂說大聲一點。

1.牽亡前要先看清楚牽亡須知。

2.將資料填寫在報名表上。

3.將寫好的報名表放置在地藏王菩薩的
　桌前，再去向金母上香稟告。

4.千代師姑開始與土地公調來的亡魂作
　溝通，確認身份正確與否。

5.確認在場家屬名字，亡魂聲音太小，
　師姑表示聽不到，要亡魂大聲一點。

6.亡魂身份確認完畢，師姑表示要去外
　面牽亡了。

7.再次確認亡魂身份，等待亡魂靠近。

8.亡魂來了，師姑起身準備走向前。

9.師姑動手牽亡魂，準備附身。

10.亡魂附上身了，走向家屬。

11.家屬迎向前，攙扶師姑（亡魂）。

12.家屬攙扶師姑（亡魂）走向牆角的桌椅。

13.家屬與亡魂敘舊、話家常。

14.談話結束,起身離開座位。

15.由家屬攙扶走向燒紙錢處。

16.坐在燒紙錢處,開始向家屬要錢以改善在陰間的生活。

17.紙錢丟入點火燃燒,家屬準備拿錢。

18.家屬捧著燃燒出的煙過去找亡魂。

19.將捧過去的煙交給亡魂，亡魂會把它放入口袋。這個動作會重複數次，直到亡魂說夠了才停止。

20.亡魂要離開師姑的身體了，助手阿蓮師姑在千代師姑身後準備幫忙。

21.阿蓮師姑比手勢。

22.阿蓮師姑將手勢拍在千代師姑背上，千代師姑向前俯身。

23.亡魂離開時，千代師姑會向後仰身。

24.亡魂已經離開，千代師姑恢復自由身，準備走回大殿。

圖3-2：千代師姑牽亡實錄

（資料來源：慈濟大學宗教與文化研究所拍攝石壁部堂牽亡魂儀式影片，2002 年 12 月 4 日）

第三節　撫慰人心的牽亡術

一、牽亡實例

（一）牽亡儀式之我家的案例

筆者老家就在石壁部堂附近，從小常在廟中觀看牽亡魂儀式進行。小時候並不懂這些儀式在做什麼，只覺得廟裡每天都好熱鬧，有很多的計程車、香客與攤販，而地藏王菩薩那裡到了下午時，就有很多人圍在旁邊。個子矮小背駝駝的「天祿舅婆太」〔註40〕總是坐在地藏王菩薩案桌前的拜墊上，被眾人環繞著。而千代師姑叫了十幾、二十分鐘的名字後，就會快步走到外面燒金紙處，眾人也拿著香跟著到那裡去，接下來就看到千代師姑雙腿癱軟無力、雙眼緊閉由眾人扶著到椅子上坐下，然後開始說話後旁邊的人就開始哭了，整個過程都很哀傷。一直到整個牽亡儀式結束後，千代師姑又恢復精神的走到地藏王菩薩前，進行下一回合的牽亡，重複這些程序一次又一次。

筆者的家人也曾經由千代師姑來進行過牽亡魂儀式，但當時筆者尚未出生或年幼不知事，因此只能透過祖母、父母的轉述知道當時的牽亡過程。筆者家中參加過兩次牽亡魂，牽亡魂的對象分別是筆者的曾祖母與筆者的外婆。

【我的曾祖母】受訪者：筆者祖母

我的祖母曾經參與一次牽亡魂的儀式，當時要牽出的亡魂是我的曾祖母。我的祖母是童養媳，從小被曾祖母虐待，相當害怕曾祖母，但是為何祖母會去牽曾祖母的亡魂，其實筆者是相當好奇。祖母說因為她擔心曾祖母沒錢可用，所以要找曾祖母出來，並且拿錢給曾祖母花用。這件事情距離現在已年代久遠，八十幾歲的祖母也記不清楚細節，她只記得是自己一個人去參加牽亡魂的，當時曾祖母魂附體之後埋怨筆者的祖父都不拜拜，還表明知道祖母來牽亡魂燒金紙的費用是由筆者的祖母自己出的錢，她（曾祖母）現在不會再打她（祖母）了。牽亡中雙方所談的話語並不多，很快就結束了這場儀式。

筆者認為，因為曾祖母與祖母雙方的感情不佳，因此在牽亡過程中因循過往的互動冷淡，因此也談不出更多的話語或有令人感動、感傷的場面。筆者問祖母這次牽亡感覺是否有準確，祖母說「很神！」連說話都很像。筆者

〔註40〕筆者要稱呼千代師姑為「曾舅祖母」，而天祿是其丈夫之名。「天祿舅婆太」
　　　　是我們客語的稱呼。

也曾質疑因為雙方都是親戚，本來就相識。而祖母說當年千代師姑還沒嫁過來這個村莊時，筆者的曾祖母就往生了，所以她們倆並不相識。例如：祖母知道曾祖母也不喜歡大媳婦，在當時牽亡的過程中，被亡魂附身的千代師姑提到大媳婦時，只有說聲「她喔！」表現出嫌棄、不喜歡的樣貌出來，那語句實在像極曾祖母生前的樣態。而這位大媳婦是誰呢？其實就是與千代師姑交情十分好的蕭師姑呢！透過這場牽亡儀式，祖母與曾祖母有機會再次對話，曾祖母表示知道祖母自掏腰包來看她，以「不會再打她」來表示自己對她的接納，讓祖母有機會能放下心裡對婆婆的不滿，打開心結，不再時時刻刻埋怨這位往生的婆婆曾帶給她的傷害，減輕心理的負擔。

【我的外婆】受訪者：筆者母親

我的外婆於民國 68 年底死於一場車禍，走得相當突然，來不及留下一字半句就離開人世。母親與外公牽掛外婆於另一個世界的狀況，因此在民國 69 年時從玉里到石壁部堂來進行牽亡儀式，而母親娘家人與千代師姑雙方互不相識，這是第一次的接觸。母親轉述當時外婆的魂牽上來時，千代師姑有先問家屬外婆是不是頭上有綁著方巾，家屬確認無誤，因為外婆生前最喜歡將四角大方巾對折後綁在頭上。外婆的亡魂附身在千代師姑身上後，開口叫外公就是一聲「老番男」、「老猴男」，這是外婆生前在家中常叫外公的方式，稱呼和四縣客語的腔調都像極了外婆生前說話的模樣，還有叫到舅舅的偏名時，也讓媽媽確實感受到就像是外婆在對她說話一樣。媽媽問外婆現在過得如何？外婆說因為她是枉死的，所以只能待在枉死城裡面受苦，要媽媽花錢買通陰間兵卒，讓她的日子比較好過，她還要在枉死城裡面待到陽壽盡了才可以離開進行投胎。另外母親還問外婆有什麼未了的心事，外婆說她現在最擔心的就是住在台北的舅舅，因為這位舅舅的工作與婚姻是最不穩定的，讓她最掛心。

因為家屬只想知道外婆在另一個世界過得如何，並不是要來解決一些問題或疑問，因此牽亡魂的儀式很快就結束。知道外婆的狀況後，家屬便很安心的離開，之後也沒有想再去牽亡的念頭，因為不想打擾外婆在另一個世界的生活。

（二）在南庄慈惠堂的牽亡魂

受訪者：南庄誦經團成員　絲芹妹〔註41〕

〔註41〕於民國 98 年 12 月 27 日晚上七點面訪於筆者家。

　　林千代師姑曾經受邀前往南庄慈惠堂牽亡魂二次，〔註42〕第一次來的時候還沒有建廟，是在吳阿龍的老家，當時絲芹妹還沒在廟裡服務，所以並不在場，沒有看到那次的牽亡魂。第二次過來牽亡魂時，〔註43〕她已經在這裡幫忙了，有看到這場牽亡。千代師姑在地藏王菩薩前等亡魂接近，再去外面廣場前讓亡魂上身。當時絲芹妹已經開始在母娘前訓身了，能看得到靈界的形體了。那時她看到在廟前石坎下有滿滿的靈體，一個一個的上半身擠成一堆，看不到腳，就像是選舉造勢一樣熱鬧，他們都是來等著牽亡魂的。在那裡面有一個老婆婆，大熱天的手裡還拿著一個火籠，絲芹妹還跟旁人說：「妳看，真好笑，那個人大熱天還拿著火籠！」後來那個亡魂上了千代師姑的身，千代師姑開口就說：「剛才有一個小姐笑我說大熱天還帶火籠出來，我是因為這個火籠壞了，要帶出來給謝○○修理。」〔註44〕因為絲芹妹本身看得到靈界的形體，已經先看到這個拿火籠的老婆婆，後來聽到千代師姑牽亡時說出來的話，著實嚇了一跳，也更肯定千代師姑牽亡魂的功力。

　　受訪者：南庄誦經團成員　大玉師姐

　　大玉師姐每年都會到石壁部堂來誦經，她說有時千代師姑牽亡時她會在一旁圍觀，她曾看過有一亡魂被牽上來後向家屬要錢，家屬說沒有錢，而這位亡魂就說你要出門前帶了六千元在口袋，怎麼說沒錢呢？這句話讓家屬嚇了一大跳，因為她真的帶六千元在身上。還有一次大玉師姐看見一位小姐在地藏王菩薩前拜了很久等了很久，可是亡魂就是沒有出現。後來這位小姐跪在地上懇求地藏王菩薩，她父親的亡魂過不久就出現了。當亡魂一附上身時，家屬問爸爸為什麼這麼久才出來，這亡魂回答說：「我早就出來了，躲在廟前方的大石頭那裡看，我要等妳跪我之後才要出來。」大玉師姐說這兩個案例讓她印象極為深刻，也讓她覺得千代師姑的牽亡術真是厲害。

（三）他者的牽亡魂案例

【案例一】本篇案例引自張開基先生《台灣首席靈媒》頁67、68

〔註42〕千代師姑只有前往南庄慈惠堂兩次的原因是因為早期當地的警察常去取締，慈惠堂的堂主兩兄弟（吳阿龍與吳應從）三不五時就被叫去警察局問話，為了不想惹麻煩，所以就不再邀請千代師姑去辦事。

〔註43〕絲芹妹表示當時她大概四十幾歲，今年八十歲，因此推算回去當時約民國五、六十年代。

〔註44〕千代師姑所說的這個人名，就是這個老婆婆的女婿，此人姓謝，是南庄地方的人，因絲芹妹忘了全名，故以○○代替其名。

主角：H 女士及家人

使用語言：國語

受召喚之亡靈：H 先生

生前職業：商

關係：夫妻

H 先生死亡之原因：病故

H 女士：你在那兒好嗎？平常的生活怎麼樣？

H 先生（附於牽亡者之身）：還好！一樣是做生意，很忙！

H 女士：你的兒子、女兒今天也來了！

H 先生：我知道，阿邦！阿昇！阿珠！爸爸也很想念你們！

H 女士：你在那兒有沒有什麼不如意的事？

H 先生：別的都還好，就是腳上的鞋子太大了一些，不太合腳，走起路來很不方便。

H 女士（哭泣）：是的！是的！你走的時候匆匆忙忙，來不及給你挑合腳的鞋子。待會兒我們送幾雙給你好嗎？

H 先生：不用麻煩了，你們只要燒一些錢給我，我自己去買好了！

查證：稱謂完全正確，聲調語氣舉止與 H 先生生前十分肖似。關於鞋子之事，H 太太證實：為 H 先生先生彌留更換壽衣之時，發現鞋子太大，倉促間未曾更換，即予入殮。

【案例二】本篇案例引自張開基先生《台灣首席靈媒》頁 70～72

主角：S 先生

使用語言：客家話

受召喚之亡靈：T 先生

生前職業：商

關係：朋友

T 先生死亡之原因：車禍

T 先生（附於牽亡者之身，一手撫胸，步履艱難的走來。）

S 先生：你怎麼了？年輕人走路怎麼這麼慢？

T 先生（有氣無力，間雜著呻吟）：我的傷還沒有好，所以沒力氣。

S 先生：你走的時候，身上帶了八萬多塊錢，後來弄到哪裡去了，我們一直沒找到！

　　T 先生：當時我好像是昏迷了一陣子，等我醒來的時候就不見了。

　　S 先生：這麼說，你也不知道錢弄到哪兒去了？

　　T 先生：我不知道。

　　S 先生：你現在過得怎麼樣？

　　T 先生：不太好！目前還被關在牢裡，而且傷也沒有好！

　　S 先生：你犯了什麼罪會被關在牢裡？

　　T 先生：因爲我是車禍枉死的！

　　S 先生：都不能出來嗎？

　　T 先生：不！偶爾拜拜也能出來一下，前幾天我才出來過一次，我還看到你哩！

　　S 先生（十分驚異）：噢！什麼時候？

　　T 先生：七、八天前吧！你不是帶著女朋友到銀行去領錢準備辦喜事，後來你們又去看家具不是嗎？

　　S 先生：咦？你怎麼會知道？

　　T 先生：我一直跟在你們旁邊，不過你們沒見到我！

　　S 先生（差點跳了起來，又驚又怕，囁嚅的不知說什麼才好。）

　　T 先生：阿傳（S 先生的小名）！別怕！我們是從小一起長大的好朋友！我不會害你的，聽說你快要結婚的消息我很高興，希望你有空也去照顧一下我的家人跟老婆孩子，叫我老婆有空過來看看我，我很想念她。

　　S 先生：是！是！是！我一定去！

　　T 先生：好吧！謝謝你！時間到了！我該走了！

　　S 先生：阿旺！阿旺！（T 先生的小名）

　　查證：據 S 先生說：T 先生爲其摯友，生前家中經營貨運公司，年前自行駕車攜款八萬餘元欲前往北部購車，行經蘇花公路清水斷崖附近，因天雨路滑加上夜晚視線不佳，墜入海中傷重身亡，第二天被附近居民發現，通知警方及家人，待親友接到噩耗趕來時已是傍晚時分，那筆八萬餘元的款子遍尋無著，迄今仍然是個謎，且具法醫驗屍結果；T 先生死亡原因是墜落懸崖時，胸部受到劇烈撞擊，引起大量的內出血，膝蓋部分亦有嚴重骨折，此點與亡魂附身之動作及說詞符合。

　　【案例三】本篇案例引自彭榮邦碩論《牽亡：惦念世界的安置與撫慰》頁 85～77

　　一個退伍的老兵和女兒到石壁來牽過世的老婆，想問家裡的長子為什麼感情路這麼不順利：

　　女兒：我們是要問看媽說，為什麼煥榮啊…會這麼不順。

　　亡靈：不順大仔最不順啦。

　　女兒：對啊。

　　亡靈：老大不好啦。（國語）

　　女兒&老兵：對。

　　亡靈：老大不舒服你知道嗎（國語）？

　　老兵：知道。

　　女兒：我們在想說是什麼問題啦。

　　亡靈：媽媽的墳……（國語）

　　老兵：還沒結婚啦。

　　亡靈：沒有太太，對不對（國語）？

　　老兵：對。

　　亡靈：弟弟有，啊伊沒有對不對（國語）？

　　老兵：弟弟有。

　　亡靈：對啊。

　　亡靈：不順啦，不乾淨，知不知道（國語）？

　　老兵：對。

　　女兒：我們就是要問問看為什麼會按奈啦。

　　亡靈：媽媽的墳有問題啦。

　　女兒：什麼？

　　亡靈：我住的地方不太好啦。

　　女兒：喔按奈喔。

　　亡靈：對大仔比較不利啦。

　　女兒：伊拜拜那個所在不好就對啦。

　　亡靈：對啦，那座啦，對啦。

　　女兒：喔喔喔。

　　老兵：怎麼樣（國語）？

　　女兒：墳墓的位置（國語）。

　　亡靈：墳墓不好對老大不好啦（國語）。

亡靈：對啊，做的不順啦，對不對（國語）？

女兒：感情不順。

亡靈：感情不好，夫妻不好啦（國語），感情嘛不好啊，對否啦？

女兒：感情都不會成啦。

亡靈：不成啦，就跟你說伊娶某感情也不會多好啦。

亡靈：對嗎？沒有太太啦，跟女人的緣分也沒有啊？

老兵：對。

亡靈：是啊……

老兵：四十三歲嘛沒娶（台語）……

亡靈：我知道，四十多歲嘛老大，對不對？我心想啊，我再給孩子早一點結婚啦，看明年啦好不好（國語）？

女兒&老兵：明年喔。

亡靈：今年還沒辦法啦。我慢慢改啦，沒有錢住的不好你知否？

女兒：現在就是要回去把那個……

亡靈：我自己弄啦，不用你弄啦，你看否啦。

女兒：喔按耐喔。

二、小　結

在上述多起牽亡案例中，可發現家屬會報名參加牽亡魂，主要是對於亡者仍有掛心之處，因此牽亡魂帶給家屬的意義在於：

（一）撫慰家屬失去親人的傷痛

失去親人的家屬，會掛心親人在另一個世界的生活，透過牽亡魂儀式，親口聽到惦念的家人說出他過得好不好，即便過得不好，也能用燒紙錢的方式解決問題，改善亡者的生活，使陽世的家屬能放心好好的生活。

（二）解決家屬的疑難雜症

舉凡健康因素、婚姻問題、運勢不順等，都是民眾求神問卜時，常問到的問題，牽亡魂時也不例外。有些亡者走得突然，許多事情來不及交代，或有些事只有亡者知道如何處理，此時就可以透過牽亡魂得到解決之道。但是事情真的解決了嗎？就見仁見智，不得而知了。

（三）心結的化解

死亡是離開人世，與親友從此天人永隔，對於亡者的家屬而言，生活還

是要繼續過。筆者的祖母是童養媳，曾祖母是個嚴苛的婆婆，對筆者祖母相當苛刻，因此筆者的祖母對曾祖母相當恐懼。但是透過一場牽亡儀式，讓祖母與曾祖母能重新對話，曾祖母告訴祖母說：「再也不會打她了！」兩人和平的進行對話溝通。這場儀式之後，筆者祖母在往後的歲月中，不再時時念著曾祖母對她有多麼不好，放下心中的結，能更輕鬆的生活。

第四節　牽亡術真假論

傳說在遠古的某個時期，「鬼神世界」和人的世界是相連相通的，任何人都能和鬼神交通無礙，然而，自從重、黎「絕地天通」之後，人和神的世界變隔絕為二。不過，由於神與人之間的關係實在是密不可分，因此在「絕地天通」之後，便有專門掌管神人交通的媒介者出現，這種人神之間的媒介者，便是春秋時期楚國大夫觀射夫所說的「巫覡」。有人認為，這種能被鬼神所降附的巫覡，是在帝顓頊〔註45〕的宗教改革後才出現的專業巫師，而從此以後，鬼神的意志和命令便必須透過巫覡的傳譯才能通達凡人。這一類的巫覡集團，由於假借神威神命，便自然而然的取得對於整個社群的支配權。當交通鬼神的事成為少數專業巫覡獨擁的技藝和權力之後，他們便開始在中國古代社會中扮演著重要的角色。〔註46〕隨著時代的移易、社會文化的變遷與發展，巫覡在中國社會中的地位甚至降到下九品，〔註47〕但政治社會地位低賤的他們，對於社會的影響力始終仍是存在，因為人們不論富貴貧賤，只要面對生老病死的問題，特別是無法隨心所遇時，還是得求助於鬼神及巫者。

在報章媒體中，對於陰魂附身等報導偶有所聞，以下是筆者從報章媒體找出曾報導過的案例：

例一

【聯合報 2006 年 3 月 30 日】記者王聖藜／台北報導.

〔註45〕顓頊相傳為古代黃帝的孫子。
〔註46〕林富士，《漢代的巫者》，頁 2～3。
〔註47〕臺灣人的階級觀念，一般社會大致都可分為士、農、工、商四大階級，而台灣則有所謂「上九流」「下九流」的兩大階級。下九流被輕視為賤民，禁止與上九流通婚和一切交際，以致下九流自成為一個獨立社會。如今這種階級觀念雖然已經不存在，一律本著平等觀念相處。下九流者包括：娼女、優、巫者、樂人、牽豬哥、剃頭、僕婢、拿龍、土公。資料來源：鈴木清一郎著，馮作民譯，《增訂台灣舊慣習俗信仰》，頁 13。

方姓妙齡女子罹患憂鬱症，在家燒炭自殺，台北市警文山一分局偵查佐蕭德煜相驗時，現場有人認為蕭被她附身，藉由蕭的嘴向媽媽道別，教媽媽放心讓她走；負責驗屍的台北地檢署工作人員目睹這一幕，嘖嘖稱奇。蕭德煜事後不願多談此事，說自己沒有中邪，也沒有被附身。不過，當天在場幫家屬處理後事的殯葬業者表示，他也看到蕭德煜被方女附身，和死者母親說話。

住台北市軍功路社區的方姓女子（廿五歲），本月十三日中午被母親發現燒炭自殺，陳屍家中臥房，母親隨即向轄區文山一分局報案；偵查佐蕭德煜製作筆錄後，次日凌晨報請台北地檢署相驗，檢警率法醫助理趕到方家驗屍。地檢署的工作人員說，當蕭德煜一靠近屍體，表情即開始不由自主地變得僵硬、眼神怪異，而且又一把鼻涕一把眼淚；負責相驗的檢察官、法醫助理對蕭德煜突如其來的舉措，都嚇了一大跳。目擊者描述，蕭德煜接著好像「起乩」，自言自語起來，看著方女母親說：「我走了，請不要擔心、不要難過，讓我好好走。」方女母親聽到這段話，當場崩潰，號啕大哭起來。地檢署的人說，蕭德煜「回神」以後，用台語說了一句：「真是凍未條！」在場的人看到這一幕，反而都說不出話來。……對於蕭德煜疑被往生者附身向母親告別的靈異現象，地檢署一位工作人員表示，他有十幾年驗屍經驗，從來沒有遇過這種怪事。他直覺是死者怕母親傷心，才選擇附身在警察身上，安慰生者。

例二

【自由時報 2004 年 6 月 24 日】記者孫義方/台中報導

中市警二分局殉職小隊長李進富靈前，日前傳出「附身」的靈異之說……李進富以卅八歲的英年殉職，他的親朋好友悲傷之餘，輪班在李進富的靈堂為他守靈，日前某晚，李進富的靈堂突傳出一名女性親屬發生疑似附身異象。李進富的姪子描述當時狀況說，這名女性親屬走到靈堂外接電話時還有說有笑，但沒多久就見她神智不清，前後搖晃，而且激動起來時，合兩個男人之力還險些壓制不住，尤其是她發出男性嗓音，且所說的話也無人能懂，法師研判是附身

異象，趕緊誦經才平息。不料，這廂才平息，旁邊另一名女性親屬也發生附身異象，法師趕快繼續誦經，約莫半個小時才使她恢復平靜，但是，又有第三名親友也發生了同樣狀況，異象接二連三而至，讓靈堂內親友們手忙腳亂了好一陣子。親友們紛紛上香禱念，告訴李進富會好好地照顧他的家人，盼他放心地走，後家屬向法師請教得知，原來是流落在殯儀館未被引走的靈作祟，而非李進富有何不滿；目睹經過的刑警說，原本不相信所謂靈異現象，但當晚親眼目擊後，從此改觀，不敢再鐵齒。

　　從上述陽世人被陰魂附身的案例中，我們可以知道被附身發生的時機是不一定、不可預測，且是屬於被動的，被附身者也多不願承認或多談，這些突發性的狀況，使人在沒有心理準備下經歷到亡魂附身的事件發生，帶給當事者或周遭人的驚嚇與不可思議感，是相當驚恐的。就如同筆者所說，這種被附身事件的發生是不可預測，因此社會需要專門牽亡魂的靈媒來解決許多疑難雜症。

　　如果說在傳統民俗信仰的牽亡儀式中，對信仰及靈魂不滅的相信、對親人的情感牽掛，是牽亡魂儀式存在的必要條件，使牽亡魂儀式在社會演化中仍能繼續存在，而主持牽亡儀式的人，其重要性就更不在話下。從古至今皆有牽亡儀式的存在，但只有林千代是最廣為人知的牽亡靈媒。千代師姑的同門師兄姊人數眾多，能牽亡者僅有兩人，在全國各地的廟宇宮堂中，有許多的靈媒都號稱有牽亡魂的能力，也各有不同的儀式來與亡者進行溝通，但為何只有花蓮慈惠石壁部堂的牽亡魂儀式一枝獨秀，由各信眾間口耳相傳聞名全國，甚至揚名國外？而石壁部堂牽亡靈媒有兩位，為何只有千代師姑最受眾人倚重，廣為人知？千代師姑的名氣，也影響了電視戲劇，「戲說台灣」節目製作了「牽亡奇談」，就是以千代師姑的牽亡事蹟來編寫的戲劇節目，並發行 DVD 販售。

　　前一節所述的牽亡案例中，筆者歸納出下列幾點，關於千代師姑的牽亡術為何能讓人信服，原因如下：

　　一、靈驗感：儀式在一開始進行亡魂確認時，千代師姑就以叫出家屬的名字（偏名、乳名、小名）來營造亡魂就在附近與千代師姑談話的情境。而千代師姑也能進一步說出亡者生前最常見的穿著打扮模樣，或是表現出死去的原因（受傷的部位），令家屬心中就開始有著「好靈」、「好準」的感覺。

二、眞實感：因爲千代師姑在亡魂附體後，一開口說話的口音、腔調、語言、走路形態都與亡者生前十分相似，那種眞實感也令家屬心中十分信服，認爲此時附在千代師姑身上的，確實就是他們所要找尋的親人。

三、安全感：家屬因爲心中有牽掛，才會期望以牽亡魂的儀式與亡者進行溝通，而千代師姑能順利達成這個任務。家屬前來牽亡希望能解決生活上遇到的困境，而透過牽亡儀式，使家屬與亡者進行溝通，提問出心中的問題得到解決方式，心中的負擔與牽掛因此能得到紓解，所以能產生安全感與信賴感。

四、不限場地：千代師姑的牽亡儀式，不是只有在花蓮石壁部堂才能辦事，而是可以在不同的廟宇中展現牽亡魂能力。〔註48〕因此要說這種牽亡魂是作假的，要在不同宮廟都成功作假，可能性微乎其微。

五、他者印證：亡魂附體的千代師姑，開口時都能說出一些只有家屬才知道的隱密私事，因此讓家屬更確定出現在眼前的就是親人。再以絲芹妹的例子來看，由於她本身就具有陰陽眼可看見靈體，當她實際接觸過千代師姑的牽亡術，且對此肯定有加，更能增加信服力。

林千代的牽亡術之所以被眾人認同，使牽亡家屬相信牽亡術的眞實性，他們眞的與逝去的親人進行溝通對話，就是因爲在千代師姑的牽亡術中涵蓋這五項特質，才能讓信眾趨之若鶩，口耳相傳，使得千代師姑在牽亡界能站穩首席靈媒之位。

但是在張開基的書中，也有提到牽亡不準確的案例，例如：有位 L 先生到石壁部堂進行與亡母的牽亡魂儀式，在儀式過程中，亡母附身於千代師姑身上後不斷咳嗽，後來家屬問她爲什麼不去看醫生？亡母表示沒有錢。家屬質疑的說在她頭七及百日時都燒了不少錢，亡母表示沒收到，所以沒錢去看醫生。家屬表示要燒藥給她，亡母表示給錢即可，她自己再去看醫生。家屬又問她過得好嗎？亡母說只有一套衣服，她不要家屬燒衣服給她，她拿到錢後要自己去買。在這次牽亡過程中，亡魂開口閉口都是要錢，面對家屬提問老家的情況，亡魂始終逃避回答這個問題，最後拿了錢就離開。而家屬在牽亡結束後，就向張開基先生表示這次牽亡是假的，因爲他們的老家早就不存

〔註48〕千代師姑常應邀到全國各宮堂辦事，其中也包括牽亡魂。她在後期近十年也常去國外，如：美國、加拿大、印尼、新加坡、馬來西亞等地，但據聞只有辦事而沒有牽亡魂。

在了。〔註49〕

在民國 90 年後，較常有人說他們的牽亡的經驗是不準確的，甚至有些香客牽亡結束後到火車站準備乘車時，會打電話至廟中罵人，認為被欺騙了，當時廟中人員就接過這類的電話。這些不準確的說法及是什麼原因造成的？對此筆者試著就所收集到的資料進行分析，探究為什麼千代師姑在民國 60、70 年代的牽亡術，準確的人人稱奇？而此後的牽亡，就逐漸發生令人失望的結果。探究這個的問題，筆者認為原因如下：

一、旨令被收回

筆者經過與數位宗教人訪談後，發現所謂的通靈能力，除了與生俱有的能力之外，如：陰陽眼，後天得來的通靈能力，即便是屬於帶天命的人，其通靈能力多是神明賜與的。身為靈媒，可以因為神明賜與的通靈能力，幫助眾生解決困難，並藉此獲得名與利。但是這種神明賜與的能力，也是隨時會被神明收回，這不是靈媒本身可以控制的。而旨令被收回的原因可能性諸多，或許是階段性任務已完成，到了該退休的年紀；也或許是行事有所偏失，因此神不再願意讓他當代言人了。而一位靈媒一旦失去通靈能力，套一句宗教界的話語，就是「旨令被收回」，但是沒有一位靈媒會昭告天下自己已經失去神通，因為這是有失面子的事情。但是眾生有需求還是會繼續找上門求救，因此靈媒也只能憑藉著經驗來「裝神弄鬼」一番，至於準或不準，能不能解決問題，就只有上門的人才清楚了。

二、氣運不佳

金極雷藏寺王師兄認為：氣運旺，法輪在轉動，整個精神狀態對這些無形的訊號接收很敏銳，辦事就會準確。若氣運在低潮，身體不好，背負太多的業或陰晦之氣在身上，體力跟精神力會衰退，對訊息的接收會變遲緩。

因此修行者是需要不斷進修精進的，即使不精進，也是需要藉由適當的修行去維持現有的能力。根據筆者的田調中整理出來，靈媒的修行有以下型式：訓身、念經、靜坐冥想。訓身時文武皆有，在武的方面：女性跳著猶如女神附身般的舞蹈，男性則以武將形式呈現，會打拳也會踏腳步；在文的方面會以飛鸞寫字的方式來訓練，或現景、或現字。一個靈媒，若心靈無法沉靜如鏡，是很難看見神明給予的指示的，他們必須隨著個人的修行跟精進，才能跟神明的溝通及教導合一，進而產生幫助眾生解決問題的靈力。換言之，

〔註49〕張開基，《台灣首席靈媒與牽亡魂》，頁 44～52。

如果心靈就像一面鏡子一樣，很多事情可以很直接地看到神明給予的指示，神算比較易現，甚至於有時候無需用定力跟念頭去查事，人家問事情，答案就會同時同步直接浮現，問什麼問題，心中就會有答案。根據王師兄的說法，一切的進修會從最基礎的訓身開始，一直到最後就是靜坐冥想等，倘若不持續進行修練的話，在辦事的過程中以及生活的過程中所產生的負面磁場（業障）會開始累積，慢慢地使心靈墮落並影響到自己的靈力。所以如果沒有努力地進修的話，輕則能力一直停留在原地或是進步很緩慢；重則辦事能力會開始下降，出現不準確或是能力不足的問題。

三、個人意識保留過多

牽亡時後究竟有沒有個人意識的存在？法華山的溫堂主指出，牽亡時個人意識保留過多，就會影響牽亡魂的準確度。個人意識保留過多，亡魂附在身上所說的話，是經過靈媒的大腦去解讀、翻譯，有時就會產生偏差，就如同傳話一般，會傳錯話。因此如果靈媒在牽亡時，沒有將個人意識退去七分以上，有目的性的保留個人意識，如：希望亡者能向家屬要求多燒些紙錢，這時在整個牽亡儀式過程，就有可能發生不準確的狀況。

千代師姑的牽亡術，有人稱準，有人持相反意見，不論真或假，但牽亡儀式的過程與時間逐年有所改變卻是不爭的事實。張開基先生提到在他長期的觀察下，整個牽亡儀式有兩段叫名字及核對名字的過程，常進行長達十五至廿分鐘以上，等到牽亡魂附身後，從互相抱頭痛哭、交談至索取紙錢，接受現場焚燒紙錢，前後約莫十幾廿分鐘，扣除枝節細末時間，陽世親友與亡魂真正交談的時間有時只剩五、六分鐘，少有超過十分鐘以上的。以上這些亡魂與家屬交談的情況，近年有越來越簡短的趨勢，而且全部過程都在靈媒的主導下（即使亡魂附身之後），好似所有亡魂都行色匆匆，簡短一敘又急急的索錢離去。〔註50〕以筆者曾觀看過的牽亡儀式中，亦是產生同樣的感受。因此或許可以解釋，牽亡儀式是真的，有些部份是準確的，在牽亡儀式中師姑常一口氣能叫出在場家屬名字，甚至有些未到場的人也被叫出名字，這表示師姑確實有其過人之處。而隨著師姑年老體衰，牽亡有時失去準頭，有些外地家屬千里迢迢趕來牽亡，所耗費的時間與金錢不在少數，而家屬的期望與現實落差太大時，招來埋怨也是人之常情。因此牽亡究竟是真或假，值不值得，就成了見仁見智的問題。

〔註50〕張開基，《台灣首席靈媒與牽亡魂》，頁 196～197。

第四章　林千代與石壁部堂之影響

　　本章的第一節將就林千代所處的道場石壁部堂，對於石壁部堂的緣起、發展進行研究。在研究其興起因素及發展過程前，筆者會對石壁部堂所在地的自然環境與位置、人口聚落與發展、寺廟與祭祀活動等面向，一一進行探討。再以石壁部堂的興起及發展做論述，並藉此呈現出石壁部堂宗教活動的特色，千代師姑與石壁部堂之間的互動、互惠關係。石壁部堂興盛主因是來自於其靈力強大的女性靈媒，因此第二節將針對女性從信徒成為靈媒後的轉變進行討論，並包括女性靈媒社會地位與性別特質。最後一節討論在石壁部堂建廟後的四十多年來，千代師姑與石壁部堂所帶給社會眾生的宗教影響力。

第一節　千代師姑的道場——石壁部堂

一、石壁部堂所在地概況

（一）聚落概況與發展

1. 自然環境與位置

　　慈惠石壁部堂座落於花蓮市西北邊郊區，在中央山脈系的砂婆礑山南側的山腳下，與私立慈大附中隔著砂婆礑溪對望，附近為有名的佐倉步道。此區域為大理石地質，石壁部堂的「仙洞」——石灰岩地下洞，正是因為大理石地質經雨水沖刷後形成的。一般的交通方式是用坐計程車或自行開車，目前尚有花蓮客運可搭乘，在水源大橋站下車後再走路進入。從花蓮市的建國路往西北方向（中央山脈方向）直走，過了慈濟技術學院之後約 800 公尺右

手邊會遇到水源大橋右轉過橋，繼續直走 100 公尺會遇到四叉路口，往右轉直走約 1 公里左右會在右手邊看到石壁部堂的廟後方。這是一棟磚紅色、建築五樓高的廟，繞到前庭可以看到一片很大的平地以及一棵不小的榕樹。

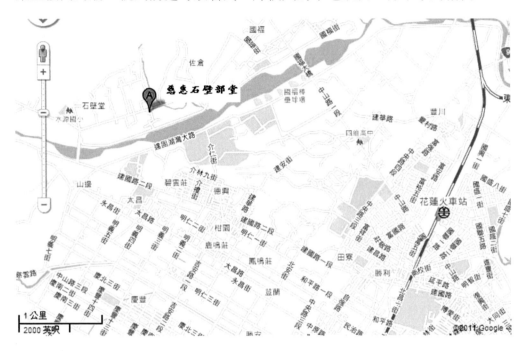

圖 4-1：慈惠石壁部堂在花蓮市的位置。資料來源：google map（100 年 1 月
　　　 31 日）

　在石壁部堂後方的北側山上約 250m 處有一石灰岩地下洞，為石壁部堂所掌管，稱為仙洞，洞內供奉令旗數支。《慈惠石壁部堂簡介》上有提到：後山仙洞被發現是因為當時每晚出現數十蕊的紅火，因此母娘指示此地為神仙集會之所，要蕭添妹、巫茶妹、張綢妹〔註1〕三位鸞生率同二十名善信上山尋找紅光之位置，因晚上一片漆黑，無能尋獲，直到天亮時才發現有一大洞，眾人進入洞內約二十公尺時，發現一大巨石而無法再前進。回堂秉告母娘後，母娘指示時機未到，到時候自然會開啟。事經兩年後，發現洞內巨石已移於寬闊之處，進入山洞最深處，裡面別有洞天，因此在洞內設香爐讓有緣善信

〔註 1〕簡介上所寫的張綢妹其名有誤，應為張金英。其實張金英於民國 61 年 4 月已
　　　 往生，廟中簡介寫到：仙洞是曾董事長於民國 66 年執事後才發現，與事實不
　　　 相符。

參拜。

　　根據《慈惠石壁部堂簡介》所言，當時受到母娘指示而上山的鸞生，目前僅存蕭添妹一人，因此筆者對此求證於阿添師姑，但此事年代久遠，阿添師姑對這件事的記憶已不甚清楚。阿添師姑表示，她對於受指示上去仙洞之事完全沒印象，應另有其人，建議筆者再問問其他人士。她說：「仙洞的存在年代久遠，但何時有此洞的存在？我也不知道，我年輕嫁來此地時就已經有這個洞了，當時為了割牛草餵養牛隻，我與村庄裏的人常常都有上來此處，只是這個洞裡面一片黑暗，因此沒有人敢進入，只有原住民會試著進入。不過裡面火把點不燃，因此後來連原住民也不進去，大家都只會在洞口外面休息。」至於簡介上所提到每晚後山上有火光數十之事，阿添師姑說沒有此事，她嫁到此地後生活至今，也沒聽說過有這些事，對於這個說法她一無所知。請教阿添師姑此洞是日本人所挖的嗎？蕭師姑說不是，這個洞是天然形成的。當初大家剛發現開始進入時，裡面相當漂亮，是鐘乳石洞，內有許多閃閃發亮、各式各樣的鐘乳石，只是後來被人破壞掉了。而這個洞是屬於原住民保留地，石壁部堂跟原住民購買後，仍登記於原住民名下。〔註2〕

　　彭進源則說明他從小就知道這座山洞，小時候上山割草餵牛都在這個洞附近，會在這個洞口遮陽、乘涼休息。當時因為此洞很黑很暗，沒有人敢進去，他的這個說法與阿添師姑所說十分相似。十幾年前，有一位曾在石壁部堂擔任過總務一職的陳龍喜先生，後來改當仙洞管理員，負責整理環境，但卻在洞外不幸跌死，因此石壁部堂為他在洞口外面立紀念碑。〔註3〕

　　葉明春為石壁部堂鸞生巫茶妹〔註4〕之么子，從小跟著母親信奉母娘，目前自己開設私人宮堂，為玉忠堂堂主，內主祀母娘，旁有許多其他神像。葉堂主表示當初與其母一同上山找仙洞者，沒有蕭添妹，應為劉有妹。其母在找到仙洞後，曾受指示在洞口打坐49天，前三天有吃水果（蓮霧），之後就禁食。其母要上山打坐前告訴他，在第42天時要他上山，並攜帶棉被。他遵循母親指示在第42天上山後，與母親一同住在那裡7天，其母在洞外

〔註2〕98年9月20日上午10點於石壁部堂與蕭添妹師姑進行第二次口訪，一同受訪者尚有羅鳳妹女士。

〔註3〕98年10月3日晚上8點於彭進源的住家口訪。

〔註4〕巫茶妹為石壁部堂創堂的鸞生之一，也是當初上山找仙洞的當事人之一。98年10月11日上午10點於玉忠堂訪問葉堂主，葉堂主民國46年次，國中畢業，父葉雲弼，母巫茶妹，玉忠堂是其父開設的宮堂，父親往生後由他接手。

打坐，而他在洞內睡七天，就吃兩條吐司過七天，其母在那裡完成 49 天的打坐。〔註5〕另外葉堂主表示在仙洞內有許多洞，其中第 3 洞為蝙蝠洞，內有滿滿的蝙蝠，洞的上方為滴水觀音像，洞的下方有石龜及石蛇。但裡面原有許多各種動物像的鐘乳石像現在都被破壞殆盡，原因眾說紛紜，其中最常聽到的理由就是：「因為母娘指示」。而仙洞在開始進入的前幾年裡面是金光閃閃，但不知為何幾年後就不復見此景象了。

至於張金英的兒子范光添告訴筆者，他對其母上山找仙洞一事不了解，只知道在其母在上山前，曾於山腳下的入口處旁大石頭上進行一個月的打坐，他每天就負責送水果過去給他母親吃。〔註6〕

綜合以上的訪問，可以知道石壁部堂的仙洞洞內供奉數支母娘令旗，仙洞內原本有許多奇形怪狀的鐘乳石，但是開放讓香客參拜後，洞內屢遭破壞，有許多動物樣貌的鐘乳石都被信徒、香客挖走，於是掌管仙洞的石壁部堂在洞口處設有鐵門上鎖，想要進去仙洞參拜的香客，需先向廟方登記才能上山。有許多人會進入仙洞內進行修練，從早期鸞生開始，直到近年來都一直有通靈者會進仙洞閉關修煉。阿添師姑就告訴筆者，有一位住在台北的小姐，每年都會接到母娘指示到石壁部堂來，一個人在仙內那邊閉關，十分有勇氣呢！而蕭師姑說千代師姑也曾進仙洞進行修煉，她在母娘的指示下會閉關進行修練，不過這種情形並不常見。

> 在我們五十多歲時，那時我先生還沒有過世，〔註7〕我們五個人接
> 到母娘指示，都上山去靜坐修煉，不是閉關。除了接到母娘指示會
> 上去修練之外，有時外地的香客來石壁部堂，也會邀我們陪同一起
> 前往仙洞，所以千代有時也會應香客要求一起上山。後來千代大概
> 70 多歲後，也因為年紀大了，才沒有上去仙洞。〔註8〕

石壁部堂的師姑們，只有在接收到母娘的指示時，才會進洞修煉，其他時間會進入仙洞的原因，多是陪香客前往，千代師姑也不例外。因眾多修行

〔註5〕葉堂主9歲時上山，照時間推算，仙洞在民國55年時，石壁部堂的鸞生就已經進入洞內了。

〔註6〕范光添之母為張金英，為石壁部堂創堂的鸞生之一，也是當初上山找仙洞的當事人之一。98年10月11日晚上7點筆者電訪范光添，范光添民國41年次，高職畢業，為石壁部堂的前任總務，目前是做泥水工。

〔註7〕彭阿平是民國66年往生，因此蕭師姑推估時間約在民國64年至65年間，切確時間蕭師姑已忘了。

〔註8〕100年3月24日傍晚訪問蕭師姑於其家中。

人或靈媒都會到仙洞靈修，大多是受到神的指示而進行，可見石壁部堂的仙洞對於宗教界的人士來說，是個有特殊磁場的地方。

圖 4-2：千代師姑前往仙洞進行修練照（鍾玉秋提供，彭盈潔翻拍）

圖 4-3：千代師姑於仙洞內修練的留影（鍾玉秋提供，彭盈潔翻拍）

圖4-4：千代師姑於仙洞內與玄聖殿的信徒一同留影（鍾玉秋提供，彭盈潔翻
　　　　拍）

2. 人口組成與聚落發展

在石壁山腳下的居民有客、閩及原住民三類，原住民多居住在近山區的後方，靠近石壁部堂的居民則多是客家人，由彭姓與范姓家族為主。

昭和9年（1934年）左右，當時在苗栗南庄山區中生活困苦的彭姓家族，由彭文欽率先前往嘉南平原與花蓮兩地進行勘查，想找出適合開墾的新地點。後來彭文欽認為花蓮地廣人稀，較有開墾成功的機會，於是彭姓家族舉家搬遷過來，希望能藉此改善生活。搬遷過來的第一年，先居住在現今佳山地區，舊稱茄苳腳，第二年再度搬遷，定居在石壁部堂今廟址的後方約 200公尺處。當時在南庄地區有戶楊姓人家，只剩下姊弟三孤兒，因姐姐嫁入這個彭姓家族，彭家便將楊家的兩位弟弟一同帶來花蓮，其中一位弟弟就是林千代的先生楊天祿。這些居住在這個大石壁山腳下，人稱「石壁堵」或「石壁下」小聚落的居民，大多是從苗栗南庄或新竹移居而來的客家人，這些人都是親戚，在此定居互相照應。

彭姓與楊姓家族剛遷移到花蓮時，以擔任日本人的佃農為主業，幫忙砍除甘蔗田的雜草維生，副業為飼養豬隻，種植地瓜、花生、甘蔗、稻米等農作物。當時在新城三棧文廣地區（在今天光隆博物館附近）有一個扶風糖廠，

專門生產黑糖，鄰近石壁部堂的土地，都被劃分為種植黑糖甘蔗區，因此居民多種植黑糖甘蔗為主，廠方向農民收取收成的甘蔗後，搾取出糖汁製成黑糖。有時糖廠會直接給農家金錢買甘蔗，有時會交給種植甘蔗的農戶黑糖，農家再自行販售黑糖給雜貨店換取金錢。到了民國 50 年後開始種植麻竹筍，後來當扶風糖廠關閉後，居民就不再種植甘蔗。民國 40 幾年時，農閒時節男丁會去嵐山上的林場伐木，民國 50 多年後就改去山上採大理石礦賺錢貼補家用，而女人多在家忙著家務與育兒、養豬養雞，沒有獨立的經濟收入。〔註 9〕

石壁部堂建立以後，住在廟附近的居民開始積極參與廟宇活動，特別是女性信徒，白天忙於家務與農事，晚餐後得空閒了就會去廟裡訓身或幫忙，與母娘能產生感應的人，就成為廟中的鸞生替母娘辦事，這個村庄的居民在生活上開始與石壁部堂往來頻繁、緊密相連，關係密不可分，此時的石壁部堂就如同這個地方的公廟，廟中有任何的活動就是村庄裡眾人的事，大家都會一起來參與。

3. 寺廟與祭祀活動

而石壁部堂除了每日都有辦理的制煞、問事、醫病、問花樹、畫符、牽亡魂等項目外，每年還有舉辦三次法會：在農曆的七月 2、3、4 日三天辦理盂蘭盆超度法會；農曆九月 1 日到 9 日辦理拜斗法會；農曆十一月 10 日、11 日、12 日三天為梁皇法會，另外農曆的十一月 13 日為堂慶，自石壁部堂分靈出去的各慈惠分堂，或是有從這裡領旨出去的宮堂，都會在這天從各地回娘家為母娘祝壽。

〔註 9〕資料來源：100 年 2 月 6 日晚上 8 點於彭進源的住家口訪。

圖 4-5：民國 73 年盂蘭盆超度法會（彭進源提供，彭盈潔翻拍）

圖 4-6：民國 99 年堂慶（彭盈潔拍攝）

（二）石壁部堂的興起與發展

1. 與法華山的淵源——黑令旗的由來

　　石壁部堂的歷史緣起，有數篇資料上皆有提到，但內容各異。在《洄瀾神境》中提到：石壁部堂的由來是住在玉里的范德房到法華山請令旗祭拜，後再由其張姓外孫女接著祭拜。而《慈惠石壁部堂簡介》中則談到石壁部堂起源是因張網妹之兄身患疾病，到法華山慈惠堂求治，為感謝母娘之恩，張網妹與蕭添妹二人親到法華山慈惠堂迎母娘令旗，至范德房（張網妹之夫）

家中崇拜。〔註10〕《石壁部堂簡介》的資料裡被數篇碩論引用。〔註11〕關於石壁部堂的歷史緣起在文獻方面有差異，因此筆者為此求證當時迎令旗的當事者蕭添妹師姑，寫下由蕭師姑口述的石壁部堂歷史由來，針對整理出的內容，再次求證相關人士，〔註12〕其內容如下：

　　當時的醫療設備與技術相當缺乏，人們治病不易，特別是窮苦的農家人，因此在缺乏醫療福利的社會環境下，生病除了吃草藥之外，多尋求民間療法幫忙。這群村民在民國50年間，聽聞法華山慈惠分堂的母娘靈驗，有求必應，於是這些人結群相繼前往拜拜，有的人求藥籤治病，有的去訓身治病，有的是為自身的疾病，有的是為了親愛的家人前往的，目的都是治療病痛。雖然從石壁山腳下前往法華山要步行數公里之遠，但大家都不以為苦，十分虔誠。這時在村庄內前往法華山拜拜的人包括了：張金英、蕭添妹、吳桃妹、巫茶妹、林千代、黃傳妹、許金蓮、彭文耀、彭進源、彭進統、范光添等。有一住在花蓮縣玉里鎮三民里的原住民金金春也前往法華山求治病，這段時間都借住在外甥女張金英家中，後來他覺得身體好轉些，病情大有改善，為了感念母娘的靈驗，就請了母娘的令旗回三民家中侍奉。

　　兩年後金金春病歿，因為原住民不諳漢人拜拜禮俗，竟把母娘令旗插在廚房拜，因此母娘指示蕭添妹，提出祂要到石壁來讓人祀奉，〔註13〕於是蕭添妹與張金英二人，於民國52年農曆一月二十七日搭乘火車前往三民，去張金英的舅舅金金春家中，將母娘令旗請回石壁侍奉於張金英家中。當天傍晚令旗才剛抵達村中路口，村庄中許多居民都前去迎接令旗，這當中就有許多人開始舞動訓身，眾人都感受到母娘的神威與靈感，母娘此後就被安放於張金英的家中受信徒膜拜，當時張金英家還是鐵皮屋。每天傍晚農忙之後，就

〔註10〕石壁部堂原有簡介，是由已故的老董事長曾水沂口述，他人寫下。但早期曾水沂尚未進入石壁拜拜，對部堂中的事務不完全清楚，故此份簡介在關於石壁部堂的緣起之處可能會有錯誤或遺漏。

〔註11〕許雅婷，〈母娘與祂的兒女——慈惠堂石壁部堂宗教人的經驗世界〉，國立東華大學族群關係與文化研究所碩士論文，2001。彭榮邦，〈牽亡：惦念世界的安置與撫慰〉，東華大學族群與文化關係研究所，碩士論文，2000。

〔註12〕彭進源為石壁前任董事長，從小就在石壁村庄中長大，且每天前往范德房家中遊玩，因此對於石壁部堂的歷史由來相當熟悉。另范光添為石壁部堂的前任總務，亦為范德房與張金英之子，對於石壁部堂的歷史也相當熟知。

〔註13〕蕭添妹女士表示此事是母娘到她家中告知她，而她及張金英二人於法華山拜拜時就能聽見母娘的聲音，但母娘的身影是母娘願意現身時才能看見。

會有許多人到張金英家的稻埕前進行訓身，後來母娘開始指示一些有靈通感
應的婦人，表示祂到石壁來是要陰陽兩渡，要張金英、蕭添妹等人最先開始
辦事，不久後又再加入其他有所感應靈通的鸞生辦事。最早期還在張金英家
中辦事時，還沒有正式的廟及廟號，只有在民國 52 年農曆十一月十三日安座
的母娘金身。辦事的鸞生共有：張金英、蕭添妹、劉有妹、巫茶妹、沈伊平、
〔註 14〕周呆、〔註 15〕林千代、林鶯桃、許金蓮、蘇如同，〔註 16〕其中以林鶯
桃、許金蓮加入的時間最晚。這些鸞生服務項目有：制煞、問事、開光安神、
問花樹、畫符，每個鸞生各有所長，其中林千代、林鶯桃還會牽亡魂。

**圖 4-7：慈惠石壁部堂與法華山位置圖（右上方Ⓐ標記為石壁部堂，左下方Ⓐ
標記為法華山）。**

資料來源：google map（100 年 1 月 31 日）

〔註 14〕 沈伊平人稱青面，是石壁迎令旗回來後才到石壁拜拜的，當時他為了方便
　　　　 訓身就借住在彭進源家中一段時間，大約兩年後，他就回家自立門戶開宮
　　　　 堂了。
〔註 15〕 周呆人稱黑面，與范德房不合後就離開石壁自立門戶，開設明山道場。
〔註 16〕 蘇如同人稱紅面，據聞與曾董事長起口角後就離開石壁部堂，彭進源說只曾
　　　　 在過年時看過他回來拜拜。

2. 從民宅中的祀壇到石壁部堂建廟

位於「石壁堵」〔註17〕的母娘因爲相當靈感，因此香火鼎盛，再加上牽亡魂的儀式吸引了全台各地有需求的民眾前來，因此張金英的先生范德房開始思考，要取什麼樣的堂號，讓更多有需要的人們能方便詢問找此處。有一日，范德房與前往他家看更生報的彭進源提起這個問題，就在賣金香的地方討論。彭進源表示兩人年紀差距雖大，但是極談得來，就像忘年之交。當討論到這個問題時，彭進源表示本地舊稱石壁，法華山是源自於慈惠總堂的分堂，這裡的母娘又是從法華山所分出來的令旗，所以這裡就不宜再稱做分堂，算是法華山的分部，所以稱做部堂比較適合，兩人在一番討論後，就決定出「石壁部堂」這個名稱。范德房因爲提供房子出來，讓大家有個地方能夠拜母娘，就被眾人推舉成爲石壁部堂的第一任堂主。

此後石壁部堂的香火愈發鼎盛，前往范德房家中的香客越來越多，范德房家中場地已不敷使用，於是眾人決定要建廟，以便遠地而來的客人能居住過夜。眾人公推母娘的一位契弟「徐火榮」爲籌備會的主任委員，〔註18〕曾水沂爲副主任委員，開始推展建廟事宜。此時籌備會的委員有：彭阿安、彭德科、黃明月、吳錦勤、曾慶元、賴明城、溫琳水、黃玉堂、范源新、吳宮秀、沈金月、呂揚土、莊雙勝、徐燕廷、張再三、楊天祿、彭阿康、彭德水、彭阿平、黃傳妹、葉雲弼、蘇如同、彭石坤、傅和妹、劉有妹、黎琳貴……。

民國55年，鸞生蕭添妹與先生彭阿平決定獻地蓋廟，〔註19〕在廟地決定後，眾人集資蓋了一座正殿及左右兩廂房，正殿供奉瑤池金母，左廂房供奉地藏王菩薩，右廂房供奉七祖大天尊。民眾若要牽亡魂就在地藏王菩薩那裡辦理，若要問花樹、制煞就在七祖大天尊那裡辦理，分工清楚，能夠服務更多來的全台各地的香客。

在民宅時期的石壁部堂成立約兩年後，決定蓋廟之前，周呆與范德房兩人起了齟齬，周呆便退出石壁部堂，自行在家中開堂，〔註20〕還以分紅制度爲誘因，把林千代、林鶯桃、許金蓮三人拉去他家中當鸞生，而周呆的妻子會在住家入口處，或請小孩在水源橋上告訴欲前往石壁部堂的香客，現在牽

〔註17〕 石壁堵的發音爲閩南語及客語，意思就是在石壁那裏頭，意指從市區向有石壁岩的那座山走進去。
〔註18〕 許火榮當時服務於電信局，在當時爲知識份子。
〔註19〕 所獻之地爲彭阿平的父親彭文耀之名，當時此地爲果園，種植水梨及番石榴。
〔註20〕 周呆家與范德房家距離很近，都在同一鄰。

亡魂只有在他們的道場才有，招攬香客過去她家的道場。林千代等人在那裡
只待了約一、兩年，三人與周呆夫妻意見相左，才又轉回石壁部堂繼續服務
眾生，此時石壁部堂廟宇已經蓋好了。

圖 4-8：民國 57 年正在蓋的廟宇，信徒稱舊廟。（彭進源提供，彭盈潔翻拍）

圖 4-9：已蓋好的廟宇樣貌。（彭進源提供，彭盈潔翻拍）

圖 4-10：民國 57 年堂慶，謝神的野台戲。（彭進源提供，彭盈潔翻拍）

圖 4-11：民國 57 年堂慶，香客休息的帳棚。（彭進源提供，彭盈潔翻拍）

　　到了民國 75 年時，廟宇空間再度不敷使用，於是董事會決定要進行擴建工程，將部堂建成三曹廟堂。正殿要拆掉重蓋新廟，於是將神像暫移至左邊禪房供奉，舊廟拆除後在原地蓋新廟，新廟在民國 77、78 年陸續完工啓用。

石壁部堂在蓋新廟時，因原地地目屬於農地，建蔽率不足，無法申請使用執照，故石壁部堂又和長隆水泥有限公司買地增加土地面積，使用迄今，目前廟宇建築仍屬於未合法的違章建築。

圖 4-12：民國 76 年擴建中的廟宇。（彭進源提供，彭盈潔翻拍）

圖 4-13：新廟全貌，攝於民國 98 年元月。（彭盈潔拍攝）

3. 石壁部堂管理組織的發展變遷

石壁部堂原爲堂主制，第一任堂主是迎母娘令旗於家中供奉的范德房，其妻張金英也是替母娘辦事的鸞生。民國 62 年張金英與范德房相繼往生後，彭阿平因獻出私有地來提供建廟有功，眾人感謝他的貢獻，便推舉彭阿平接任爲石壁部堂第二任堂主。民國 62 年時，石壁部堂成立了財團法人董事會，由建廟籌備會的副主任委員曾水沂擔任董事長。民國 66 年農曆十一月十六日彭阿平往生之後，原先眾人建議由彭阿平的長子彭進保接任堂主，但是被彭阿平的妻子阿添師姑所拒絕，因此在無人可接任堂主之位的情況下，董事會決議就不再設堂主之職，此後石壁部堂就沒有堂主一職，廟中事務改由董事長曾水沂及董事會所主持。

89 年六月時曾水沂老董事長因廟中人事問題無法解決，[註21] 曾老董在左右爲難之下，且又因已有八十三歲的年紀，自身感到年歲已高，因此請辭董事長之職。董事會公推彭進源接任董事長，此時董事會成員尚有吳鑑來、陳燦堂、申坤豐、莊錦榮。四年後改選董事長，但因縣府認爲改選時出席人數不達規定，[註22] 此會議流會。一年半後於民國 95 年三月，彭進源董事長奉母娘指示，使用擲筊的方式改選董監事會，選出現任董事長楊松樹，董事會成員有張訪梅、羅鳳妹、徐燕廷、黃明月，楊董事長自此開始擔任董事長之職，至今仍在職中。

（三）石壁部堂的近期轉變

1. 從興盛到沒落

石壁部堂的牽亡魂聞名國內，全盛時期約在民國 70 年至 85 年間，當時適逢台灣經濟起飛，廟中一年的收入粗估有一千萬五百萬元以上，[註23] 收入來源以信徒捐獻、牽亡魂所需的紙錢、[註24] 法會等爲主。後來由於林鶯桃罹病數年無法牽亡，林千代也常應邀出國辦事頻繁，[註25] 一去就數個月，

〔註21〕某師姑（林姓師姑）與常務監事（彭進源）對於總務一職的人選各有堅持。

〔註22〕董事陳燦堂、申坤豐、莊錦榮三人陸續過世。

〔註23〕此爲前任董事長彭進源粗估，他表示只能粗估是因爲之前的帳本在他接任前夕有許多被焚毀，因有許多的帳務不清，在樂捐建廟民眾反映下（有許多一柱兩賣的情況），他想查帳才發現許多帳本被銷毀，他只搶救下一些民國 83、84 年的帳本。

〔註24〕牽亡魂雖不收取費用，但燒給亡魂的金紙需向廟裡購買，廟中與師姑就賺這些金紙錢的差價。

〔註25〕林千代常應義子女或義弟妹之邀，前往美國、加拿大、馬來西亞、新加坡、印尼等地辦事。

常常不在廟中牽亡魂，香客有需求時無法找到師姑牽亡。且不知是否因林千代年歲高身體不好，在廟中牽亡一天也無法牽太多人，也有來牽亡魂的客人開始抱怨牽不準確，因此香客開始逐漸流失。此時正逢 90 年代金融海嘯，經濟不景氣，而石壁部堂也越來越冷清，收入在 94 年左右，扣除法會收入一年僅剩五、六百萬。隨著師姑們日漸凋零，特別是牽亡魂的林千代與林鶯桃兩位師姑相繼往生，在後繼無人的情況下，石壁部堂的牽亡魂就此終止。目前廟中僅剩蕭添妹師姑、許金蓮師姑兩人繼續在廟服務問事。香客門庭若市的情景不再，現在即便是週休例假日也是門可羅雀、冷冷清清。筆者在石壁部堂 98 年堂慶前一天訪問阿蓮師姑時，阿蓮師姑就曾向筆者抱怨說：「以前堂慶前一個星期遊覽車就一輛接一輛的來不停了，其他開車來的香客也是，車輛停滿前面的空地。妳看，明天就是堂慶了，今天一整天也只看到一輛車，幾個人而已。」從這段話中，就不難想像出石壁部堂現在的景況，與從前相比眞是天壤之別。

廟中爲了增加收入，楊董事長接任後就決定調高了拜斗法會、超渡法會等收費，但在經濟不景氣、高失業率的社會環境中，費用越高民眾越是無力負擔，因此能增加的收入實在有限。另外以前石壁部堂並不重視誦經等儀式，都以師姑的各種辦事項目爲廟中的主要儀式，但在近年楊董事長的堅持下，所有的行政人員都要學習誦經，每日廟中都有誦經儀式。在廟中往年每月都會更換供奉鮮花四次，初一、十五是廟中支出鮮花經費，初八、二十二的鮮花經費還是由千代師姑所贊助，但楊董事長接任後，就改成只有初一、十五供奉鮮花，也不點蠟燭，水果則是初一十五才有，其餘時間只用果汁和餅乾供佛。以往石壁部堂在七月超渡法會普渡時，千代師姑一定會要求每桌的最前面要放雞酒與肉粽，〔註26〕但是在 99 年農曆七月超渡法會時，石壁部堂已全面改成普渡素桌，沒有提供葷桌。從以上的變化中，可看出石壁部堂企圖轉型形塑出不同的形象，然而以上的轉變，最令信徒不能接受之處，就是對於供奉神佛的花果及超渡法會牲禮的改變，表達出相當的不滿。〔註27〕

〔註26〕據聞千代師姑曾說過因爲有許多婦女是難產而死的，所以普渡時要拜祭酒。
〔註27〕100 年 1 月 24 日下午 2 點～4 點於沙鹿蔡宗宏自宅進行口訪，蔡師兄認爲會有這些改變都是學慈濟的。

圖 4-14：民國 71 年印尼雅加達華僑夏樹權贈蕭添妹師姑之合照。前排左一為
林千代師姑，二排左邊第二位為蕭添妹師姑，第三位為劉有妹師姑
（大師姑）。（蕭添妹提供，彭盈潔翻拍）

2. 從地方公廟到家族企業

石壁部堂雖是從一個具有親戚關係的村落中成立的，在裡面服務的七位
師姑有六位都具有姻親關係，其管理組織是從堂主制走向財團法人組織的董
事會，由董事長擔任負責人。從筆者的研究中發現，長期以來大多數的師姑
都不問行政事務，只有一位師姑形式作風較為強勢，常常干涉人事，甚至因
此曾對老董事長有過不禮貌的肢體動作，其餘師姑多是以自己辦事的業務為
主，替自己的固定客群服務，各行其事，互不干涉對方的事情，彼此間也就
少有爭端。

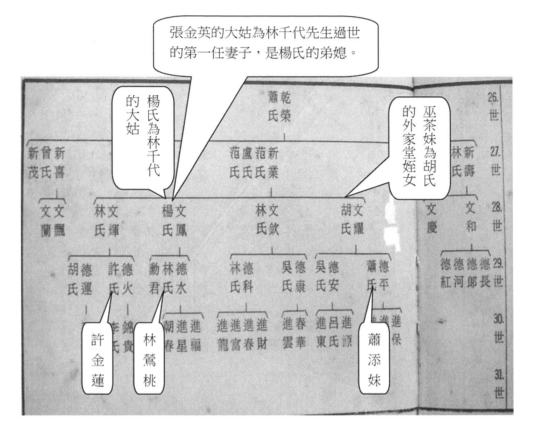

圖 4-15：張金英、蕭添妹、巫茶妹、林千代、林鶯桃、許金蓮等人家族關係
圖，翻拍自《彭氏大祖譜》（新竹縣：台灣省新竹縣彭氏宗親會，民
國 69 年），p267。

　　在財團法人制度中，石壁部堂的管理權在於董事長，以往的董事長是不
支薪、純奉獻，但是在楊董事長接任石壁部堂數月後，將規定改成自己每月
支薪三萬元，且全家都住在廟中，方便他與妻子就近管理廟務。從石壁部堂
委員會組成的變化中，可看出有許多由眾人力量建立而起的地方公廟，經過
某些事件的變化或權力中心的改變，當權力落在單一人手中，就容易使公廟
變成了家族經營管理的產業，而石壁部堂似乎也正走向家族企業的方向。

　　筆者在訪問千代師姑的弟子蔡師兄時，〔註 28〕曾經問過蔡師兄一個問
題：「千代師姑對廟裡貢獻這麼大，且出錢出力毫不心疼，相信她一定是很愛
石壁部堂和母娘，那麼為何她都不擔心廟裡少了她之後，沒有牽亡魂就沒有

<hr>

〔註28〕100 年 1 月 24 日下午 2 點～4 點於沙鹿蔡宗宏自宅進行口訪。

香客，廟該如何走下去呢？」蔡師兄說他也曾經問過千代師姑這個問題，千代師姑回答他：「我沒看到就不管了！」筆者認為，千代師姑在石壁部堂四十多年的時間中，為了石壁部堂的建廟經費，貢獻良多，但她認為自己已經完成任務了，所以當她離開人世時所發生的事情，她就不管了。

　　或許千代師姑的孩子是因為覺得母親對廟裡貢獻這麼大，因此決定要好好經營這間廟，也或許是必須依靠這間廟來過生活，這都是不無可能，但是筆者認為若為了鞏固自身權力，而將地方公廟轉變成家族管理的廟宇，是較不可取的作法。千代師姑雖然對廟裡貢獻大，卻不曾將廟視為己有，只是盡力奉獻，或許千代師姑與她的孩子兩者之間對待石壁部堂的差異性，就是兩性之間對於權力慾望的看法不同。在父權社會中，男性總是想將權力攬在身上，鞏固自己的勢力範圍，或是如何做才能壯大家庭？而女性在行事時所考量的重點，多是如何將家庭照顧好，自己能為家庭做多少事？只要家庭好而不求回報。

第二節　石壁部堂的支柱——女性靈媒

　　石壁部堂的源起與興盛，與廟中的師姑們關係密切，師姑們的通靈能力，能替眾生解決問題，吸引各地香客前來進香與問事，使石壁部堂成為香火興盛的廟宇。而當師姑們一一凋零時，廟裡就逐漸沒落，因此石壁部堂可謂是依靠著這些女性靈媒而起的一間廟，這幾位女性對於石壁部堂來說是不可或缺的重要人物，其地位不同於一般的女信眾，在這些女性靈媒裡，其中又以千代師姑的名氣最大。

一、當女性遇上宗教：從信徒身分轉變為靈媒

　　人稱石壁部堂有「七仙女」〔註29〕，這七仙女所指就是在石壁部堂辦事的鸞生。這七位鸞生全是客籍婦女，當年初接觸到母娘時，只是一般的農婦，平日忙著相夫教子、打理家務、兼職養豬、種植作物貼補家用，家境也都不是很好。每一位師姑會開始接觸母娘，都是遇到不順遂的事，在無法解決之際，聽聞法華山的母娘靈驗，只好求助於神明的力量。大多數的師姑是因為健康因素而求神，有的是為自己，有的是為了孩子。阿添師姑告訴筆者母娘治病的情形是用打的，就是自己會強迫拍打不舒服的地方，即便不想打也不

〔註29〕張金英、蕭添妹、劉有妹、巫茶妹、林千代、林鶯桃、許金蓮

行，但是經過幾天的拍打後，病痛就全部都好了，也不用吃藥。她說：

> 母娘醫病祂是用打的，即使自己不想打，也會強迫打，手會強迫動
> 起來，就被（母娘）捉起來打自己，就是這樣。我有長一顆瘤很大
> （比肚子的部位），硬硬的，都不會工作，就這樣打到好。到第三天
> 一看，就看到有一塊淤血，母娘就要我揉一揉，揉一揉就散掉了，
> 到十天就打好了，就消掉了。不用吃藥。

> 像榮華（周呆）那些也都來拜呀，榮華他是肺病，也幫他醫呀！都
> 是打這兩邊（比胸口兩邊）〔註30〕

阿蓮師姑則說她是因為女兒身體病弱才去法華山求母娘，母娘賜給香灰和藥草，等到女兒身體好轉，約兩年後才開始會感應跳乩。〔註31〕而大師姑劉有妹則是因為心臟不好，最先也是去法華山求醫訓身，那時大約 40 歲。後來在拜神的過程中因為先生的反對而相當辛苦，她的先生為了反對她拜神會打她，有時是把她綁在房子的屋樑上，有時會用布袋把她綁起來，再丟到甘蔗園去，讓她整整三天沒有吃東西。但即使她先生不同意，她還是會來繼續到法華山拜拜。〔註32〕

這些前往法華山求神的婦女，當初只是想透過神的力量解決個人遇到的問題，每天在母娘前面進行訓身活動，從中祈求改善健康或得到心靈撫慰，而這些前往法華山拜母娘的人是相當虔誠的，不論交通不便或家庭反對，還是堅持前往法華山。沒想到後來被神選上，逐漸學會感應神通，能聽到或看到母娘的聲、影，能與神溝通，從一位母娘的信徒轉變為能通鬼神的靈媒，於是她們的生活被改變了，走出以家庭為生活重心的生活圈，成為依神為業的宗教人員。以千代師姑為例，她原先有信仰基督教的經歷，是不相信怪力亂神的人，後來因為大兒子罹患小兒麻痺雙腳不良於行，在西醫治療無效的情況下，她背著孩子跟著村裡的人，一起走到法華山求母娘醫治孩子的腳，並許下心願，表示只要孩子的腳能再走路，就願意將她的一生奉獻給母娘。原先千代師姑所想的奉獻只是去廟裡打掃、換茶水，就是成為母娘的一位信徒而已，沒想到母娘不只是要她當個信徒，還要她當母娘的乩身，讓她來替母娘實踐渡陰渡陽的救世理念。

〔註30〕98 年 3 月 28 日晚上 7 點於蕭添妹師姑自宅內進行口訪。
〔註31〕98 年 12 月 15 日下午 3 點 30 分於許金蓮師姑自宅進行口訪。
〔註32〕98 年 12 月 16 日下午 4 點於法華山對黎金菊師姐進行口訪。

二、石壁部堂女性靈媒之地位

談到牽亡，台灣民間所謂的「牽亡」有兩種形式，一種是亡魂藉由「靈媒」附身與陽世親人對話的「牽亡魂」；一種是「喪葬陣頭」的「牽亡歌陣」，筆者文中所探討的牽亡是屬於第一種。〔註33〕然而從「牽亡歌陣」的表演內容中，亦可看出台灣民間佛道融合的宗教特色，也有靈魂不滅的生命觀，在牽亡歌詞中也顯現出傳統社會中男尊女卑的性別歧視，歌詞中的罪狀都是專位女性所制定，對於女性是相當不公平的。〔註34〕在習俗上對於女性一向有許多的禁忌，令人感受到女性地位的低落，例如：女性於生理期、坐月子時不能入廟拜拜、進入過月子房的人就不能在滿月前進廟拜拜。以往社會傳統的觀念認為靈媒會因為性別問題而分工，例如男性屬陽、女性屬陰，所以男性多擔任乩童一職，與神進行溝通；女性則擔任尪姨，專門與鬼打交道。還有不少學者都提出過經血不潔的看法，認為女性有月事、孕產等問題，所以不能擔任與神的代言人，女性身體屬陰，有汙穢的月事，因此一向被認為容易接觸到陰的磁場，女性的經血是不潔的，而陰界的鬼也被認為是不潔的，因此不潔的女性容易接觸不潔的鬼魂。〔註35〕而蔡佩如與詹碧珠的研究都打破這個觀點，蔡佩如認為女性乩童能跨越不潔之說加諸於女性身上的種種限制，女性乩童容易被女性神偎身，多擔任女性神的乩身，少有男性神偎身。〔註36〕詹碧珠則認為女性能同時擔任通神的乩童與通鬼的尪姨之職。〔註37〕

傳統社會的觀念「男主外、女主內」，父權社會對女性的期待多為謹守閨門、深居簡出，這樣才算是嫻淑良德。而自古以來必須出外謀生的婦女，這些職業婦女被稱為「三姑六婆」〔註38〕，其中的卦姑、師婆就是類似今日我們所稱的靈媒，而這「三姑六婆」是具有貶低其社會地位意函的用字，可知

〔註33〕林茂賢，〈臺灣的牽亡歌陣〉，《兩岸小戲學術研討會論文集》，（台北市：國立傳統藝術中心，2001 年 5 月，頁 114。）

〔註34〕林茂賢，〈臺灣的牽亡歌陣〉，《兩岸小戲學術研討會論文集》，頁 123～127。

〔註35〕蔡佩如，《穿梭天人之際的女人——女童乩的性別特質與身體意涵》，頁 194～214。

〔註36〕蔡佩如，《穿梭天人之際的女人——女童乩的性別特質與身體意涵》，頁 215。

〔註37〕詹碧珠，《尪姨與其儀式表演：當代臺灣女性靈媒的民族誌調查》，頁 7～8。

〔註38〕現今社會三姑六婆意指一些搬弄是非、道人長短的婦人，在古代是指某些女性從事的行業。三姑為：尼姑、道姑、卦姑，六婆是：牙婆、媒婆、師婆、虔婆、藥婆、穩婆。其中卦姑屬於民間信仰的巫師系統，是為人扶乩、卜卦、算命的婦女；師婆就是指女巫，負責施咒除魅，遇到醫者無法醫治的疾病，也會請師婆以巫術治疾。衣若蘭，《三姑六婆——明代婦女與社會的探索》（板橋市：稻香，2002 年），頁 1～4，頁 64。

靈媒這個職業，在社會中是地位低下的行業，特別是身為女性卻要在父權社會中謀生，更容易被文人所不齒及打壓。

石壁部堂在成立初期，原有張金英、蕭添妹、劉有妹、巫茶妹、沈伊平、周呆、林千代、林鶯桃、蘇如同、許金蓮等鸞生替眾生辦事，但隨後有些鸞生隨著周呆自立門戶而離開，約一、兩年後，這些離開的鸞生又再度回到石壁部堂，此後石壁部堂就由「七仙女」之稱的七位師姑擔任鸞生。石壁部堂在最早期是有男性鸞生，但是後來男性鸞生都離開了，只剩下女性鸞生。有人曾說：「石壁部堂是專門辦陰的事，所以都是女人當家」。從廟的屬性來看，法華山的溫堂主曾說過：「母娘指示法華山渡陽，石壁部堂負責渡陰」，因此能否假設，因為石壁部堂的主要任務是渡陰，因此全是女性鸞生來負責辦事情。

在 2007 年 10 月，蓮生活佛盧勝彥參訪石壁部堂，曾指示該廟前左側的神龍廟應拆掉重建，於是石壁部堂就在 2008 年施工重蓋龍神廟，2008 年農曆6 月 24 日完工。2010 年 7 月 21 日下午 6：00，盧勝彥再次前往石壁部堂為龍神廟開光做加持。〔註39〕有人說：「盧說虎邊太高，所以龍神廟要重蓋，蓋大一些，這樣男人辦事才會強一些。」當石壁部堂決定聽從盧的建議，拆除神龍廟重蓋時，信徒們皆議論紛紛，認為這是一種浪費的行為，因為石壁本來辦事的就是女性鸞生，這樣的行為莫非是想有男性鸞生的產生嗎？

圖 4-16：新舊神龍廟照片，圖左為就神龍廟，圖右為新神龍廟。（舊神龍廟照片照片為彭進源提供，彭盈潔翻拍。新神龍廟攝於民國 100 年 2 月20 日）

〔註39〕盧勝彥〈台灣訊 蓮生聖尊佛駕慈惠石壁部堂〉，真佛宗新聞網，2010 年 7 月21 日。100 年 2 月 10 日取自 http://tbsn.org/chinese2/news.php?id=1887。

　　試想，石壁部堂辦事情的都是女性師姑，沒有男性鸞生，而師姑們的辦事能力是吸引香客的主因，憑著辦事靈驗、母娘顯神跡帶來了收入。石壁部堂是屬於財團法人，管理者是董事長，歷任的董事長都是男性，師姑們認為自己只管香客的事而不過問廟中內外事務。不過董事長基於尊重師姑，或許是有些禮俗不懂之處，也會請教師姑的意見。阿添師姑就曾說過：「有事我不會說，就隨便他們。有意見會用擲杯的呀，看肯不肯（指母娘）。這個董事長做什麼事情都會和我先商量，問這樣好嗎？不然我們來擲杯，他會這樣商量。」由此看來，即便石壁部堂的師姑們不想管廟中事務，但楊董事長有事時會請教、參考師姑的意見。但是身為董事長，仍希望能鞏固權力中心，畢竟董事長雖有行政決策權，但沒有神通能力，關於與神溝通或是替人解決問題全要仰仗會神通的女性師姑，因此才會在意女人當家的說法，即便師姑們心中並無權力慾望，身為男性的主事者還是會擔心失去權力，因而作出鞏固權力的舉動。

　　因為石壁部堂的女性靈媒皆為客籍婦女，因此筆者嘗試以客家婦女的研究角度，去探討這些師姑們的地位。在客家女性的研究中，我們可以知道客家文化對客家婦女的角色要求還不止於此，客家婦女除了從事傳統對婦女所要求的所謂「家頭教尾」（養育子女）、「竈頭鍋尾」（家務勞動）、「針頭線尾」（漿洗縫紉）外，還要承擔起「田頭地尾」（耕種田地）職責，所以可以說，客家婦女是擔負起了客家族群經濟生活中裏裏外外一把手的角色，客家婦女把家務勞動和生產勞動雙肩挑，為了謀取生存所表現出的自主自為、刻苦耐勞、勤勞儉樸等特質。陸緋雲認為客家婦女的生命周期可分為三期，這三期就是為人女，為人婦，和為人母階段。在為人女及為人婦時雖然對家庭的經濟貢獻很多，但是所付出的勞力與地位是不成正比的。不過隨著客家婦女年紀越大，透過生活經驗的累積與對家庭的貢獻，卻能變得越有威望與地位，而這個時期就是進入老年階段的為人母時期。〔註40〕

　　石壁部堂的師姑們，原本就終日忙於家務與農作，當他們開始接觸母娘時，還在為人婦的階段，上要伺候公婆，下要養育子女，內要操持家務，外要下田耕作、蓄養雞鴨豬隻。雖然要付出許多勞力，但是地位不高，上有公婆做主家內事，對外也是先生當家做主，她們的生活就是以家庭為重心，離不開家庭的規範與枷鎖。不過當這些師姑開始進入法華山接觸母娘，成為母

〔註40〕陸緋雲，〈性別與族群：客家婦女社會地位的反思與探討〉，《客家文化學術研討會論文集》，（台北市：行政院文建會，2002，頁539～552。）

娘的信眾時，她們的生活圈就被開啟了不同的面貌，可以在每日忙完家務之後，背著孩子走到法華山拜母娘，向母娘祈求心中所想之事，心中有所寄託與藉慰，這些婦女的身分就不再是某某家的媳婦而已，還可以是母娘的契子女，在母娘的面前每一個人都是平等的，母娘的慈悲是每一個人都能共享的。

當婦女們開始能通靈時，她們因為有這些特殊的能力與身份，除了能跨越出家門，從事宗教活動之餘，還可以藉由與神明的溝通能力，在信徒前開口說話並佔有一席之地，並能得到紅包收入改善家庭經濟，因此在她們邁向客家婦女生命週期的人母時期，同時也已經是能獨當一面的靈媒，有自己的經濟能力，能為信徒消災解惑，於是她們的地位自然與一般的婦女有所不同。據筆者的口訪與調查所顯示，這些石壁部堂的師姑在家中，能因為有經濟能力而得到權力與地位，師姑的收入也是養育子女生活重要的來源；在廟中，師姑們能與神溝通、問事、消災解厄，得到信徒的信賴與景仰，因此信眾對於師姑們都是相當敬仰、尊重，相對的紅包之禮也不會少，在這兩者之間不斷的循環下，石壁部堂的師姑不論在家中或廟裡地位都是得以提高，且相當崇高。

第三節　林千代的宗教影響力

一、盧勝彥

（一）盧勝彥與林千代的師徒關係

盧勝彥是新興宗教團體真佛宗的創辦者，自稱蓮生活佛，法號：「紅冠聖冕金剛上師蓮生尊者」，他年輕時為基督教徒，後在台中玉皇宮遇到林千代後，開啟了人生不同的道路。盧勝彥在 1975 起開始寫作「靈學」書籍，1982年移民美國西雅圖後正式成立宗派，〔註41〕至今在全球有 348 個雷藏寺、分堂及同修會組織，其中台灣就佔了 80 個，〔註42〕真佛宗在台灣是發展相當蓬勃的教派。

至於盧勝彥與啟蒙老師林千代的關係，在盧勝彥的著作中有著詳細的描述，他們是在台中玉皇宮相識，其內容為：

〔註41〕丁仁傑，〈對於盧勝彥真佛宗教團的一個初步介紹〉，《社會分化與宗教制度變遷》，頁 541。

〔註42〕真佛宗於世界各地的雷藏寺、分堂及同修會數據資料，筆者於 100 年 2 月 10 日取自真佛網路中文版 http://tbsn.org/chinese2/chapterindex.php

我媽媽有一天到天公廟，玉皇大帝的廟，叫「玉皇宮」，去拜拜。爲什麼我媽媽喜歡去那裡拜拜？因爲那裡有一個出家人叫釋慧靈法師，他在主持玉皇宮。本來玉皇宮是屬於道教的，但是由出家人來主持，這也是注定的因緣。釋慧靈他一共收了八個契女，我媽媽是其中一個。所以她對玉皇宮比較有緣。那個老和尚看起來也是很慈祥，瘦瘦的。釋慧靈請了花蓮石壁部堂牽亡的師姑來到玉皇宮做牽亡的工作，就是「陰陽會」，也就是石壁部堂的師姑給亡靈附身，然後跟陽間的人對話，這個叫做「陰陽會」、「牽亡」。

來的就是林千代師姑，她的日本名字叫「嘰哦」，就是「千代嘰哦桑」，就是千代師姑。因爲牽亡，祖先附在人的身上跟你對話，能夠把生前的事情都講出來。這都是很奇妙的事情，我也很好奇，所以我就到玉皇宮去看。林千代師姑正在做亡靈跟陽間的人一種面會工作的時候，突然間講，瑤池金母要找一個人。廣播器就說了，瑤池金母要找一個姓盧，叫盧勝彥的人。她要找我，我就走到前面，跟林千代師姑說：「我是盧勝彥。」林千代師姑當時說：「你跪下來」，我說：「我是基督教徒，我不跪偶像的。」她說：「你跪下來就知道了，瑤池金母已經找你很久了。」「我不認識祂，祂找我做什麼？」林千代師姑講：「你跪下就知道了。」我當時就跪下去，一合掌，手就自然地輕輕搖動起來。你們會啓靈的就知道了，就是那一種現象。我注意我自己的手，確實有一種靈的力量來牽引我的手來動的。

然後千代師姑就講：「你眼睛閉起來。」我眼睛就閉起來。我說：「我看到光耶！」中間有一個圓，周圍有很多光芒在放射，那光芒是非常細的光，像纖維一樣的光芒向四周放射，我看到瑤池金母，看到阿彌陀佛，看到地藏王菩薩。她就問我：「你看到嗎？」我說：「我看到光，看到佛菩薩，祂們都跟我講話。」「還有玉皇大帝。」她說：「玉皇大帝寫兩個字給你，你有看到嗎？」我注意看一下，空中有紅色的布垂下來，上面寫有「忠義」兩個字，鋪在紅色的布上面。我說：「看到了。」她說：「看到了就是啦！」

千代師姑就講了一句話：「你將來的責任很重，你要出去弘法度眾生。瑤池金母找你很久啦！你有責任出去弘法度眾生。」我那時候心裡想，我什麼也不會，我怎麼度眾生？「你說度眾生，度什麼生啊？」她說：「眾生。」「眾生是什麼？」「眾生就是人，你要出去弘法、出

去說法，要去度眾生。」「我職業是軍人耶！我是阿兵哥。」她說：「瑤池金母講，你要不要升官？」我說：「我本來就是官啊「我求不要調得很遠，像金門、馬祖，或者是調到大膽、二膽，或調到最前線，或距離我家太遠。」瑤池金母說「好！就答應你這個。」所以我服十年的軍官役，全部在台中。……我這個人很感恩，是屬於比較有感情的人，千代師姑過世的時候，我很想去參加她的追悼會，但是那時候我隱居閉關，所以就請了台灣的一些上師代表去。因為千代師姑她在遺囑裡面特別交代，一定要請真佛宗的上師來給她做超渡。我上一回回台灣也特別到花蓮，到千代師姑的石壁部堂去那裡參禮，又到千代師姑的家見她的大兒子、二兒子、三兒子等家人。我當年在玉皇宮所遇到的就是千代師姑，由於千代師姑叫我的名字，叫我合掌跪下去，從那時候開始，我認識了瑤池金母。瑤池金母給我開了天眼，讓我能夠看見一切。所以我這一生命運的轉變，就是從二十五、六歲開始，千代師姑在玉皇宮叫我的名字，還有玉皇宮的釋慧靈，還有瑤池金母，這些因緣加在一起，改變了我這一生。然後我得到了所有的靈感以後，再跟眾生接觸，開始寫書，使我這一生的命！」我畢業的時候就是少尉。她說：「瑤池金母會讓你很順利地一直升官。而且會幫助你，你要求瑤池金母什麼？」我說：運完全都改變了。〔註43〕

而丁仁傑對此段歷史提出，他訪談當時在場者所了解的故事版本是：盧勝彥的母親是一位篤信民間信仰的人，在台中玉皇宮進行牽亡魂，執事者為尪姨林千代，而死去親人的亡靈在牽亡魂過程中指名要和盧勝彥見面，但盧卻未到場。盧之母親第二天只有再來一次，並帶盧前來，自此盧在林的引導之下，開始進入一個他所從未接觸過的神靈世界。〔註44〕

以上兩文所說的內容稍有不同，筆者認為盧在書寫自己獲得啟靈的經驗，是要展現出自己有道緣，表示他是由仙佛認可來渡眾生的，以正統道教瑤池派為依靠，而經過此次開天眼之後，就可見到仙佛，並成為瑤池金母的信徒。因此盧勝彥進入民間信仰的世界，和林千代的帶領有著絕對的關係，可以說盧勝彥在1969年25歲時透過林千代，成為領了母娘懿旨來渡眾的神職人員。爾後林千代長期

〔註43〕盧勝彥〈真佛宗是正信的佛教〉，世界真佛報，第685期，2008年3月23日。100年2月10日取自 http://www.wtbn.org/685/p685～04～01.shtm。

〔註44〕丁仁傑，〈對於盧勝彥真佛宗教團的一個初步介紹〉，《社會分化與宗教制度變遷》，頁549。

協助盧勝彥進行宗教修煉，盧勝彥也多次到花蓮石壁部堂接受宗教上的訓練與培育，並於 1973 年（29 歲）在台中有了自己的神壇，稱「慈惠雷藏寺」，開始爲民間信仰的信眾解決各種疑難雜症，走向一個獨當一面的執事者。〔註45〕盧勝彥曾說過：他所拿到的第一張執照就是——慈惠堂石壁部堂盧勝彥道長，〔註46〕可見得石壁部堂就是盧勝彥的根源，也是他以道教爲其重要的開始。

　　1982 年 6 月盧勝彥全家移民美國，定居於西雅圖，以「靈仙宗」爲名，成立「靈仙精舍」的道場，後因道場名稱遭他人冒用，於 1984 年改名「眞佛宗」。1983 年他自稱密教的「紅冠聖冕金剛上師」，1986 年自行圓頂，開始以出家眾的身份來帶領教團。此時盧勝彥由一個民間信仰的推廣者、執事者轉變爲一個現代宗派的創立者。1989 年時，盧勝彥將眞佛宗組織制度化、管理化，藉由完整的組織架構，鞏固自己無上權威。〔註47〕

圖 4-17：爲盧勝彥贈千代師姑之親筆簽名照（鍾玉秋提供，彭盈潔翻拍）

〔註45〕丁仁傑，〈對於盧勝彥眞佛宗教團的一個初步介紹〉，《社會分化與宗教制度變遷》，頁 550。

〔註46〕盧勝彥於 1990 年 9 月 13 日在中和慈惠堂的演說稿，收錄於謝瑞明主編〈眞佛宗與瑤池金母的因緣〉，《眞佛密法與瑤池金母》，（倡印：台灣雷藏寺、花蓮慈惠石壁部堂，增訂版），頁 7。

〔註47〕丁仁傑，〈對於盧勝彥眞佛宗教團的一個初步介紹〉，《社會分化與宗教制度變遷》，頁 552～594。

（二）師度徒 徒度師

　　盧勝彥自稱在全球擁有 40 萬弟子，〔註48〕可謂是一大宗派的領導者，多年後卻傳出了「師度徒 徒度師」的事件，眞佛宗弟子間傳言林千代師姑因其師尊的書聲名大噪，因此師姑非常推崇師尊，1986 年 8 月 30 日林千代師姑前往美國參加西城法會，接受蓮生活佛賜授的皈依灌頂，成爲眞佛弟子。〔註49〕盧勝彥也在千代師姑往生後，爲了紀念她所寫的一篇文章中提到：

　　林千代師父（嘰哦姑），她是使我人生一大轉變的一個人。

　　驀然回首：

　　台中玉皇宮的往事歷歷在目。「嘰哦姑」是台灣首屈一指的通靈人，
　　她在台中玉皇宮「牽亡」。我去了玉皇宮。於是，瑤池金母、嘰哦姑、
　　我，連成一線。我也成爲了通靈人了！一切事情就是這樣，嘰哦姑
　　度化我，後又歸依我，就是這麼一回事。〔註50〕

　　對於「師度徒 徒度師」的說法，筆者訪問過數人，但這些千代師姑身邊最親近的人，都一一否認千代師姑有皈依眞佛宗。千代師姑的媳婦說：「這句話並不以爲然（指「師度徒 徒度師」），可是我們又不能批評，因爲他們記那個是雜誌呀！他要登是他的事情，可是我們並不以爲然。」〔註51〕沙鹿石壁分堂的蔡堂主說：「盧勝彥去發展他的眞佛宗密宗，後來變成好像講話有點誇大，變成說好像林千代後來反過來拜他爲師，老師又反過來拜他，可是我們好多次問了她有這回事嗎？她說沒有。那個影像好像是用一種攝影剪接、電腦合成的方法做成的，在他們教內很流傳啦！這個老太婆她其實是在跪拜他的三寶佛，後來變成好像拜他一樣。這是用剪接、合成、角度這些方法，在網路上放。」〔註52〕

<hr>

〔註48〕丁仁傑，〈對於盧勝彥眞佛宗教團的一個初步介紹〉，《社會分化與宗教制度變遷》，頁 584。

〔註49〕筆者參與石壁部堂 99 年堂慶時，聽聞眞佛宗的弟子告知此事。在數個網站上也可查到 1986 年 8 月 30 日在西城秋季法會上林千代師姑皈依盧勝彥的訊息。資料來源：100 年 2 月 25 日 http://www.tbsdayi.org.tw/book/index.php?option=com_content&view=article&id=11&Itemid=26 、http://tw.myblog.yahoo.com/jw!uqyY2UWeGQNqbaciCYvdw122Fys4Zw--/article?mid=313、http://blog.udn.com/yichih1997/4437866。

〔註50〕盧勝彥，〈寄「千代」師〉，《寂寞的腳印》，（桃園：大燈文化事業股份有限公司，2006 年 6 月），頁 14～15。

〔註51〕99 年 6 月 8 日下午於鍾玉秋家中進行口訪。

〔註52〕100 年 1 月 24 日下午 2 點～4 點於沙鹿蔡宗宏自宅進行口訪。

住在中壢的 T 師姐也說：「不是說眞正的拜師啦！我是覺得她沒有這樣講過，她有跟我講這個問題過，她跟我說：『亂寫，那有什麼拜師！』」。〔註53〕從筆者的訪談者口中，可以知道千代師姑的說法是她沒有拜盧爲師，只有眞佛宗的弟子才會這麼說的。筆者曾在訪問金極雷藏寺的王師兄時，也曾聽其底下的弟子告知這個師拜徒的故事。那麼，爲什麼盧身爲一個知名宗教的領袖，要如此宣稱此事呢？

筆者認爲，漢人對於死後世界的無知與恐懼，因此對於鬼魂是害怕居多，特別是對於鬼魂害人的印象，根深蒂固，只要有不順遂事情發生，多會聯想到被陰魂糾纏。而林千代所擅長的即是與陰的打交道，進行溝通、調解，因此眾人對於林千代推崇有加的地方，就是她與陰魂溝通的能力。盧勝彥雖具有神通，從他的作品中也能看到他極力想展現出與神鬼溝通能力，但盧畢竟是知名的新興教派領袖，除了眞佛宗所舉辦的祈福消災法會外，一般人並無法與他有所接觸，即便是遇到災厄時，也不一定能得到他的幫助，於是盧勝彥的能力究竟到何種程度，事實上眾人多只能從書中所見，然書寫者亦爲盧勝彥，難免使人產生自我宣傳的質疑。

反觀林千代，民眾只要打電話連絡，或是親至石壁部堂，就可以得到她的協助，解決陰的問題。因此有許多眞佛宗的弟子在遇到問題時，所想到的求助者是林千代，而不是遠在美國或其他眞佛宗分會的師尊。甚至盧勝彥在閉關靜修時期，無法替人辦事時，也會告訴找他的人，可以直接去找林千代解決問題。〔註54〕因爲林千代的能力爲眾人所肯定，因此盧勝彥即便在成名後，仍稱林千代這位青衣婦人爲啓蒙老師，當眞佛宗弟子因林千代的協助解決困難後，其對林千代的崇信，認可林千代的能力之餘，當然也會更加認同他們的師尊，因爲盧勝彥可是林千代的第一位弟子呢！後期眞佛宗所聲稱林千代因盧勝彥的神通能力，而反過來皈依盧勝彥，姑且不論此事的眞相究竟爲何，但盧勝彥此舉之用意，筆者認爲他還是很推崇林千代的通靈能力，因此藉由這種宣傳，利用林千代的能力與名氣，使自己獲得更高的地位，畢竟林千代常年無休，總是站在第一線處理民眾事務，她的能力是眾人親眼所見，除在台灣外，在許多國家的華人社會是能力、名氣、聲望、地位都相當受到

〔註53〕100 年 1 月 21 日上午 10 點～12 點於中壢 T 師姐自宅進行口訪。

〔註54〕100 年 2 月 10 日取自眞佛網路中文版 http://tbsn.org/chinese2/article.php?id=4590。

肯定與尊崇的靈媒，與盧勝彥是出書來展現能力仍有相當大的差別，因此盧勝彥會宣稱林千代反過來皈依他，成為真佛宗弟子，是可以理解其動機的。

二、台中沙鹿石壁分堂

（一）千代師姑與第二位弟子的相遇

沙鹿石壁分堂的主持者蔡宗宏師兄，是林千代師姑除了盧勝彥之外的另一名弟子。蔡師兄〔註55〕談起他與林千代的相識前，是不信鬼神的人，結婚後與家人一起坐上行走於中橫的金馬號到花蓮來玩，他的母親是來花蓮拜一貫道的老母娘，他們後來到慈惠總堂進香，他看到周圍的人都在訓身跳舞，相當不以為然。後來就有一位帶團的人說要帶蔡師兄去找一位盧勝彥的師父，此人具有陰陽眼的，名字叫做「嘰哦」。蔡師兄說：

> 嘰哦是日本名叫做千代啦！她是可以看陰的，可以牽亡。後來認識了後，她很好禮，千代師姑就說要找我啦！我就沒有信她這種人，我就覺得她是跳童的，就不理她。去到那間廟（指石壁部堂），那時候還是小間的廟，旁邊有一棵榕樹，一張椅子，我在旁邊就坐著，大家就進去拜了，她們拿香進去拜，我就在外面向外拜一拜就把香插下，就不管她，我都不進去就坐在外面。後來千代就衝出來，叫我日本名「hiro」，我說妳怎麼認識我，她說：「就母娘啦！就你hiro，找你好幾年啦！」我說我沒有跑去躲呀！我每天都在呀！就這樣開始，還說我一些未來的事，講我們家裡一個禮拜後的事情。〔註56〕

這就是他與千代師姑認識的開始，聽起來這個認識的經過，也是千代師姑主動出來找蔡師兄，說是母娘找他好幾年了，如此看來，千代師父的徒弟都是母娘所找的，而不是千代師姑自己想找的。而被神找到的蔡師兄，也不是馬上就信服千代師姑，當時，他有一份在石油公司上班的正職，在當時算是不錯的行業。

> 後來家裡真的發生事情了，那我就很不服氣，那我就要找她這個妖婆，我就以前在石油公司上班，在加油站，在台中。晚上去公路局就坐金馬號，晚上我過去，到花蓮時大約早上六、七點。我就去找她，她在家裡在切豬菜，她說我知道你要來耶，昨晚土地公有跟我

〔註55〕下面文內會以蔡師兄來稱蔡宗宏。
〔註56〕100年1月24日下午2點～4點於沙鹿蔡宗宏自宅進行口訪。

說你這個忤逆頭要來找我。她想一想說：「我實在很忙，要工作、要拜神、下午還要牽亡，你現在又要來問我一些有的沒的，問那些有神論、沒神論一堆。」我笑一笑說：「妳又要叫我信，要說神找我幾年了，妳要沒有給我哭，誰願意做這些事情呀！」我講話也是很現實喔！可能金母跟她說，要她把我帶著，吃早餐啦！我也很不客氣的吃。〔註57〕

　　蔡師兄第一次與千代師姑相識時，千代師姑說了許多他家中未來一星期後會發生的事情，結果事情發生後，蔡師兄覺得很不服氣，於是再次去找千代師姑，千代師姑卻說在前一日土地公就告訴她：今天蔡宗宏會來找她了。而他們之間說話的方式也很直來直往，可以看出都是性情中人。蔡師兄在拜千代師姑為師前，一共去花蓮找過她七次，在第七次過去找她時甚至是有備而來的，準備了考題！

　　那我就覺得她有一個很奇怪的地方，妳講事情講得那麼準，那時候我對牽亡沒什麼了解，為什麼未來的事情她都講得那麼準，只要她高興她就講出來。那我前後自己坐車去花蓮總共七次去找她，最後一次去之前，第六次回到家裡，所有鄰居瘋的、傻的、起笑的、死沒多久的，我全都探聽，連門牌號碼幾號、名字都記下來。她說：「你今天來都記好要拿出來看一下」，真準，例如：「這個女人你們自己人（我嬸嬸），酒喝下去就穿得很少，會脫衣服。」「這個做道士就很正經，沒做道士就三餐不繼」「這個就出生就傻傻的」「這個就不在了你還問」我聽後就說：「妳身上有蠱術呀！妳今天是女人啦，要是男人的話，我一定手伸進去把妳拿出來啦！」她說：「沒有啦，沒有這回事啦！」她有講一句話：「你今天來，你不會那麼早回去，就是要看我牽亡。」她很厲害，她心通喔！我說：「是。」結果我那天中午也在她家吃飯呀，她後來說我怎麼拜你就跟著拜，看到地藏王菩薩要下去前，她就說我拜到這裡你就不要跟我說話喔，她這樣跟我說，我就跪下去，心裡想說這個女人是真的還是假的，不曾看過她牽亡，上次第一次來是一大群人大家都在問事情，現在怎麼說她要牽亡。我記得在問的時候，第一個是閩南人，是我們豐原這邊的人去問，問完我問他有準嗎？他說：「真準、真準。」說她弟媳婦是

被車撞死的，真的。第二個是客家人我就聽不太懂，我就問他說這樣有準嗎？他就說：「有準、有準。」這個亡魂以前就是發燒失救死的，以前的醫療沒有現在這麼好。只要她牽一個我就問一個，心裡想：「哇！這個女人。」〔註58〕

因為這次的經驗，才讓蔡師兄心中對千代師姑開始信服，於是最後他才願意拜林千代為師，但在拜入師門之前，千代師姑還先一一徵得蔡師兄家人的同意，才收他入師門的。不過蔡師兄一入門後，千代師姑就拍了他一下，讓他覺得似乎有個閃光一現，隨後千代師姑就說接下來要看他表演了，就要他牽亡魂，所牽的亡魂就是蔡師兄的小弟。雖然他在牽亡時小弟說的話他都不知道，但是他問在場觀看的母親他牽的準不準，他的母親說很準。

有一次，我們一家人不知道幾個人去，她就說我等你們等了一個多小時，神就說要我等你們，好像你們很大。我就想奇怪，等我們幹什麼？後來她穿青衣過來就說我們一家多少人過來，我就說：「不對！妳多說一個。」我專門找她毛病。她說：「唉呀！你小嬸肚子裡還有一個啦！真的耶！」她說：「你昨天有想一個晚上，神有跟你說，你現在願意相信了喔？我昨晚跟你的祖先講好了，你的祖先願意，現在我要問你的老婆」她問：「妳先生以後跟我一樣做這個工作，妳有同意嗎？」我老婆說：「他不會，他要是會做要去做我隨便他。」這樣就是要喔，接下來又問我的父母。我爸爸笑笑說：「我這個兒子很忤逆，他哪願意做這個，他要做就好。」問我媽，我媽說：「這個天壽子，鐵齒，這個要是做乩跳童好！跳童好！」千代師姑說：「這樣好，這樣你就入門了。」我記得入門第一件事就是去給她拍一下，人是站得住，但就好像閃光一現一樣，她就說拍入門，站得住不會倒，感覺到人會暈一下。她說：「等一下要看你表演了，你要牽亡。」要我牽亡，嚇死我了。要牽誰？牽我小弟啦！我真的有牽耶，牽好的時候，我小弟要出去，我也感覺到他要走出去，我抓他不住，我人就蹲下去，人家就把我扶住。然後我問我媽，牽得有準嗎？我媽說有準，我小弟的事情，以前在嘉義靜德堂，有一間是佛祖的，那裡牽亡是師父都說番語，一位尼姑來翻譯這種番語來給大家聽。嘰哦姑在牽亡是說亡者生前的話語，那靜德堂牽亡是說祖先，阿公、

〔註58〕100年1月24日下午2點～4點於沙鹿蔡宗宏自宅進行口訪。

阿嬤、阿祖都叫他們的名，叫那五、六代的名，他是這樣和我們不同，奇怪怎麼會這樣。我也不知道我小弟在那裡做公德，我們燒很多錢給他，我問我媽，她說對啦！我小弟附我身時說他有很多錢啦！公德做很多，他都寄放在佛祖師父那邊，我們都不用燒給他，一毛都不用。還說他的衣褲都很漂亮，在那裡都一套一套給他穿，還說他要走了喔，三點多他要回去念經了，要回去幫忙用。最後他還說他是尼姑帶來的，不是土地公喔！是尼姑帶來的，就這樣慢慢說、慢慢說。〔註59〕

　　在蔡師兄經歷過第一次牽亡魂的經驗後，千代師姑就把他叫到母娘的面前，問他是否願意來辦是牽亡魂？但是蔡師兄拒絕了，他只願意用問事的方式來進行，千代師姑也沒有勉強他，就讓他以自己要的方式來辦事。後來蔡師兄要千代師姑教他功夫，千代師姑就說當初也沒人教她呀！諸如石壁部堂這些師姑等人，最後學會的神通都是神所教的，並沒有其他師父指導。因此像盧、蔡等人能學會神通，千代師姑也不是直接指導者，她只是一個在中間負責引導、溝通的角色，更像是母娘手中的一顆棋子，藉以引出更多的通靈者。

　　最後她怎麼跟我說，她把我拖到金母面前，反正我也沒有在怕金母的，沒做壞事，沒做壞事祂也不會抓我。她說今天有一個很大的問題，我牽一個今天很厲害現在在美國，那叫做盧勝彥，那如果把你牽成功，叫你牽亡你要嗎？我說：「不不不，叫我牽亡我會哭」，真的，我牽我小弟時就哭了「妳牽亡的時候有哭我有看到，不要不要，不要叫我牽亡，做別的可以嗎？」這句我要是就答應了，或許現在我就搬去你們那裡住了，變成我在牽亡，我們說實在的。「牽一個亡我不要，牽一個牽整個下午，還要哭成這樣，非常的不划算」我本性就是這樣的人。她說：「不然你要怎麼辦？」我不知她是神來附身的，我說：「這樣啦，辦事這樣啦，我要是會的就向人說一說啦！那有錢人就去美國找盧勝彥啦！那窮人來找我啦！那比較困苦難過的來找我就好啦！我知道的就跟人說，不知道的就沒辦法。」她說：「你這樣說定了喔！」她就拿五柱香，叫我跪下去拜拜，我想拜拜還不簡單，常常也跪著拜，然後就開始了。開始我又要煩惱了，我要問

〔註59〕100 年 1 月 24 日下午 2 點～4 點於沙鹿蔡宗宏自宅進行口訪。

神又要用符,我又不會用符,最古早時,我都用爐丹給人,就是用香灰。我就問啦,這是重點:「妳也教我一些功夫!」她卻跟我説:「以前誰要教我功夫?以前沒有人教我功夫耶!」我就奇怪,沒有人教妳功夫,妳牽亡時卻會説日本話、原住民的話、美濃客家人、東勢客家人、新竹客家人、客家話有很多種嘛!她説:「我也不知道,好像是神會教耶!就是神會教啦!」〔註60〕

(二)千代師姑與蔡宗宏的互動

蔡師兄與千代師姑之間不僅是師徒關係,蔡師兄的女兒還嫁給千代師姑的二兒子楊松華,於是師徒關係再加上親家關係,親上加親。在筆者口訪的過程,有數位訪問者,一談起千代師姑這個位於沙鹿的親家,就説那位是跟千代師姑來往最密切的人。一年之中,千代師姑除了出國辦事外,不是在石壁部堂牽亡,就是住在沙鹿親家那裡,常常一住就是一、兩個月。而千代師姑不論在國內或出國辦事,大多是由沙鹿親家陪伴、協助及照顧,蔡師兄説千代師姑去辦事的國家相當多,包括了美國、關島、澳洲、加拿大、印尼、馬來西亞、日本、新加坡、大陸、菲律賓、泰國、柬埔寨,其中以去印尼最多次。〔註61〕有許多人都到他這裡找千代師姑辦事,或是拜託他幫忙聯絡千代師姑。千代師姑會開始到台中牽亡魂,也是蔡師兄建議的,因為蔡師兄覺得石壁部堂太遠了,要牽亡的人都得翻山越嶺,有時當天排不到牽亡的時間,還得設法找過夜的地方,因此就這樣提議:

她來這裡牽亡就是我講的啦!你們石壁在蓋廟,在那邊牽亡牽又必須跑來跑去,跑去牽亡牽沒有又要明天再來,人家要一趟趟的車牽亡才能回來,要過夜等到明天下午才能再牽亡。那這樣妳回去跟母娘説,回去跟董事長董事會他們説,人家往來的車錢寫在石壁這邊,要是牽有準要獻錢,都拿回來蓋廟。那就是我膽子大,讓她正式來這裡牽亡的。她一次來牽亡都差不多一個多月喔!講得很準,來這裡牽亡的人數超過你們花蓮,因為高速公路這裡剛有嘛,像有台北人來牽亡,牽沒有又回去,隔天又再過來牽,像現在就比較不可以這樣了,因為現在會塞車,真的人都跑過來牽亡。〔註62〕

〔註60〕100年1月24日下午2點～4點於沙鹿蔡宗宏自宅進行口訪。
〔註61〕100年1月24日下午2點～4點於沙鹿蔡宗宏自宅進行口訪。
〔註62〕100年1月24日下午2點～4點於沙鹿蔡宗宏自宅進行口訪。

蔡師兄建議千代師姑到台中來牽亡，以方便更多有需要的人能得到服務，而牽亡所得則是貢獻回石壁部堂，讓當時正在籌備資金蓋新廟的石壁部堂有更多的收入。另外蔡師兄也提到他們一起去辦事的故事，從這些故事中，筆者也得知原來千代師姑在台中時，有許多政商名人都曾找過千代師姑呢！而千代師姑都利用這個機會幫石壁找經費，從這裡也可看出，千代師姑對於石壁部堂蓋廟的貢獻真的很大，也十分有心。

> 她以前跟陳啟禮非常非常好，陳啟禮他不會去拜石壁部堂，他是直接找她的啦！以前還有一些中央的官員，還有一些白道的、黑道的常常去找她，這是真的。她就是有一個好處，她不會去攀延，也不會去說紅包要多少，她至多就是跟人說：「我們廟現在要建什麼？要用屋頂，你要你們的員工都一人出一些，這就是在跟人家要錢。」她常常也跟我說，這錢也不是要拿來享受的，這樣跟人講啊，不然那間廟為什麼可以那麼大間？〔註63〕

在蔡師兄的眼中，千代師姑是一位非常有愛心的長者，看到或聽到人家有困難，總會掏腰包去助人，對於神的供奉非常大方，該花的費用也絕對捨得花，因此蔡師兄總說：「師姑一死對石壁部堂是最大的損失」。

> 曾經有從高美來的一對夫妻帶著一個寶寶，那個人來說師姑叫她們先來這裡拿錢，我說我跟你都不認識，師姑說叫你來向我拿錢，那請你先上樓坐，我打個電話向師姑印證。我打電話說：「老師，你怎麼會叫一個人某某什麼人，住在清水高美那裡，妳怎麼叫她們來跟我們拿錢？」她說：「對啦！沒關係啦！她們很可憐，小孩腳這樣要看醫生沒有錢啦！妳先幫我拿幾萬元借她們這樣。」我說這樣有確定嗎？她說：「有啦有啦！她們來找我，你先拿給他，改日我過去時再給你。」因為有確定呀，所以我就拿出來給她們呀！就這樣，沒有很熟，也沒有還的喔！我就說不是說何時要還，怎麼沒有還？師姑就說：「母娘說的，沒還就算了。」〔註64〕

> 以前還在我這邊靜養的時候，石壁那邊的人來看她，她卻對我說：「妳去上面拿我的皮包下來。」我就去幫她拿下來，她接下來算一算，拿出算到何時的插花錢，叫人家先幫她拿回去，還交代接下來等到

〔註63〕100年1月24日下午2點～4點於沙鹿蔡宗宏自宅進行口訪。
〔註64〕100年1月24日下午2點～4點於沙鹿蔡宗宏自宅進行口訪。

哪時她回去花蓮了，還有多少插花的錢再跟你算。那個插花的錢，她要錢先給人家喔！我們就跟她說妳人就不舒服，爲什麼就要這樣啦！她就說那個石壁供奉神明的插花的錢是她自己要出的。〔註65〕

我說：「妳怎麼肉粽錢先拿給人？」「就七月要到了，包肉粽的他來看我，眞有情耶，來看我，知道我們身體不好。」時間未到肉粽錢就拿給人了，我說她的把戲實在有夠多！現在廟裡差多囉，拜拜都用素的，我氣得不得了，罵一罵，現在有好一點。我說，明年超度要是又都用素的，我說你要是不用葷的，我錢寄過去，我就不願過去了，那對人過不去呢！有多少信眾是吃葷的，拜託，那也不要這樣。千代那個人就是不怕人家吃，對神的方面能花錢就盡量花，她說若沒有錢那就看她的，你看她那種個性是什麼個性。〔註66〕

圖 4-18：在石壁部堂的牆上可見到千代師姑在建廟時捐獻芳名（彭盈潔拍攝）

千代師姑是責任感強、講信用的人，與他人約好要辦事，總是先準備好來等人，有一次提早去等人，還沒等到要來接她的人，就因爲她特殊的模樣，讓眞佛宗的弟子先認出來了。蔡師兄說到這段故事時，也忍不住笑了。他說：

以前退休的台南市長張麗堂找她，她的人就很奇怪，她是老師等徒弟，例如：她跟人家約早上九點在台北車站等，她八點就把行李抱

〔註65〕100 年 1 月 24 日下午 2 點～4 點於沙鹿蔡宗宏自宅進行口訪。
〔註66〕100 年 1 月 24 日下午 2 點～4 點於沙鹿蔡宗宏自宅進行口訪。

著在那裡等。譬如說我們用轎車把她載到那裡，應該是約九點見面的，她就說要我八點把她載到台北車站，她現在行李抱著八點半就在台北車站外頭走來走去，我就說：「好了啦！進去裡面坐下等，妳不要在那裡走來走去，妳那個模樣鬼也認識妳。」她那個模樣就沒人有。我說：「妳不要再出來了，妳再出來，等一下人家就跪妳。」才一說完，就有兩個人朝著邊撲下跪拜。她說：「你們是誰？」他們說：「姑呀！我們就是加州的，在那裡我跟你見過面」我說：「好啦好啦！在台北車站不要跪。」後來她就進來，進來坐著後，等一下又有兩個人進來跟她跪。我實在覺得很好笑，沒說沒事，說了就一直有人跪，其實就握個手跟他們說說話就好。〔註67〕

　　從上述例子中，可展現千代師姑守時的美德外，亦可看出真佛宗弟子對於千代師姑的愛戴與尊敬。千代師姑的身體如果不舒服時，她都會在台中沙鹿這邊養病，生活起居都由蔡師兄夫妻倆人照料，蔡師兄說只要千代師姑身體不好時，都來他這裡休養，而蔡師兄提到，千代師姑就算是身體不舒服了，還是不忘約好的事，都不會考慮到自己的身體，只先想到與人家的約定。中壢的 T 師姊也說師姑身體不舒服，常常都是打個針、吊個點滴，就從花蓮坐飛機趕上台北辦事了。

她身體不舒服時都是在這裡休養，她都躲在我這裡，我保護她，她都扮白臉，我都扮黑臉。人家找她辦事情很囉唆的，我都說她不在家，她人就在這邊，我都說不在。有時候她跟人家講好的，我都說對不起她現在在睡覺，你晚一點再來好了。其實她人在這裡沒有睡覺，她說：「剛才誰打電話？她人不是來了嗎？」我說妳要幹什麼？她說：「我們約好了」，我怎麼瞞她，她的神明會告訴她，讓她閃都閃沒路。〔註68〕

她對我真的很好，有什麼問題都找她，妳看我有時候六點打電話給她，她去打點滴、打個針，趕十點多就到台北，我們才去接她過來，事情辦一辦坐一下，看誰還有問題，就用一用，有時候就給別人接走，這樣子。〔註69〕

〔註67〕100 年 1 月 24 日下午 2 點～4 點於沙鹿蔡宗宏自宅進行口訪。
〔註68〕100 年 1 月 24 日下午 2 點～4 點於沙鹿蔡宗宏自宅進行口訪。
〔註69〕100 年 1 月 21 日上午 10 點～12 點於中壢 T 師姐自宅進行口訪。

即便千代師姑最走到生命的盡頭前，身體已經相當不適了，還是念念不忘與人約定好的事情，還說自己要去印尼辦事。

> 她要死之前兩個月來我家，還跟我說她要去印尼，我說妳已經病了瘦到皮包骨了，妳若眞的要去辦事，我就叫誰叫誰都不要跟妳去，看妳要怎樣去。我說不要啦！你病成這樣。她說我已經答應要去了，我說妳要是在那裡死掉怎麼辦？那妳會很熱鬧喔！那這樣大家就要去機場迎接妳喔！我叫他不要去，她說要怎麼辦？我看她一天一天不一樣了，走路就走不穩了，我叫她乾脆回去花蓮。〔註70〕

最後千代師姑是到桃園，蔡師兄又請人打電話催促千代師姑快點回家，剛好那時有颱風警報，蔡師兄就告訴千代師姑等颱風過後就快點搭飛機回花蓮。而千代師姑回到花蓮後就去慈濟醫院開刀，走完人生最後一段路。

　　從筆者對蔡師兄的訪問中，感受到千代師姑與蔡師兄師徒間的感情眞的相當深厚，千代師姑出去辦事都會約蔡師兄一同前往，而身體不好時，也都在蔡師兄那裡休養，筆者就曾聽 T 師姊說：「蔡師兄是千代師姑唯一承認的弟子」，對這句話的解釋，蔡師兄是這樣說的：

> 其實說到承認，盧勝彥她也承認啦！後來盧勝彥去西雅圖嘛，他自從離開台灣去西雅圖，跟師姑接觸的機會就很少了，那時候師姑剛好跟我們認識，她就常常接觸出現在我們這裡。〔註71〕

　　千代師姑往生前最後一段時光都是在沙鹿渡過的，也在沙鹿留下生前最後一張生活照影像，這對蔡師兄來說，是意義非凡的。而蔡師兄給告訴筆者，千代師姑死後的骨灰，有帶去大陸天池灑下。他說：

> 她要走的兩個月前，來我們家說，她要是過世了，我們跟他兒子就把她的骨頭燒一燒，往大海那邊灑一灑。我說我做不到這樣。結果有個女人就是嫁來林建華他們這邊，這個人我們叫她「烏魯木齊」，她的先生死了，就在秀麗（爲林千代的二女兒）那邊幫忙做事情，千代師姑生病時，那個人就過去照顧她，那個女生是回教的人，也不知道這個阿婆很屬害，也不知道我的事情，她只覺得我這個人怪怪的。千代要死之前跟她說，妳幾月要回去，妳要去天山的天池那裡，瑤池金母那裡有一間廟妳去拜拜，骨灰灑一灑。結果就眞的，

〔註70〕100 年 1 月 24 日下午 2 點～4 點於沙鹿蔡宗宏自宅進行口訪。
〔註71〕100 年 1 月 24 日下午 2 點～4 點於沙鹿蔡宗宏自宅進行口訪。

千代死了之後，拿了一部分骨灰，她要回去也是千代說的，那罐骨灰就帶著，就去拜拜，骨灰帶著去坐船，因為天池很大，那天開遊艇的人就說戴她繞一圈，算是對她的優惠，逛的時候她就想到千代師姑說叫她把骨灰灑入海，因為新疆西藏有大的水池就叫做海池，山多平原多叫做壩子，她想到師姑叫她把骨灰灑入海，所以就真的把她灑入天池中，原本她沒有灑完，想說不能灑完要留一些做保身符，結果她還沒逛完天池，就聽到有一個聲音說不可以這樣，要全部都灑下去，她就覺得一直有聲音這樣說，就感到很害怕，就趕快把骨灰全部都灑下去。〔註72〕

圖 4-19：千代師姑往生前最後一張生活照，民國 93 年 5 月攝於沙鹿石壁分堂，蔡宗宏家中客廳。（蔡宗宏提供，彭盈潔翻拍）

據筆者所了解，千代師姑死後的骨灰一部分放置法華山的靈骨塔，一部分送回大陸天池灑下，亦燒出了些許舍利子，供奉在家中的佛堂上。

〔註72〕100 年 1 月 24 日下午 2 點～4 點於沙鹿蔡宗宏自宅進行口訪。

圖 4-20：林千代往生後燒出的舍利子（彭盈潔拍攝）

三、千代師姑與玄聖殿的往來

在千代師姑家中的佛堂上的一尊恩主公，鍾玉秋說這是玄聖殿的人請過來的神尊。〔註 73〕另外千代師姑也曾與玄聖殿的人一同出國辦事過，聽聞千代師姑與玄聖殿的人有不錯的交情，是因為千代師姑曾指引玄聖殿的創辦者楊敏枝走過一段修行之路。位於台北三重的玄聖殿也是穿青衣、拜母娘的廟宇，在北部具有相當的知名度。創辦人楊敏枝，是日本人，本名柳川敏枝，因結婚而成為台灣媳婦。人稱楊老師的楊敏枝婚後開始接觸宗教，並在一場重病後體悟自己在人間的任務，就是要如同觀世音一樣慈悲救世。楊老師之後曾在「顯靈宮」效勞，有一晚夢見自己走在一個黝黑深邃的山洞之中，看見山洞的石壁上長出一枝花開並蒂的蓮花，兩枝花梗相連，一枝盛開，一枝含苞待放，她再繼續往前走，就碰到結結實實的石壁，再也走不出去。夢醒後，楊老師就在心中告訴自己要留心「石壁」這兩個字的意義。〔註74〕

有一日，楊老師聽說千代師姑要到台北中和為人進行牽亡魂的儀式，於是她就和顯靈宮的人一同前往，據說當千代師姑第一眼見到楊老師時，臉上就露出會心的微笑，她向楊老師招手，並暫停牽亡魂的儀式，把雙手向空中一比，大喝一聲「嗨！」，楊老師往框框中看卻看不到什麼，千代師姑拼命問她有沒有看到什麼，但楊老師就是沒有看到。千代師姑等得不耐煩後，就先

〔註73〕99 年 6 月 8 日下午於鍾玉秋家中進行口訪。

〔註74〕胡不歸，《渡──楊敏枝大師傳奇》，（台北市：林鬱文化，1998 年），頁 15～
64。

不理她。後來有人教楊老師要半瞇著眼往框框裡看，千代師姑再回來叫楊老師看一次，楊老師這次就看到很亮的金光與亭台樓閣和人影幢幢。千代師姑就滿意地點頭說：「我就知道妳一定看得見，這事我怎麼會看錯呢？」因為這次的經驗，楊老師就收拾行囊，前往花蓮的石壁部堂，並陸續在千代師姑家住了將近一年，隨著千代師姑修行，她們的關係並非師徒，而是千代師姑在她修行的過程中扮演著相當重要的角色，之後千代師姑再帶她去法華山拜蘇石頭公為師。〔註75〕

　　從上面的敘述中，可以知道千代師姑是指引楊敏枝進行修行的人，雖然楊老師並不認為千代師姑是她的老師，而是同修關係，但也不能否認千代師姑在她修行過程扮演相當重要的角色。因此我們可以說，如果不是千代師姑點破楊敏枝，並帶領著她在石壁部堂陸續修行近一年，或許楊敏之最終還只是個在顯靈宮效勞的人，而不能有所精進獲突破，日後也不會玄聖殿的出現。事實上千代師姑或許也將玄聖殿的楊敏枝視為其下弟子之一，因為蔡宗宏曾這麼告訴筆者：「有很多都是想拜師姑做徒弟，師姑說我徒弟很多，他們就說不然我就認妳做乾媽。其實她真正正式有收的，只有兩個，一個是住加拿大，加拿大那個是有正式去拜她的祖先，印尼那個沒有，不過印尼那個是她往生時有回去披麻戴孝，這兩個是很正式的認的，其他的都是她隨口應好的。她的弟子雖然看起來很多，都是她幫忙牽起來的，但真正有在辦事的，只有盧勝彥、我、和玄聖殿的，其他都是隨手幫忙隨便應的。」〔註76〕由此看來，千代師姑所認為是她指導過、真正有辦事能力的弟子就是盧勝彥、蔡宗宏與楊敏枝三人。

四、千代師姑與中壢 T 師姐的故事〔註77〕

　　T 師姐與千代師姑情同母女，T 師姐住在中壢，與千代師姑認識超過二十年了，說起她與千代師姑認識的經過，她告訴筆者她家族中有多位精神病患，她自己早期也是真佛宗弟子，因此透過真佛宗的弟子介紹給很多人處理，但是大家處理後都說：「我實在沒辦法啦！沒辦法了啦！」於是就有個真佛宗的弟子說要介紹千代師姑給她，T 師姐就去石壁部堂找千代師姑了。

〔註75〕胡不歸，《渡——楊敏枝大師傳奇》，頁 65～75。
〔註76〕100 年 1 月 24 日下午 2 點～4 點於沙鹿蔡宗宏自宅進行口訪。
〔註77〕T 師姐接受訪談後，認為認識自己的人太多了，因此希望筆者不要寫出她的名字，筆者基於尊重研究倫理，於是文中以 T 師姐稱呼她。

我先是真佛宗弟子，以前介紹我去找千代的是盧勝彥很早期的弟
子，我是看書看到的，他就講很多靈通的事，我就拜託他，因為我
們家太多問題了，後來他跟我講一句說：「我沒辦法了，我實在不夠
法力了啦！這樣子好不好，我跟妳講，你去找林千代。」就這樣子
跟我講，我才去找她的。〔註78〕

　　她認為自己運氣不錯，去石壁部堂沒有讓千代師姑拒絕，或許是自己與
師姑間頗具緣分，因此當她找上千代師姑後，師姑立即幫忙處理她的事情。
因千代師姑十分忙碌，有的人找了幾次還不見得能遇上千代師姑，可是 T 師
姊認識千代師姑後，有任何事都可能立刻得到千代師姑的幫忙。若 T 師姐來
石壁部堂找師姑，師姑都會當下就幫 T 師姐處理事情，她說：

我每次跟她說我有什麼事，她很快，我不用講完她馬上就知道，她
就知道我要辦什麼事。常常我去到花蓮，把我要辦的事、處理的事
都辦完，她就要回去了。很多旁邊等的人都呆呆的看，欸？不是可
以幫我們嗎？她說：「幫，三點半以後吧！」她就特辦我的，11、12
點後就辦，辦好她就回家，就這樣子。〔註79〕

　　如果 T 師姐是人不舒服到已經無法到花蓮處理了，只要打一通電話，
千代師姑就會立刻過去幫她處理，效率極佳。有次石壁部堂的法會前，家
裡已經一堆客人在等候她，她人還在 T 師姊家幫忙！連千代師姑要往生
前，還不忘交代子女及沙鹿的徒弟要多照顧 T 師姊。從這裡就不難看出她
們的交情深厚。

她對我真的很好，我很感念她，只要一通電話，她就趕過來了！她
就是會幫我弄這些，所以我有時候就是會很感動，上次妳們石壁那
裡做法會，她法會的前一天還在我這裡，下午才趕飛機回去，她家
人說：「我們家客人這麼多你還在外面」。〔註80〕

就是我進這個房子，三天我就急診了，我也差點沒救起來，像上次
大出血，那時候千代師姑她們就趕快問，她就跟我講妳要往哪個醫
院跑，這樣子我還是救回來，真的是她。她跑得很勤，她只要一上
來，她在別人那裡她也會叫別人載她過來，看一下我怎樣。她要過

〔註78〕100 年 1 月 21 日上午 10 點～12 點於中壢 T 師姐自宅進行口訪。
〔註79〕100 年 1 月 21 日上午 10 點～12 點於中壢 T 師姐自宅進行口訪。
〔註80〕100 年 1 月 21 日上午 10 點～12 點於中壢 T 師姐自宅進行口訪。

世她還交代她的兒女說：「要記得喔，要常常去看看 T 姊喔！」跟她
的親家講說叫他幫忙照顧我啦！有問題就要幫我。〔註81〕

　　T 師姊家中有私人的神壇，因此每年堂慶時都會舉辦超度法會，而千代師
姑年年一定都會受邀到場幫忙護持，其他幾位師姑有時也會受邀一同前來幫
忙。T 師姐說她會請千代師姑到場看著，而千代師姑無論身在何處也都會趕
到，即便她人在印尼也會趕回來，包括 921 大地震後的隔天也趕到。師姑除
了在 T 師姐那裡幫她處理事情之外，也如同在沙鹿那邊一樣，有需要千代師
姑處理事情的人也會透過 T 師姊來預約安排，或是他們會詢問 T 師姐千代師
姑何時會到 T 師姊家，屆時再由 T 師姐通知並安排行程。而這些個案的處理，
T 師姐協助安排師姑去處理，有時還會陪同並負責交通接送，就如同千代師姑
的經紀人一般。

　　以往師姑出門辦事都是有人安排，出國辦事也一樣，而這些筆者所稱
的經紀人事後都會要求與師姑五五對分紅包所得，只有 T 師姐不曾向千代
師姑要求過要分紅包，還會三不五時的包紅包給師姑。T 師姐說只要她與
師姑見面，都一定會包紅包給師姑，還包吃包住包交通，全部由她負責。
從此處可以看出師姑與 T 師姐間為何會有深厚的交情，或許除了真的很有
緣之外，千代師姑也是感受到 T 師姐不同於旁人的對待方式，兩人才會情
同母女。T 師姊相當引以為傲的告訴筆者：她娶媳婦時，可是石壁部堂的
四位師姑都一起去幫她迎娶，兩台車前後護持著新娘車，這是前所未有的
事！

　　請她出國辦事的人對半拆。她有跟我講過這句話，她說：「人家都跟
　　我對半拆，妳什麼都沒拿，還什麼都妳出。」〔註82〕

　　處理很多事的時候，有時很多在我家辦呀！她人真的很慈悲啦！他
　　不會說妳沒有紅包她就看妳沒有。她很尊重人家，像在我這裡她就
　　會說妳安排就好了。所以她就告訴我，她去哪裡的時候人家就要跟
　　她拆帳分，她說：「妳喔！從來沒有跟我拿過一毛錢。」而且什麼都
　　我出，所以用餐、交通費都我出，我不會拿這個錢，因為我覺得我
　　幫你找這個人醫你，我就很高興了。〔註83〕

〔註81〕100 年 1 月 21 日上午 10 點～12 點於中壢 T 師姐自宅進行口訪。
〔註82〕100 年 1 月 21 日上午 10 點～12 點於中壢 T 師姐自宅進行口訪。
〔註83〕100 年 1 月 21 日上午 10 點～12 點於中壢 T 師姐自宅進行口訪。

圖 4-21：在 T 師姊家中辦的法會，前方是南庄的誦經團法師誦經，左後方著
　　　　青衣長袍者是林千代。（T 師姐提供，彭盈潔翻拍）

圖 4-22：四位師姑陪同 T 師姊迎娶媳婦，為避免透露 T 師姐身分，僅露出四
　　　　位師姑的相貌。師姑由左而右分別為：林千代、蕭添妹、林鶯桃、
　　　　劉有妹。（T 師姐提供，彭盈潔翻拍）

五、千代師姑的宗教影響力

（一）千代師姑的辦事實例

這個章節，筆者要將所口訪到千代師姑辦事的實例記錄下來。第三章所寫的是關於牽亡魂的案例，但是經過口訪，得知千代師姑除了牽亡魂之外，處理「陰」的事物也是相當厲害，處理卡陰、看風水（這裡是指去墳墓那裡看是否有問題），都是她的弟子及信徒口中津津樂道的故事。

【案例一】

口述者：中壢 T 師姐

口述時間：2011 年 1 月 21 日上午 10 點～12 點

地點：中壢 T 師姐自宅

主角：桃園的中醫師

他是桃園一位很有名的醫師，看師姑怎麼為人那麼好，他會跟師姑說：「妳要出國就跟我講，我給妳藥妳就帶著。」師姑出國後回來常常很累，他就幫師姑針灸。那位醫師都不拿她一毛錢，最後那個醫生得病，師姑那時候看到他時他就已經糟了啦！臉都已經是黑的啦！後來師姑就幫他查，查到後來他的祖先在公媽牌現出來了，祖先就跟師姑說趕快救趕快救，趕快救他的兒子，就跟師姑說他的墓在哪裡。

我們就趕到那個墓地去，很遠喔！趕到墓地去，墓地裡的人就出來講話囉！說他壓到他。前面一個死掉的人是日據時代的，以前都是平地就埋，放個石頭而已，沒有什麼記號。後來政府改成公墓時，全部弄平就看不到了。後來有一個人不知道就葬了下去，就出問題。後來那個人就講出來說，我的子孫都到國外去了，要回來都找不到我的墓，就很生氣。後來有一個人不知道就埋下去，埋在我的上面，他很快就出事情了，那一家很快就搬走了（指把墓移開）。她怎麼講，那個陰的怎麼講，我是轉述師姑是怎麼講，亡魂就說：「×你娘，一個走又一個來」，就是一個給他弄走了，一個又來。後面又來的就是指那個醫生的爸爸，醫生把爸爸葬在那裡，他爸爸是肝不好死掉的，那前面一個是黑道的人，是胃跟肝不對勁，死掉才埋進去。那前面弄走了一個，又來一個，就影響了這個醫生，就身體不好了，就肝不對勁，就變肝癌了。

前面有感覺的時候他又不搬（指遷移墳墓），他說：「唉，三年很快嘛！時間到了就撿起來再打算嘛！（指撿骨的習俗）」跟他說要弄，他就說快到了快到了，結果就來不及，病得很快，三年還沒到。師姑就跟他溝通，說三年

很快就到了，請他原諒，就說以後他祭祀就會多一份給那個人啦！她有講那個人的名字喔！那我就忘記了，因為我們都是一起去的喔！後來那個人就說：「好」。最後回來已經來不及了，人還沒死的時候，腳就已經先這樣子伸直的了，人要死了才會這樣，他是還沒有死就已經這樣了。我就說快了，跟師姑說趕快拜託拜託，師姑就說來不及了。後來那個人很快就死掉了，我就打電話跟師姑問說怎麼辦？師姑就說來不及了。害我們還趕到那裏去，我先生還把他這樣背下來，後來他還是過世了，過世是在 4 月的最後一天了吧！

後續發展：

那到 8 月我不是辦法會嗎？他（指死掉的中醫師朋友）就來這裡等耶！等師姑來，那時候師姑還沒有到，那阿添師姑就先到，她也是看得到，看到他來了也就沒管他，結果他就附在我身上，害我在椅子上這樣打滾，這樣不舒服很痛很痛，這樣子我的病就是從那個時候開始的。而且他還連附了幾次，第二天法會時他還是又附我。那他想要表達的是要救他，因為他病啦，很痛苦呀！所以他把痛轉移變我呀！第二天法會他又來附我的身，就跪師姑，求師姑渡他，而且他的孩子好像還是出事，有事情，所以求師姑救救他們。師姑就跟他溝通，說不要再附我身上了啦！我會幫他超渡，我就給他 6 月超渡，這個是 10 年前發生的事。

【案例二】

口述者：中壢 T 師姐與先生兩人

口述時間：2011 年 1 月 21 日上午 10 點～12 點

地點：中壢 T 師姐自宅

主角：中壢 T 師姐

T 師姐說：這個地理環境，師姑對這方面比較不懂，可是我這個房子旁邊是水這樣環繞過去，她說這個彎過去這個地方，就是會有很多外靈，那個要投胎的，都聚集在那裡，所以妳看到每一個有這樣的地理，那個陰的外靈都很多。後來我先生（指 T 師姐的先生）就在這裡工作啦，他就看到這裡怎麼寫出售，他就想說看看啦，就叫我叔叔（也是通靈者）來看，叔叔說可以啦！他說可以我還是不會買呀，還是要經過千代師姑，我就把千代師姑請來，因為聽說這塊地蠻好的，後來千代師姑就來看，她看一下就把土地公叫出來，就是這個土地公（指著她屋外空地一旁角落有一小座土地公亭），千代師姑就跟我講：「妳不用急，這地本來就妳的嘛！這地本來就妳的，影子都在裡面

啦！」千代師姑馬上就可以溝通這種，她說：「地本來就是妳的呀！它賣不出去的，因爲這裡有一個土地公兩百多年了，就在這裡看著。」結果眞的，眞的它怎麼賣就是賣不出去，很高價，講到要簽字就出問題，怎麼都賣不出去，最後就拜託我買了，就照以前的價，比較少錢。土地公就說，買好地以後要給祂一個位置坐，所以我才會有那個土地公。祂就是山神嘛！我就把這塊地買起來，買起來之後常常千代師姑就會來看一下，現在怎麼樣？有沒有問題？她就這樣常常來呀，她來我家就像走廚房一樣，有時候她來別的地方也會順道繞到我這邊來。因爲我一直就生病嘛！我病得後面都蠻嚴重的，走都不會走，都這樣子。我眞的這個命要感謝她救回來，我嚴重的時候都她來，我建房子時候卡到，被龍壓死死，那時候要蓋後面的倉庫，他（指 T 師姐的先生）就說那個弄房子是連續的，哪用看日子，只要打地基下去而已，那時候這個房子建好了，後面倉庫要蓋呀，所以要打那個地，我都挖好了，這個地就屬於房子這裡的，就不用看日子，水泥就灌下去。結果就糟糕，壓到那個龍神，壓得死死的，那個壓得喘不過氣，突然就很嚴重，原本以爲是自己感冒喘不過氣，結果叫師姑來，師姑一來看就說是龍壓到，在那裡啦，她說壓到差一點就要死掉了，請師姑他們兩個一起來喔，還有那個沙鹿的，共三個啦！三個一起來，才把祂扶起來，扶起來後也沒有感覺就好了。就是說師姑對這種東西，現在台灣應該是找沒有第二個人。

　　T 師姐的先生說：我們剛好買這個地買好的時候啊，她（指 T 師姐）就是卡到了啊！結果就請千代師姑啊，來問什麼事，結果師姑就說妳啊！買了那塊地，人家知道妳很捨得，要布施給人家吃啦！所以今天來找妳，要分一點。結果師姑就來處理，問要幾張桌？結果要四張桌那麼多，那時候大概就是在這個地方（指筆者現在坐著的客廳位置），師姑有來，說要買什麼買什麼？金紙要多少？講好了，辦好了。她（指 T 師姐）原本都不會動啊！辦好了就發出「喔」一聲，精神啊，什麼都來了呀！原本很嚴重，動都不會動，就講好了要辦幾張桌，結果辦四桌，我都辦好了，那時候剛好十點多嘛，桌子擺好，金紙搬下來，還在擺菜喔，菜還在桌上一直擺，那個金紙自動就著火燒起來了，那師姑就看得到啊！她就說：「唉呀！好兄弟好姐妹，不用急，錢不用急著搶，這都是你的，先吃了再拿。」金紙通通燒光了，吼，一看到就會嚇到。那些好兄弟說他們很少拿到這些錢啦！後來師姑跟他們溝通，說你不用急，這個菜通通吃完了，錢大家去分這樣。喔，我看到就傻了眼，沒有點

火，也沒有火種喔，搬好才下來放好而已喔！

【案例三】

口述者：中壢 T 師姐的先生

口述時間：2011 年 1 月 21 日上午 10 點～12 點

地點：中壢 T 師姐自宅

主角：鐵工工人

我有一個朋友是做鐵工的，他老爸死了，他們那個南部人，都是要連棺材一起大葬的，墓做好了，就要連棺材一起放進去，那天太陽又很大，中午要出殯，他的影子剛好被壓在棺材底下，放進去的時候壓到，壓到的時候，他老爸死二、三個月後他就開始衰了，天天就吐呀，去台大，去哪裡看都沒有用，怎麼去通，怎麼去照胃鏡都還是一直吐，三兩天就急診住院，吐了很多年，師姑怎麼看都看沒有。有一次喔，我們做法會時，他發心就買素菜來，買了很多箱來，他說我要做法會吃素，這個素菜就給我，他就很發心喔，不用錢他就拿來。拿來的時候，那時候千代師姑、阿添師姑、大師姑大家都會來，那個人走過去，千代師姑一看說：「耶？這個人怎麼這樣？」我說：「怎麼樣？這個人妳不是常常看。」千代師姑說：「這個人的魂壓到耶！」我說：「奇怪，怎麼以前每次來妳看到都沒有說？」我叫他過來給師姑看清楚，師姑看到說：「你的魂怎麼壓到一半？一半不見了，壓到了剩下下半身，啊！老爸出殯啦！就壓在棺材底下。」那怎麼辦？就開車去。很遠，我就載千代師姑兩個和沙鹿的那個去到現場，還有這個我朋友，他去的時候就死死的、軟軟的，結果去到現場的時候，沙鹿那個親家，伸手把棺材裡那個無形的托出來，把魂拉出來，一拉出來的時候，那個魂很奇怪喔，魂一個白白的，沙鹿那個親家講：「我也不知道怎麼回事，那個魂出來我就趕快拿到，就往他身上一放，人就好了。」回來就一路活蹦亂跳了，講都不信。他生病有三年，他都差不多三兩天，一個禮拜就要去急診打點滴，從胖胖的吐到多瘦你知道嗎？好在就是千代師姑，真的她有看到。這也是一個緣份，他要是沒有這麼發心喔，師姑也看了他兩三年，也沒有看到他魂壓到，他一發心來講，馬上就被她看到了。他那個發心也不是人家叫他做的，是他自己做的，結果一做馬上師姑就看到了。所以說這很奇怪喔，師姑一看就說她一個人不夠力，所以我們就自己開著去醫院載那個人，師姑載著，再去沙鹿接師姑的親家，就這樣往南部跑，一天往回。很厲害，就這樣子以後他就沒有吐了，就沒有病了，

三年多耶！很可憐耶！所以千代師姑救了很多這種的啦！

【案例四】

口述者：中壢 T 師姐

口述時間：2011 年 1 月 21 日上午 10 點～12 點

地點：中壢 T 師姐自宅

主角：中壢 T 師姐

還有一次我家做法會，師姑就看到我爸爸來了，他跟她講廣東話喔！師姑碰到什麼講什麼喔！很屬害就對了。師姑說我爸爸是外省人，我說對喔！那我爸爸就跟她講話啦！他就把名字叫出來，師姑就問我認不認識這些人？師姑說她也聽不懂，可是她就跟著這些音叫。師姑說他在叫這些人啦！有沒有在啦？我說有啊，全部在這裡啊！我爸就開始跟師姑講話啊，他說：「我好歡喜呀！我有個女婿好發達，好知禮呀！」那用廣東話跟師姑說我這個女婿好屬害，很好這類的話，他就罵我姐說：「爸爸講的話都聽不懂」，因為廣東話只有我會聽，也只有我會講而已啦！他們都不會講，他們溝通都是學用客家話的海陸來說，我爸爸講廣東話，我們就講海陸，他就聽得懂啦！他就開始罵啦！

其實他在夢裡就有跟我講啦，叫我跟他做祭日啦！做三十年的忌日，我就沒有去把它放在心上啦！這件事發生在法會的前幾天而已，我就沒有去信它。後來我有辦給他吃，沒有給他做，後來法會師姑都有來，他就跟師姑說，說跟我講的事情我都沒有跟他做，師姑問我說他叫我做什麼我沒有跟他做，我說他說他要做祭日呀！我是做夢喔，我就沒理他啦！師姑就跟他溝通，說：「好啦！好啦！」就這樣說，你也不知道她在說什麼？師姑說：「他說妳要去辦幾桌，把我的兒子、媳婦、女兒全部叫過來。」

那天是八月十四日，就是法會完了後就要做，那時候我就因為在十年前給那個陰的（指死掉的中醫師朋友）弄得我身體一直要去急診，結果又不舒服，師姑送我去急診的耶！同時間我又給另一個陰的搞到。千代師姑在醫院照顧我妳知道嗎？後來就在醫院畫結界，我的血壓飆到 230 耶！低血壓是 180，我在地下室躺著，腦筋知道，手腳不會動，你看多嚴重。那好在千代師姑她可以溝通，又溝通我爸爸的問題，那怎麼辦？第二天又要辦給他吃，我又在醫院耶，師姑有跟他講幾點幾點啊，我爸爸有跟她講說 10 點就可以出院，師姑 10 點就去接我，真的我 10 點就可以出院。

　　我先生就去買現成的菜，都是廣東人要吃的，像我爸爸說他一定要哪一味哪一味，我先生就去買這樣子，這樣弄來給他吃。吃的時候很好玩妳知道嗎？就像做戲一樣，我買了一桌素的，有人要吃素，有葷的，一種一桌，我做三桌嘛，一桌是辦法會剩的菜，一桌是素的全新的，一桌是全新的辦給我爸吃，就買叉燒肉呀，廣東人吃的那些特別的東西，特別要甘蔗呀，就這樣坐整桌，極好玩妳知道嗎？師姑坐我這裡（右邊），我叔叔坐我這裡（左邊），我爸爸坐那裡。師姑她們看得到嘛，就看到我爸爸帶個女人，那個女人就是很小就死掉的姐姐，就坐在那裡，還有我姊姊、我妹妹、我弟弟這樣坐，大家就聊天呀，聊天就是要經過師姑呀！師姑說什麼，我們說什麼這樣子，後來我爸說他想講話啦！

　　爸爸想講話給我們聽，因為師姑只是溝通嘛，他就說要附我身，要附我身來講話，師姑說：「不可以！」就這樣子擋在我前面，她說我已經被人家附得很虛，不可以附來了，這樣子擋著他，就像人家做電影、做武俠片這樣子。後來師姑就說：「你講，我通就好了啦！」就把一些事情講一講，後來就說：「好了啦！我們吃飽了，你該走了啦！」他就說：「好吧！我去飲茶啦！」廣東人都喜歡飲茶，他去飲茶呀！那師姑就都護著我，就幫他送走。妳知道嗎？那次最玄，你看他死了三十年，現在已經不只三十年，四十年了喔！沒有投胎，師姑問他為什麼不要投胎，他說：「我不要投胎，我這樣子我又有很多錢用。」因為我們每次都用很多給他，燒很多元寶，什麼都很多嘛！所以他說：「我不要投胎，我這樣過就好了。」所以人死不一定投胎呀！

【案例五】

口述者：沙鹿蔡師兄

口述時間：2011 年 1 月 24 日下午 2 點～4 點

地點：沙鹿蔡師兄自宅

主角：S 小姐

　　你要是說靈異的，我印象最深就是有一次朋友介紹一個 S 小姐來，我們看到她怎麼脖子邊生一個瘤這麼大顆？她說醫生說是癌症的初期，我就說：「兩張符給妳回去試試看有沒有比較好睡？」她說：「有啦！有好一些，但人還是不舒服啦！」所以朋友又帶過來，要我再看仔細一些，看哪裡不對。我就說：「因為這跟你的阿公有關係。」她說：「我阿公是年壽很長才死掉的。」我就說：「不然就是墓地要去看一下，可是墓地我一個人也不敢去看呀！」我

現在是敢啦！她們就說：「不然看何時千代師姑有來再請你安排一下啦！」後來我就安排，千代師姑有風水要看也沒在怕的，她就走過去，也沒看日子也不怕哪邊有山神她就走過去了，她也沒在怕的，她走一走就說：「那個阿伯，怎麼住在裡面頭歪一邊？那個頭在痛耶！這樣難怪你的家運會不好。」當時那個墓還是新的，那個死者人高馬大，看得很清楚。事後那個 S 小姐的大姑就到我們家來說：「姑呀！我實在服妳。」那天在入殮時，買棺材時是買最大型的，他女兒說：「阿爸，我幫你扛腳，你身體放軟一點，你要站好，結果脖子還是硬擠下去的，差一點就弄斷。」我雖會辦事還不知道禮俗，我還說一句：「妳有夠傻，擠不下，棺材換一副就好了。」她們說棺材沒有人在換的啦！她說已經買最大副的喔！脖子硬跟他擠下去這樣子。千代去那邊就比一比，符畫一畫就這樣好了，這靈異的是真的有。因為我辦這件事，我是沒有辦法看這麼清楚，我只知道是跟死去的人有關係啊！千代是走到墳墓看，一看就知道，才死沒多久，墳墓還新的，這是第一靈異。

【案例六】

口述者：沙鹿蔡師兄

口述時間：2011 年 1 月 24 日下午 2 點～4 點

地點：沙鹿蔡師兄自宅

主角：梧棲 C 先生

還有一個梧棲的人，是我小弟介紹來的，我大部分是自修的人大多沒有辦事，都是人家介紹來的，我自修居多，不像人家是有任務的，做到死都要做。我算是比較有節制的，不會管太多的事，很多事情我都不會去管，我不亂管事情，我也穿青衣，我不會亂想一些事情來做。我小弟帶來，我說：「你們家怎麼會有一些鬼不像鬼的，那不知道是什麼神喔？在裡面跑耶！」「你家以前很賺錢的，怎麼現在都在五鬼搬財。」他說：「那不然現在來去我家。」我說：「不好、不好，你家我不敢去，我看得到就是這樣的情形，你跟花蓮的嘰哦姑有認識嗎？」他說：「才見過一面啦！不然她何時來再拜託你一下。」講呀講，第三天她就來了。

我跟她說有一個人，妳去幫他看一下家裡，她一開始不要呢！我就叫我小弟趕快把那個人帶來，帶來後一句姑、兩句姑，叫來叫去就把她給請過去了，我就跟她去了，真有趣。千代師姑就在裡面走來走去，看一看，踩兩下就抓到那個東西了，說在這裡。她說當時要弄你的人，你怎麼沒有阻止呢？

他說：「人家是要幫他弄五鬼搬財來」，沒想到是五鬼搬財去。千代就說：「你是運途不好，壓鬼壓不過，我現在把它打掉，我現在給你用一用，你拿走，裡面現在就生活正常。」真的，這就是都做一些奇奇怪怪的事。

（二）小　結

在前文也曾提到千代師姑常出國辦事，常陪千代師姑出國的蔡師兄就說，千代師姑最常應邀到印尼辦事，因為那裡有許多華僑，印尼華僑都是生意人，他們互相作生意往來時就會介紹，辦好了就那其他人家去辦，都是坐小飛機往來。如果坐車的話，都有三台車子在前面，安排兩位以上的翻譯，有精通英語的，或是精通印尼語的，車子裡面還有一個保鑣保護她，在那裡，千代師姑是相當受歡迎的，他們看到千代師姑就像看到寶一樣呢！甚至連千代師姑坐飛機，在飛機上都曾被人認出來，被請求幫忙辦事。蔡師兄打趣的說起這段故事：

> 有一次我跟她去印尼，坐在飛機上，就有人問我說坐我旁邊的是不是千代師姑，我說：「是，有什麼事嗎？」他說能不能問個事情，我就問師姑說能不能幫他問事，就這樣賺一個紅包。她賺紅包真是信手拈來，比我們摘年柑還快，像有日本人問他事情，馬上就拿日本錢給她。〔註84〕

從上述內容中，可以看出千代師姑的影響力，已從台灣發展到國外，除了被安排的出國行程外，連坐飛機都能遇到認出她的外國人，而請求千代師姑幫忙問事。因此千代師姑的影響力已從台灣發揚至國外，是不容置疑的事實。

千代師姑是一位出色、出名的靈媒，更是位有責任、有愛心、有同情心的靈媒，她擁有超靈異的牽亡能力，以這個能力幫廟裡募集資金建設出石壁部堂，她還以牽亡能力到處去幫助一些宮廟吸引香客打出名聲，如：玉皇宮、〔註85〕南庄慈惠堂、〔註86〕日祥慈惠堂、〔註87〕玄聖殿、〔註88〕法舟堂、觀

〔註84〕100年1月24日下午2點～4點於沙鹿蔡宗宏自宅進行口訪。
〔註85〕丁仁傑，《社會分化與宗教制度變遷》，頁549。
〔註86〕南庄慈惠堂是石壁部堂所分靈出去的第一間分堂，創堂堂主為吳應從，吳應從數年前往生後就沒有設堂主，改由主任委員負責堂中事務。
〔註87〕100年1月24日下午2點～4點於沙鹿蔡宗宏自宅進行口訪所得知的資訊，據蔡師兄說「日祥慈惠堂」那對拜母娘的夫婦死了，現在她的兒子已經改拜密宗了，不過不是信盧勝彥真佛宗，而是尼泊爾的密宗。
〔註88〕100年1月24日下午2點～4點於沙鹿蔡宗宏自宅進行口訪所得知的資訊。

音堂。蔡師兄是這麼說：「她跟一個觀音堂很好，台中觀音堂，那個尼姑很有趣，她們在樓上忙，做她們的功課，我們在樓下牽我們的。千代說我們跟這裡很有緣，她們人很好，欠貴人，我們就來這裡幫他們的忙，就在這裡牽亡跟超渡。如果你跟她很好，跟這個堂很好，她就會來這裡幫忙牽亡，來牽亡人就會來這邊拜，這裡有辦超渡她就會來辦，這樣人就會很多。」〔註89〕當然，相信還有更多千代師姑有去幫忙牽亡魂的地方，是筆者沒有調查出來的，但從這裡就不難看出，在台灣千代師姑對許多宮堂的貢獻及影響力。

　　千代師姑除了以牽亡魂來幫忙宮堂吸引香客外，她也提拔了盧勝彥、楊敏枝、蔡宗宏、楊傳廣〔註90〕等人，蔡師兄說：「印尼那邊的華僑，也會通靈，算是師姑在印尼牽起來的人，也算是弟子，叫做阿源，去年十一月也有回來石壁部堂拜拜，開金紙店，會收驚，收驚方式不同，念咒語。」〔註91〕可見得在國外或許也還有其他會通靈的靈媒是師姑幫忙牽成的，只是筆者能力、時間都不夠，無法調查的更仔細。

圖4-23：千代師姑在印尼的照片，右二為千代師姑，右一男子名為阿源，是千代師姑在印尼牽起來的弟子。（蔡宗宏提供，彭盈潔翻拍）

〔註89〕100年1月24日下午2點～4點於沙鹿蔡宗宏自宅進行口訪。
〔註90〕98年3月28日晚上7點於蕭添妹師姑自宅內進行口訪所得到的資訊。蕭師姑說：「像楊傳廣，以前跑步的選手，他是來牽亡後，好像是牽他妹妹，坐火車回去的路上就有感應了，手那些就開始動起來，神明就開始跟他說話，後來才自己開堂的。」
〔註91〕100年1月24日下午2點～4點於沙鹿蔡宗宏自宅進行口訪。

　　千代師姑對於一般信徒來說，能牽亡魂來撫慰家屬思念親人的心，能幫人處理祖先牌位並直接跟祖先溝通清楚，還能到墓地看風水是否出問題，處理大大小小卡陰的事情，因此對信徒來說，眞是國內少見的人才。T師姐就不斷的告訴筆者，像千代師姑這樣的人，台灣現在找不到了。從千代師姑往生後，她找了又找，就是找不到像她這樣屬害的人。即便是千代師姑的徒弟——沙鹿親家蔡師兄，也沒辦法像千代師姑這樣處理事情。最後 T 師姐在找不到人的情況下，就改信其他宗教了，T師姐說：「所以說就是千代沒有了以後，我就要找人呀，一直找都沒有這種人呀！」〔註92〕相信千代師姑的離世，對於信徒來說，應該就是這樣惋惜與不捨吧！

　　而蔡師兄說：「其實石壁部堂是一個很奇妙的地方，專門訓練一些小分堂的人，像楊傳廣也是分出去的，像一些乩童訓練所，反而總堂沒有這樣訓練人耶。」〔註93〕確實，從石壁部堂的磁場相當特殊，總有許多修行者會接到他們的神告知，要到石壁部堂來訓練或是領旨。金極雷藏寺的主持者王師兄，他說：

> 我原先就是一位眞佛宗弟子，後來是母娘顯化，指點我來，然後要我來這邊辦進香的儀式，祂指點我來找阿牙師姑，找祂來幫我領旨，然後我就聽瑤池金母的指示，辦了一台遊覽車，然後眞的過來，那過來我就去找阿牙姑。那天晚上團拜完畢，阿牙師姑跟大師姑就幫我主持了領旨的儀式，眞的就領了兩個旨，一個是救世旨，一個是清旨。在跟阿牙師姑交談的過程中，有一些事情是她主動跟我講的，就像金母給了我無字天書，那也是由她親口講出來的，還有一些我走過的靈異現象，她就說我歸依師尊，她也跟我說我是盧勝彥的弟子吧？這是我之前沒有告訴她的。還有一些靈異事件的過程，她都點出來，然後我像她求證了，我這一些現象都是眞的，並不是虛幻的，得到了一個很大的印證。從此，回去以後，我就大膽，更有自信，敢去接受那種訊息、深入地去接觸金母，…從第一次以後，每一年我都會回來一次，辦繳旨還有領旨、進香的儀式，到今年已經是第二十六年了，第一次回去以後就正式開堂。

但筆者認為，就像蔡師兄說的，石壁部堂眞的就是個訓練所，影響許許多多

〔註92〕100 年 1 月 21 日上午 10 點〜12 點於中壢 T 師姐自宅進行口訪。
〔註93〕100 年 1 月 24 日下午 2 點〜4 點於沙鹿蔡宗宏自宅進行口訪。

的修行者，而如同王師兄一樣，來石壁修行，或是自石壁領旨出去開堂的人，因爲石壁部堂本身並不注重文字記錄，因此沒有詳細統計數據可呈現出來。

圖 4-24：千代師姑在印尼的照片，中間者為千代師姑。（蔡宗宏提供，彭盈潔翻拍）

圖 4-25：千代師姑在印尼的照片，右二為千代師姑，右一為蔡宗宏。（蔡宗宏提供，彭盈潔翻拍）

圖 4-26：千代師姑在大陸安徽九華山的照片，前排左三為千代師姑。（蔡宗宏
　　　　提供，彭盈潔翻拍）

第四節　小　結

　　林千代身為一位女性靈媒，她所帶來的影響究竟為何？從筆者的研究中發現，石壁部堂的興與衰與她息息相關，石壁部堂能有今日的規模與名聲，千代師姑功不可沒。台灣地窄人稠，民間宗教興盛，靈媒不在少數。以牽亡為業的紅（尪）姨來說，多以牽亡來賺取生活收入，是經營以私人神壇為主，有儀式要辦理時才會屬於陰廟的地方辦理，例如：東嶽殿。而尪姨最常選擇的休閒活動，如：走廟、進香，也與「如何增加私壇神明的靈力」有關。〔註94〕而千代師姑與一般牽亡的靈媒不同之處究竟為何？

一、牽亡儀式

　　在這個部份，筆者所提出的靈媒，除了以詹碧珠碩論〔註95〕中的牽亡尪姨為對象外，還有參考釋念慧發表的論文〈幽冥對話：花蓮法華山慈惠堂超度法會田野紀實與分析〉〔註96〕，而筆者也曾於民國99年農曆七月前往法華

〔註94〕詹碧珠，《尪姨與其儀式表演：當代臺灣女性靈媒的民族誌調查》，頁23。
〔註95〕詹碧珠，《尪姨與其儀式表演：當代臺灣女性靈媒的民族誌調查》，清華大學
　　　　社會人類學研究所，碩士論文，1997。
〔註96〕釋念慧，〈幽冥對話：花蓮法華山慈惠堂超度法會田野紀實與分析〉，《2010
　　　　台灣宗教學會年會「傳統宗教與新興宗教」學術會議論文集》，2010年6月。

山觀看陰陽會的儀式，觀察與訪談這些牽亡靈媒。綜合上述資料，完成的比較內容如下：

1. 牽亡儀式步驟不同、參與人員少

千代師姑牽亡時的儀式步驟較簡單，且需要的助手較少，一人即可。

表5-1：牽亡儀式及人員比較表

	石壁部堂千代師姑	法華山陰陽會的師兄姊們	臺南的尪姨（詹碧珠碩論）
儀式所需人員	千代師姑與助手1人，助手負責提醒家屬要攙扶亡魂附身的師姑，及最後燒紙錢的工作，亡魂離身時也會拍拍師姑的背，讓亡魂離身的乾淨些。	約4～5人一組 牽亡時讓亡魂附身的乩童、協助附身亡魂與家屬間溝通的桌頭、保護與輔助乩童的護法、處理特殊狀況的督導（由最資深的師兄姐擔任）	尪姨有分文武壇。文壇的尪姨是自己一人主持所有儀式的進行。武壇的尪姨會與紅頭法師合作，請法師念咒寫疏文，並有約兩名助手協助。若儀式舉行地點是在廟中（如：東嶽殿），會有廟方管理人員擔任助手。
儀式步驟	1.千代師姑在地藏王菩薩前確認亡者身分。 2.千代師姑在西廂房外側空地上讓亡魂附身，與家屬對談。 3.對談完燒紙錢後亡魂離身，千代師姑繼續進行下一個牽亡工作。	1.桌頭先確認亡者基本資料，呼喚亡靈的姓名。 2.乩童讓亡魂附身。 3.桌頭幫忙安撫亡靈情緒或是協助亡靈與家屬溝通。 4.亡魂退離身後，乩童起身訓身調理，或由資深的師兄姊協助推拿調理。	1.問神：問神明家中不合或不順的原委，決定何時舉行法事。 2.請神：尪姨牽亡前，要先請神明降臨偎身，才能下地府去帶亡魂吊來人間。 3.召亡：尪姨需念經與地府的鬼兵將對話，將亡魂帶來人間。 4.亡魂偎身：由指定的亡魂偎尪姨身，與主家進行溝通。 5.退駕：亡魂吐一口口水或大叫一聲，離開尪姨的身體。

資料來源：筆者根據田調內容及詹碧珠《尪姨與其儀式表演：當代臺灣女性靈媒的民族誌調查》碩士論文、釋念慧〈幽冥對話：花蓮法華山慈惠堂超度法會田野紀實與分析〉發表論文整理而成

2. 不需中場休息

在筆者觀看法華山的牽亡儀式時，可明顯看到牽亡靈媒在牽完一個亡魂後，所顯現出來的不適感與疲憊，這時她們就會立即起身在母娘前面訓身調理一番，如果更嚴重的人，還需要其他資深靈媒來協助按摩推拿，以減輕身體的不適。大多數的牽亡靈媒都是輪流擔任，牽過亡後就改擔任旁邊的護法工作，順便休息。由此可見，牽亡這項工作，因為讓陰魂附身，所以身體容易感到不適及疲倦。反觀千代師姑數十年如一日的牽亡，總是牽亡一個又一個，在香客多的時候，連喘息的時間都沒有，從下午三點半開始一直牽亡到晚上近十一點鐘。而千代師姑在牽亡過程中，不需要訓身調理，只有在晚上回家吃飯時，會告訴家人好累、胸口很悶，但她還是能夠長時間如此日復一日的讓陰魂附身，功力深厚也令眾人有目共睹。

二、個人特質

1. 沒有私人神壇

千代師姑雖然具有強大的通靈能力，但是家中的佛堂簡樸無華，與一般人家中的佛堂無異。社會中有許多靈媒只要擁有通靈能力，就會開始在家中供奉起大大小小的神尊，開設私人神壇，收錢辦事。千代師姑曾說過：「會靈的話一尊就可以啦！」〔註97〕千代師姑的弟子蔡師兄認為千代師姑是欲望不高的人，師姑認為一個靈媒能力夠的話，儘管只有拜一尊菩薩，要怎麼辦事就可以怎麼辦！因此千代師姑在四十多年的歲月中，沒有想到要自立門戶，或是開山立派，因為她一心只要辦好事情，覺得就是要遵照母娘的指示，辦好眾生的事情就好了。

2. 慾望低：奉獻一生完成建廟大業，不掌權勢

而千代師姑雖人有名氣、有能力，但是廟中的行政、人事管理她都不過問，她只處理信徒的事情。她對於石壁部堂的建設貢獻良多，除了努力牽亡增加廟方收入外，在建新廟時期總把建廟大業當成己任，在筆者訪問張開基的回文信件中，張開基曾提到：「盧原本茹素，後來自稱密宗活佛後開始肉食，

〔註97〕100年1月24日下午2點～4點於沙鹿蔡宗宏自宅進行口訪。

並謂「無罪而有功德」,林千代女士應邀前往美國時,受其款待,並勸說其吃肉,林千代女士對此期期以為不可,我聽過她本人提及,當時正逢「石壁部堂」在重建大廟,她埋怨不要害她建廟不成」從這句話中,可以看出千代師姑把蓋廟看成是自己的責任。石壁部堂的牆壁上,有著千代師姑捐錢蓋廟的芳名錄,T師姊說要增建廁所時,千代師姑一口氣就拿出六十萬來幫忙。蔡師兄提到當初千代師姑到台中牽亡時,若人家要捐錢都是算給石壁部堂來蓋廟,千代師姑認識許多名人或政要,遇到廟裡需要建設經費時,她就跟這些人說廟裡需要建設經費,讓這些人樂捐,幫廟裡爭取收入;當師姑收到紅包時,也會說這對廟裡很有幫助。從這裡我們可以看出,雖然千代師姑替廟裡做了許多事,但是卻不會仗持著自己的付出而盛氣凌人,總是默默做好自己的事情。

當然,關於師姑的個人紅包收入,廟方也曾經希望師姑能將紅包拿出來由廟方統一管理分配,但是被師姑所拒絕。T師姐說有些牽亡的紅包真的很少,一百、二百的她都看過,不過千代師姑出門辦事或是出國的紅包,千代師姑大多都拿給小兒子用,甚至不避諱讓T師姐等人知道,就直接當面將紅包交給小兒子。對於這種作風,T師姐較不能苟同,因此她說當她知道自己包的紅包是給師姑的小兒子用後,她包給師姑的紅包就會包較小包些,但還是比其他人多。基於此點,筆者大膽假設,師姑不願意將紅包收入交給廟裡,或許是還有孩子需要她的經濟支持,因此除了供奉給廟裡的建設支出之外,仍需要留些錢在身邊以便照顧小孩。師姑身為一位母親,照顧家庭是她的母性使然,這與全天下的母親沒有兩樣,而她所賺取的錢,是為了給廟裡建設,是為了照顧子女,絕對不是為了自身的生活享受,從筆者的田調中所得知,千代師姑所過的生活是相當樸實簡單,對於生活物質上的要求,是一個慾望很低的人。

3. 助人為樂

千代師姑會運用自身的牽亡能力,到其他宮堂去牽亡,如此做可以幫這宮堂打開知名度,增加香客及收入。蔡師兄說千代師姑是很有愛心的,她認為有些廟就是欠貴人幫忙,因此她過去牽亡可以幫這些廟的忙,讓更多人能到這些廟來走動。而現今靈媒當中,若有過去其他宮堂辦事者,多是神指定要去那裡辦事,或是主家要求要去某某廟辦事,亦或是必須使用到這些廟的資源,例如:某某神的幫助、場地,有幾人是存著要去幫助那間廟的心意過

去幫忙，誰不是為了自身利益才過去的呢？因此千代師姑這種願意幫助其他宮堂的心意與做法，實屬難能可貴。

三、辦事無國界

千代師姑經常受邀出國辦事，外國語中只精通日文，其餘一竅不通。即便如此，還是有許多華僑邀請她過去辦事，這是為了什麼？當然是為了千代師姑的辦事能力，處理風水及陰的問題很厲害。試問台灣能有幾個靈媒能這樣辦事無國界呢？千代師姑雖然沒有高學歷，也不是正統訓練出來，更沒有所謂的執照，但是她以自身的能力來證明，具有實力的靈媒，辦事也能無國界限制。

四、媒體宣傳以及有知名弟子

千代師姑為一位出色、出名的靈媒，透過張開基所寫《台灣首席靈媒》及盧勝彥三番兩次的提到啟蒙師「嘰哦姑」，讓千代師姑更是名氣大增。張開基是台灣研究宗教靈異現象相當知名的人士，他對於靈異方面的研究，是台灣屬一屬二的專業人士，因此隨著書籍的出版，讓千代師姑被冠上台灣首席靈媒的稱號，許多人透過這本書認識了千代師姑與牽亡術。千代師姑最有名的弟子就是自立門派的蓮生活佛盧勝彥，盧勝彥所創立的真佛宗規模龐大，具國際化。因為盧勝彥的知名度與弟子眾多，千代師姑身為真佛宗弟子師尊的老師，也增加不少知名度，也增加了許多年輕的信眾。就如同 T 師姐所說，她先是真佛宗的弟子，後來看了師尊的書後才知道有千代師姑，進而透過其他真佛宗弟子介紹才找上千代師姑幫忙辦事。千代師姑在西雅圖雷藏寺的名聲有多高，從她的同學歐德財寄給她的一封信中便可略知一二，信件中的內容為：

> 林千代同學，
>
> 好久不見了，一切安好？
>
> 世界雖廣，實際上又好像是很小的。
>
> 我來到西雅圖的第二天，就在雷藏寺聽到了千代桑的大名。
>
> 真的是嚇了一大跳呀，我認為千代桑在世界的任何地方都為人所知之事實在是很偉大的，你的心跟你助人的行為廣泛的實現了。
>
> 我又一次清楚的明白了神明透過你來勸導世人向善的使命與授予你

的天職。

從台中市來的義工，鄭氏，賴氏，還有林氏他們大家也對千代桑感到很尊敬，我也因此而一起感到很懷念以及很高興。

今後也越來越健康長壽，我們互相加油吧。

我也對千代桑非常感謝

祝你幸福

民國 81 年 8 月 16 日於西雅圖　歐德財

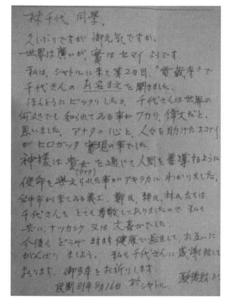
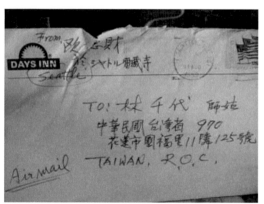

圖 5-1：歐德財寫給林千代的書信（鍾玉秋提供，彭盈潔翻拍）

從上文的敘述中可得知，千代師姑除在牽亡的靈驗性、傳奇性令人印象深刻外，她出名的程度可以在很多地方看出來，她的同學在西雅圖雷藏寺就聽到她的名聲很高，並感到驚訝。眾多的女性靈媒裡，她常常出國辦事的靈媒，影響力遍及海外；她有位自創教派知名的徒弟～盧勝彥，因此徒子徒孫眾多，她的影響力更是藉著自己帶出來的子弟們發揚光大。與一般靈媒還有顯著不同的重點是：千代師姑本身沒有自己的神壇，沒有私心想要掌權，也沒有想要自立門戶。她把石壁部堂當成自己的廟，盡力籌措資金完成建廟大業，用心服務大眾、專心替神辦事。筆者研究千代師姑的生命史，以及石壁

部堂這間廟的歷史，在研究中發現無法將石壁部堂與千代師姑兩者進行切割，他們是相輔相成，缺一不可。在漢人的民俗信仰中，對於亡者的重視與恐懼，不敢輕忽亡者的需求，也深怕陰魂迫害所造成的不順遂或病痛，因此很需要像千代師姑這類專業的靈媒來處理陰的問題。從千代師姑能走出台灣到許多國家辦事，且廣受歡迎，不難看出她已經做到了過去沒有靈媒做得到的事──將台灣的民俗信仰推展到國外去，得到認同與肯定。

第五章　結　論

　　世界上充滿許多的不公平，最公平的一件事就是人都會死，無論貧、富、權貴、賤民，沒有等級之分，死亡是人生旅途的最終站。古有秦始皇派徐福率領三千童男童女，遠赴東海仙山尋求長生不死藥，雖貴爲天下之尊，卻仍難逃死亡的呼喚。「生、老、病、死」是人生常態，但因爲對於死亡的無知，造成恐懼；對於慾望的追求，造成放不下；對於親情的牽掛，造成不捨；對於人體身、心靈的脆弱及渺小，造成的生、心理疾病。在必須面對茫然不知的死亡眞相下，害怕死後要面對的世界，人難免顯得貪生怕死，使人們走向修行、修道之路，向宗教尋求個依靠與答案。筆者在高中時期曾被同學帶去參加過一貫道的聚會，在當時對於宗教還在懵懂無知的階段，只記得去那裡後就要跪下拜拜，然後裡面穿長袍的人就說：「妳今天拜過月慧菩薩後，在閻王的生死簿裡就被除名了，但今天發生的事不能告訴別人，否則會遭受到報應。」現在回想起這段往事，筆者就深切感受到，人會爲了逃避面對死亡，而走入宗教的信仰當中。

　　在民俗信仰界赫赫有名的傳奇人物——林千代師姑，也是因爲遇到人生的難題：生活的困頓與小孩的病痛，而走進了母娘的殿堂，進而從信徒轉變爲靈媒，成爲被信徒們所信賴與依靠的精神支柱。當時她對大眾付出的一切以及在宗教界帶來的震撼力在她往生後，如同塵埃般落定。台灣是個宗教蓬勃發展的國度，爲人知或不爲人知的廟宇、宮堂、靈媒爲數龐大，在眾多的靈媒當中，爲何千代師姑會讓張開基先生選擇以她爲主角，寫了《台灣首席靈媒》一書呢？然而師姑過去的生活經歷讓她如何成爲首屈一指的靈媒？透過千代師姑身邊親友給予的資料與口訪，終於讓我慢慢堆砌出千代師姑一生

的故事，雖然我的女主角不能親口告訴我她的故事，但透過身邊人所給予的評價，讓我更加了解這位客籍靈媒的付出，以及她是如何盡其所能，用其一生完成母娘賦予她的渡世任務。

彭榮邦認為慈惠堂的鸞生是由母娘點化而成，鸞生負擔著母娘的渡世宏願，母娘的靈感將信眾與無形的神連結起來，〔註1〕筆者認為在石壁部堂中也不例外。信眾透過千代師姑感受到母娘的神恩與靈驗，因此全省各地的信眾紛紛前來石壁部堂。在筆者進行田調的過程中，發現林千代與石壁之間全盛時期的指標，是視外地遊覽車量及外地香客來的多寡論定，而非當地信眾前來進香為主。以此類推，石壁部堂與林千代如此出名，不僅僅是來自花蓮當地人民的推崇，是許多非花蓮地區的信徒們，在很多相關的文書及網路中，寫下這間廟的事蹟，且多以標榜著牽亡魂等內容。因此筆者認為石壁部堂雖座落在偏遠的東部且交通不便，卻可以吸引大量外地信眾前往，足以告訴我們這間廟裡有著完全不同於西部各大廟宇的地方，而這個影響力就是林千代師姑。而今沒有林千代師姑的石壁部堂，就沒有吸引香客前來的理由了。而石壁部堂母娘的神恩與靈驗性，也就無法展現出其神威。

從千代師姑的牽亡案例中，可看出漢人對於死亡的觀感，以及死後靈魂不滅的看法，這是受到印度婆羅門教影響，因此存有輪迴的觀念。在探討林千代的生命史過程中，筆者發現漢人相信人死後的世界，是一個與陽間一樣有各種需求的世界，亡者也需要吃飯、看病、穿衣服等物質需求，在陰間生活時仍會遇到與陽世相同的難題，也會被欺侮，此時就需要使用金錢打通關。因此陽世家屬需要焚燒紙製的傢俱、衣物、紙錢等供亡者使用，讓亡魂在另一個世界能過著安穩的生活。這項行為與西方民族文化大不同，亦可看出漢人「視死如生」的觀念。且反觀西方牽亡魂案例中，如瑪莉蓮・拉斐爾（Marilyn Raphael）、吳孝明、朱凱勝合著《美國靈媒大師瑪麗蓮》〔註2〕，以及詹姆斯・范普拉《與天堂對話》〔註3〕，就可看出同樣是死亡，為什麼西方靈媒所牽引出的亡魂總在天國上帝身邊生活，而且過得很快樂，亡魂所傳遞出的訊息總是要陽間親人放心，他們過得很好，且都是傳遞愛的訊息給親人，要他們好

〔註1〕彭榮邦，《牽亡：惦念世界的安置與撫慰》，頁67。

〔註2〕瑪莉蓮・拉斐爾（Marilyn Raphael）、吳孝明、朱凱勝合著，《美國靈媒大師瑪麗蓮》，（台北市：智庫股份有限公司，2006年），頁21～31。

〔註3〕詹姆斯・范普拉《與天堂對話》，（台北市：時報文化出版社，1998年），頁80～147。

好生活，逝去的親人在天國仍看護著陽世家人，日後大家皆會在天國再次相逢等相關話語。而東方的亡魂總是會有很多需求，需要陽世的親友燒一些紙錢或物質供他們使用呢？中西方在牽亡上的差異性，究竟是如何產生？亦或是牽亡術是受牽亡者所控制，因此產生牽亡結果上的差異性。由此我們可知，靈媒所處理的世界在於東西方有著相當大的差異性，這也是各界對於石壁部堂牽亡時，幾乎都要家屬燒紙錢的行為存有許多爭議，但不論孰是孰非，我們可知東西方對於死後世界的闡述是完全不一樣，靈界生活有不同的存在形式。而我們所熟知的靈界生活，則能藉由千代師姑的牽亡儀式，根據亡魂所需的物資需求及生活描述，來建構出一個生活方式接近於陽世的死後世界，千代師姑的牽亡儀式，也印證了漢人社會對死後世界信仰的存在與相信，也是漢人社會對於死後歸處的一種確認行為。

　　本論文由筆者透過訪談，建構出一位尪姨的生命史，透過千代師姑的生命史及牽亡儀式研究，希望能提供讀者這位充滿傳奇性的女性靈媒更多資訊。在研究過程中，很遺憾因為時間與能力不足，筆者對於千代師姑於海外發展部份未能詳加研究，在中西方著名靈媒的差異比較，也未能置入研究，這部份期望日後有機會能再近一步研究。

參考資料

一、史料文獻

1. 花蓮縣鳳林鎮戶籍名冊。

2. 花蓮縣富里鄉戶籍名冊。

3. 《台灣文獻叢刊》第 156 種（台北：台灣銀行經濟研究室，1962 年）。

4. 《台灣文獻叢刊》第 172 種（台北：台灣銀行經濟研究室，1963 年）。

5. 《夷堅志》第一冊（台北：明文出版社，1994 年）。

二、書籍

1. 丁仁傑，《社會分化與宗教制度變遷》（台北市：聯經出版社，2004 年）

2. 小靈醫，《童乩桌頭之研究》（台南：人光出版社，1977 年）。

3. Donald A. Ritchie 著，王芝芝譯，《大家來做口述歷史》（台北：遠流出版社，1997 年）。

4. 江文瑜，〈口述史法〉，收入：《質性研究：理論、方法及本土女性研究實例》（台北：巨流出版社，1996 年）。

5. 衣若蘭，《三姑六婆──明代婦女與社會的探索》（板橋市：稻香，2002 年）。

6. 余德慧，《觀山觀雲觀生死》（台北：張老師文化事業公司，1995 年）。

7. 李亦園，《信仰與文化》（台北市：巨流圖書公司，1978 年 8 月）。

8. 宋兆麟，《巫覡──人與鬼神之間》（北京：學苑出版社，2001 年 12 月）。

9. 吳文星，《日據時期臺灣社會領導階層之研究》（台北市：正中書局，1992 年）。

10. 吳平城、胡慧玲，《草地醫生》（台北市：玉山社出版事業，1997 年 11 月）。

11. 林富士，《漢代的巫者》（台北：稻香出版社，1999 年）。

12. 林富士，《孤魂與鬼雄的世界：北台灣的厲鬼信仰》（台北縣：北縣文化中心，1995 年）。

13. 林富士，《小歷史——歷史的邊陲》（台北市：三民書局，2000 年）。

14. 施寄青，《看神聽鬼》（台北市：大塊文化，2004 年）。

15. 鈴木清一郎著，馮作民譯，《增訂台灣舊慣習俗信仰》（台北市：眾文圖書，1989 年）。

16. 姚誠，《洄瀾神境——花蓮的寺廟與神明》（花蓮：花蓮縣立文化中心，1999 年）。

17. 胡不歸，《渡——楊敏枝大師傳奇》，（台北市：林鬱文化，1998 年）。

18. 曾景來，《台灣的迷信與陋俗》（台北：武陵出版社，1994 年）。

19. 黃玄，《陰間大法師》（台北市：金波蘿文化事業出版社，1994 年）。

20. 張珣，《疾病與文化》（台北縣：稻鄉出版社，1989 年）。

21. 張開基，《台灣首席靈媒與牽亡魂》（板橋：上硯出版社，1995 年）。

22. 陳向明，《教師如何作質的研究》（台北市：洪葉文化，2002 年）。

23. 詹姆斯‧范普拉《與天堂對話》，（台北市：時報文化出版社，1998 年）。

24. 瑪莉蓮‧拉斐爾（Marilyn Raphael）、吳孝明、朱凱勝合著，《美國靈媒大師瑪麗蓮》，（台北市：智庫股份有限公司，2006 年）。

25. 劉還月，《台灣民間信仰小百科——靈媒卷》（台北市：臺原出版社，1994 年）。

26. 鄭志明，《中國社會鬼神觀念的衍變》（台北市：中華大道文化事業股份有限公司，2001 年 10 月）。

27. 蔡相煇、吳永猛編著，《台灣民間信仰》（台北縣：空大，2001 年）。

28. 董芳苑，《台灣民間宗教信仰》（台北：長青文化，1984 年）。

29. 盧勝彥，《靈機神算漫談》（台中：新企業世界出版社，1975 年）。

30. 盧勝彥，《寂寞的腳印》，（桃園：大燈文化事業股份有限公司，2006 年 6 月）。

31. 蕭登福，《道教與民俗》（台北：文津出版社，2002 年）。

32. 蒲慕州，《追尋一己之福：中國古代的信仰世界》（台北：麥田出版，2004 年 10 月）。

三、論文

1. 李坤達，《死亡與不死——台灣俗民道教魂魄觀的死亡哲學研究》（台北：東吳大學哲學系碩士論文，2002 年）。

2. 宋和，《台灣區神媒的社會功能——一個醫藥人類學的探討》（台北：台

灣大學考古人類學研究所碩士論文，1978 年）。

3. 周慧洵，《她們眼中的學校教育與文憑：不同口合高學歷女性的生命史研究》（嘉義：中正大學教育研究所碩士論文，2001 年）。

4. 許傳德，《一個國小校長的生命史》（台東：國立臺東師範學院教育研究所碩士論文，1999 年）。

5. 許雅婷，《母娘與祂的兒女——慈惠堂石壁部堂宗教人的經驗世界》（花蓮：國立東華大學族群關係與文化研究所碩士論文，2001 年）。

6. 康萃婷，《將團少年之生命史研究》（嘉義：國立中正大學教育研究所碩士論文，2001 年）。

7. 施淑娟，《自我超越的展現——慈惠法師生命史研究》（宜蘭：佛光大學教育資訊學系碩士論文，2006 年）。

8. 彭榮邦，《牽亡：惦念世界的安置與撫慰》（花蓮：國立東華大學族群關係與文化系碩士論文，2000 年）。

9. 陳藝云，《乩童的社會形象與自我認同》（新莊：輔仁大學宗教學研究所碩士論文，2003 年）。

10. 詹碧珠，《尪姨與其儀式表演：當代臺灣女性靈媒的民族誌調查》（新竹：清華大學社會人類學研究所碩士論文，1997 年）。

11. 劉道一，《戰爭、移民與台籍日本兵——以劉添木生命史爲例》（花蓮：國立東華大學鄉土文化學系碩士在職專班論文，2009 年）。

12. 蔡佩如，《穿梭天人之際的女人——女童乩的性別特質與身體意涵》（新竹：國立清華大學人類學研究所碩士論文，1998 年）。

四、期刊、研討會

1. 文榮光、林淑鈴、陳正宗、周文君、黃曉玲，〈靈魂附身現象：台灣本土的壓力因應行爲〉，《中央研究院民族學研究所集刊》第 73 期（南港：中央研究所，1992 年春季）。

2. 王明珂，〈誰的歷史：自傳、傳記與口述歷史的社會記憶本質〉，《思與言》34：3（台北：思與言雜誌社，1996 年）。

3. 余安邦，薛麗仙，〈關係、家與成就：親人死亡的情蘊現象之詮釋〉，《中央研究院民族學研究所集刊》第 85 期（南港，中央研究院，1998 年春季）。

4. 林茂賢，〈臺灣的牽亡歌陣〉，《兩岸小戲學術研討會論文集》（台北市：國立傳統藝術中心，2001 年 5 月）。

5. 林美容、鄭鳳嘉、釋念慧，〈爲母娘辦事——法華山慈惠堂溫滿妹五十年的宗教療癒與實踐〉，發表於慈濟大學宗教與文化研究所：「慈濟人間與宗教療癒」研討會，2009 年 6 月 13～14 日。

6. 陳金生，〈「日治時代台灣醫療制度」的回憶——以台灣乙種醫師制度爲主（下）〉，《台灣史料研究》第 9 期（臺北市：吳三連台灣史料基金會，1997 年 5 月）。

7. 陸緋雲，〈性別與族群：客家婦女社會地位的反思與探討〉，《客家文化學術研討會論文集》，（台北市：行政院文建會，2002）。

8. 葉春榮，〈觀落陰與牽亡魂〉，「台灣漢人民間宗教研究：理論與方法」研討會，2009 年 11 月 28 日。

9. 釋念慧，〈幽冥對話：花蓮法華山慈惠堂超度法會田野紀實與分析〉，《2010 台灣宗教學會年會「傳統宗教與新興宗教」學術會議論文集》（新竹市：台灣宗教學會，2010 年 6 月 26 日～27 日）。

10. 劉秀琴，〈西王母研究初稿：台灣西王母的信仰中心——花蓮聖地慈惠堂之沿革與發展〉，《大漢學報》第 9 期（花蓮：大漢技術學院，2000 年）。

11. 謝世忠，〈試論中國民間宗教中之通神者與通靈者的性別優勢〉，《思與言 23（5）》（台北：思與言雜誌社，1986 年）。

五、網路資源

1. 新竹縣關西國小學校網頁 http://www.gses.hcc.edu.tw/front/bin/ptlist.phtml?Category=3。

2. 盧勝彥〈台灣訊 蓮生聖尊佛駕慈惠石壁部堂〉，眞佛宗新聞網
http://tbsn.org/chinese2/news.php?id=1887。

3. 眞佛網路中文版
http://tbsn.org/chinese2/chapterindex.php
http://tbsn.org/chinese2/article.php?id=4590

4. 盧勝彥〈眞佛宗是正信的佛教〉，世界眞佛報，第 685 期 http://www.wtbn.org/685/p685-04-01.shtm
http://www.tbsdayi.org.tw/book/index.php?option=com_content&view=article&id=11&Itemid=26
http://tw.myblog.yahoo.com/jw!uqyY2UWeGQNqbaciCYvdw122Fys4Zw--/article?mid=313
http://blog.udn.com/yichih1997/4437866

六、外文

1. Becker, H.S. (1970). The Life History and The Scientific Mosaic. in Becker, H.S, Sociological Work: Method and Substance .Chicago: Aldine Publishing Company.

附　錄

林千代大事年表

年代	事件	資料來源	備註
大正 15 年 （1926）	出生於花蓮港廳鳳林區 （今日花蓮縣鳳林鎮長 橋里一帶）	日治時期戶籍資 料	
大正 15 年 （1926） 九月左右	生病，面容改變	楊菊枝口述	嬰兒時期約八、九個 月大時感染帶狀皰 疹
昭和 8 年 （1933 年）	進入鳳林公學校（鳳林 公學校第十三屆，高等 科一屆）	筆者根據千代師 姑同學會照片資 料算回推論	鳳林公學校 1920 年 （大正九年）成立， 1921 年第一屆，因 當時學制為四年一 屆，因此推估 1933 年入學
民國 45 年 （1956）	結婚	戶籍謄本資料	
民國 46 年 （1957）	長女出生	戶籍謄本資料	
民國 49 年 （1960）	長子出生	楊松根口述	
民國 51 年 （1962）	長子生病，不良於行	楊菊枝口述	切確時間不能確 定，僅推估
民國 51 年 （1962）	前往法華山求母娘醫治 長子疾病，長子逐漸康 復，開始定時前往法華 山拜拜	楊菊枝、 楊松根口述	

年代	事件	資料來源	備註
民國 52 年 （1963）	開始有所感應，通靈	楊菊枝、 楊松根口述	
民國 53 年 （1964）	開始在張金英家中牽亡	彭進源口述	
民國 54 或 55 年 （1965 或 1966）	申請貸款重蓋房子	楊菊枝口述	不能確定確切時間，只知大約時間
民國 56 年初 （1967）	離開石壁部堂，至明山道場服務	彭進源口述	明山道場提出分紅制度
民國 58 年初 （1969）	離開明山道場，重回石壁部堂服務	彭進源口述	將分紅制度帶入石壁部堂
民國 58 年 （1969）	與第一位弟子盧勝彥結緣	盧勝彥作品	
民國 73 年 （1984）	與沙鹿弟子蔡宗宏結緣	蔡宗宏口述	
民國 75 年 （1986 年） 8 月 30 日	前往美國，傳出林千代拜盧勝彥為師的說法	眞佛宗弟子口述及網站	
民國 93 年 （2004）	在飛機上跌倒，身體不適	蔡宗宏口述	
民國 94 年 （2005） 8 月 10 日	於花蓮家中往生	蔡宗宏口述	

石壁部堂大事年表

年代	事件	資料來源	備註
民國 53 年 農曆 1 月 27 日	至玉里鎮三民迎回母娘令旗	蕭添妹口述	
民國 53 年 農曆 11 月 13 日	母娘金身安座	彭進源口述	
民國 56 年初	牽亡的師姑離開石壁部堂	蕭添妹口述	
民國 56 年 6 月	石壁部堂建廟動土	彭進源口述	此時所建的廟，今日稱為「舊廟」
民國 57 年冬	石壁部堂廟宇落成	彭進源口述	
民國 58 年	牽亡的師姑重回石壁部堂	蕭添妹口述	
民國 61 年 6 月	鸞生張金英往生	范光添口述	
民國 62 年 2 月 20 日	石壁部堂登記為財團法人制	彭進源口述	
民國 62 年 4 月	第一任堂主范德房往生	范光添口述	
民國 66 年 農曆 11 月 18 日	第二任堂主彭阿平往生	彭進源口述	
民國 69 年 農曆 9 月 19 日	鸞生巫茶妹往生	葉明春口述	
民國 75 年 10 月	石壁部堂廟宇新建工程動土	彭進源口述	

年代	事件	資料來源	備註
民國 77 年 農曆 11 月	石壁部堂新廟落成	彭進源口述	
民國 89 年 11 月 4 日	第一任董事長卸任交接	彭進源口述	曾水沂→彭進源
民國 91 年 7 月 20 日	鸞生劉有妹往生	彭進源口述	
民國 94 年 8 月 10 日	鸞生林千代往生	楊菊枝口述	
民國 95 年 4 月 10 日	第二任董事長卸任交接	彭進源口述	彭進源→楊松樹
民國 98 年 2 月 6 日	鸞生林鶯桃往生	彭進源口述	

口訪逐字稿一

口訪時間：民國 98 年 3 月 28 日晚上 7 點
地點：蕭師姑家（花蓮市）
口訪對象簡介：蕭添妹師姑民國 14 年生，自幼失學，爲石壁部堂的師姑。是
當初得到母娘指示去三民迎母娘令旗的師姑其中一人，現今廟地是她與先生
獻出蓋廟，爲創廟元老之一。她與林千代師姑爲年輕時就相識的友人，婚後
又共同在石壁部堂同爲辦事師姑，共事四十餘年。

問：你知道千代師姑曾經從事過什麼工作嗎？

蕭：從前我曾聽她說過是賣化妝品。

問：年輕的時候嗎？

蕭：對對，當小姐的時候。賣化妝品，後來才嫁給妳舅公啊。

問：那她年紀很大才嫁人？

蕭：三十幾歲喔！

問：以前的女人不是都很早就嫁人嗎？

蕭：對。

問：那她怎麼那麼晚才嫁人？

蕭：她的脖子有長東西，她本來也說不要嫁啦！後來她的弟弟娶媳婦，兩個
　　人和不來，所以人家幫她做媒人，她才結婚。

問：喔！所以她是與弟媳婦合不來才嫁人的？

蕭：對，就是兩人合不來，她曾經跟我這樣說過。

問：她以前有讀過書嗎？

蕭：有！

問：她是讀...

蕭：讀日本書。

問：是在花蓮嗎？

蕭：不是花蓮，是鳳林

問：鳳林，是小學嗎？

蕭：小學、小學，她是小學畢業。

問：知道是鳳林哪一間學校嗎？

蕭：鳳林就那一間學校而已。

問：那妳很早就認識她是嗎？妳們很早就認識，很年輕就認識了？

蕭：是呀！是呀！當小姐的時候就認識了。

問：妳們是怎樣認識的？

蕭：不知道怎樣認識的，我已經忘記了

問：那妳們年輕的時候認識，都一直有連絡嗎？

蕭：沒有聯絡，是她結婚嫁到這裡來後才有連絡，是她嫁過來之後，我看到她後說「怎麼這麼久沒有看到妳？」才知道嫁到這裡來。

問：是妳先去拜母娘的嗎？還是千代師姑先去拜？

蕭：我先去拜，應該說是我先去請啦！契娘（母娘）要我去請，請回來光添他們家裡後，在那裡拜，她才去拜的。拜了之後她說：高爺、矮爺（七爺、八爺）都去她家裡啦！我就說：「怎麼那麼奇怪，高爺、矮爺都去妳家裡？」我們本來也不太相信，後來契娘就要她看陰的。

問：契娘怎樣叫她看陰的？

蕭：就和她說呀！叫她去牽亡啊！看陰的就是這樣阿！一開始的時候是看花樹，看花樹之後才叫她去牽亡。

問：我上次有看過盧勝彥他寫的書，他書裡面是寫說：千代師姑是在夢中吃了一些有顏色的藥進去，後來才會牽亡的。

蕭：盧勝彥這樣寫太誇張的。

問：就是說那不是真的囉？

蕭：不是真的。他以前還寫說千代師姑小時候沒有人要，被她父親丟到哪裡去，怎樣怎樣......，盧勝彥是亂寫的，不是這樣的啦！

問：總之，千代師姑從一開始就是先問花樹。

蕭：對，先問花樹，之後契母就叫她牽亡。

問：那時候有很多位辦事的人員，我看石壁部堂的簡介是這樣寫。

蕭：嗯，七位。

問：那母娘只有叫千代師姑牽亡？

蕭：嗯，只有叫她牽亡。

問：沒有別人牽亡嗎？

蕭：沒有，後來阿牙看她牽亡，才去學牽。

問：那是可以學的喔？

蕭：我也不曉得她，哈哈，我不知道喔！

問：所以千代師姑就是跟著大家一起去拜，才開始拜母娘的。

蕭：嗯嗯，是這樣開始的。

問：那您當初是怎樣會去請母娘來的？

蕭：若要說起，是說我先去拜，我是以前肚子不好都是病，母娘就問我我的病想要好嗎？我就說：當然要好啊，有病誰都想要好啊！母娘就幫我一直醫醫到好，她就說這個令旗是被光添他舅公請去下面（指花蓮南區），叫做三民，他舅公死了後，契母才叫我去請，是這樣請上來的。

問：一開始大家不是都去法華山拜，您也是跟著大家去那裡拜？

蕭：對，對。

問：那時候大家怎麼會知道法華山那裡會有可以拜？

蕭：那時是妳的舅婆太先去拜。

問：哪一個舅婆太？

蕭：就是光亮他奶奶，她先去拜，她就說你病得快死快死了，來去那裡拜，那裡很靈感（靈驗），我們才去拜的。

問：喔，所以大家都去拜。

蕭：嗯。

問：那您是拜多久就聽得到、看得到、感應到母娘呢？

蕭：我去拜很快喔！我拜十天左右，母娘就一直跟我說妳家裡怎樣怎樣，先說妳家裡的事情，說了怎樣怎樣，再問我妳的病想要好嗎？我就說生病生得這樣，誰都想要好呀！

問：妳是在那裡就聽得到，還是回家才聽得到？

蕭：我在家裡一直做事情，祂就會一直說。

問：一直說就有聲音就是了，那您是怎樣知道是母娘在跟您說話？

蕭：祂會說呀。

問：祂就說是母娘？

蕭：嗯嗯，我就邊做事，祂就邊說話，祂就說晚上壞人會來喔，誰會來喔，就一直說喔。

問：所以你就聽得到，就開始會辦事？

蕭：嗯嗯。

問：那你們去三民請回來，就放在光添他們家裡。

蕭：祂就說妳們幾點鐘去請，幾點回，我們就去。三民是小車站，小車站也沒什麼車，旁邊有一個也有拜的人就說：哎，一點就有車，五點就要到光添家令旗就要插下去拜。真的喔！令旗插下去就真的是五點喔！所以我們就坐一點的車回來。

問：那都是母娘跟你們說的時間嗎？

蕭：對對，就是這樣。

問：那你們請回來的時候是怎樣的情景？

蕭：喔，那天晚上很熱鬧喔！像榮華（周呆）那些也都來拜呀，榮華他是肺病，也幫他醫呀！

問：母娘是怎樣醫病。

蕭：祂是用打的，都是打這兩邊（比胸口兩邊）。

問：妳是有感覺母娘在打嗎？

蕭：對，即使自己不想打，也會強迫打，手會強迫動起來，就被（母娘）捉起來打自己，就是這樣。

問：那母娘有開藥單嗎？

蕭：沒有。

問：就只有這樣打一打？

蕭：對，就打一打就好了。

問：一打的時候就會感覺比較好嗎？

蕭：一開始打的時候很大力，但是一直打就越打越舒服。我有長一顆瘤很大（比肚子的部位），硬硬的，都不會工作，就這樣打到好。到第三天一看，就看到有一塊淤血，母娘就要我揉一揉，揉一揉就散掉了，到十天就打好了，就消掉了。

問：您有聽千代師姑說過母娘爲什麼會找她牽亡魂嗎？

蕭：她就和我這樣說，契母要我去牽亡，高爺矮爺也叫她牽亡，她說高爺矮爺長去她家中，她家後面以前有一個水池，妳知道嗎？

問：我不知道。

蕭：她晚上都要去水池挑水，以前都要用竹桶挑水，三更半夜時，她的膽子很大。她說：「高爺矮爺都一直跟著她，跟到家中怎麼辦？」光添他爸就說：「胡說八道，高爺、矮爺那麼高，妳家裡這麼矮，祂們怎麼進的去？」就是這樣，哈哈哈哈！

問：是呀！高爺矮爺怎麼會進的去？

蕭：他有法術呀！做神仙的會縮起來呀！

問：那千代師姑不會怕嗎？

蕭：她不會怕。

問：眞的不會怕，膽子很大。

蕭：是呀，她不會怕

問：妳有聽過她說剛開始牽亡有什麼感覺？

蕭：她說過要是牽到兇死，像是被車撞死的魂，會感覺很累，她只有這樣說而已，沒有說過其他的，她只說這些要是被妳們看到，妳們會嚇死喔！就只有這樣，沒有其他的。

問：那她也是身體不好才開始拜母娘的嗎？是這樣嗎？

蕭：嗯，她也是身體沒有很好。

問：她是身體哪裡不好才開始拜？

蕭：她好像是腸子不好開刀還是怎樣？

問：是腸子開刀嗎？

蕭：是開肚子啦！不知道是腸子還是什麼東西？

問：在哪裡開？

蕭：在花蓮港啊！花蓮港哪裡開我就不知道了。

問：是哪一間醫院呢？

蕭：我不知道，我就眞的不知道了。

問：她家裡的人會知道嗎？她女兒呀！

蕭：不知道，那些人都還很小，有些還沒出生，怎麼會知道呢？

問：大一些的孩子也不知道嗎？

蕭：怎麼會知道呢？即使是前妻的小孩也都沒幾歲呀，怎麼會知道？

問：喔！她是嫁給人。

蕭：做後（繼室）的，是給人做後的喔。

問：那她肚子開刀時，是差不多幾年的時候？

蕭：那就多年囉。

問：我的意思是說那時她差不多幾歲時？

蕭：嫁過來不知道多少年，她三十多歲結婚，可能是嫁過來兩年後開刀，可能是這樣。

問：那像妳們去辦事情，先生那些不會反對嗎？

蕭：不會，全部七個人家裡都不會反對，我們全都是有病去被母娘醫治好的，家裡都不會反對。

問：我曾聽我爸爸說過，好像妳們拜幾年之後，千代師姑她們有改去別的地方拜拜？是在上面拜？

蕭：哪裡上面？哦！就是榮華那裡拜。

問：拜過才又回來？

蕭：對對。

問：為什麼會去別的地方拜。

蕭：她和光添的媽媽不知怎樣，那個我也不了解，包括阿牙、阿火嬸她們全部都去拜，只剩下我、光添他媽和茶姑三個而已。

問：去別的地方拜多久才回去？有一年嗎？

蕭：不只喔！可能有兩年多後才回去。他們那裡就蓋廟啊，廟蓋好阿。

問：那她們為什麼會又回來拜？

蕭：又跟他們（榮華）有起衝突吧！我也不是很了解

問：那千代師姑是拜母娘多久才開始牽亡？

蕭：拜沒有一年的時間

問：那他去上面（榮華）那邊也有幫人牽亡？

蕭：有有，她先在石壁牽，後來才那裡牽。榮華移走後，一開始榮華也是一起拜的，後來拜一拜不知怎樣就分開，我也不知道。是這樣的。

問：像她這樣拜，家中的人也不反對嗎？

蕭：全部都不會反對，一開始只有阿火嬸家中有反對，後來也不反對了。一開始只有她家中比較反對，後來就完全都不會反對了，說真的。這麼靈

感怎麼會反對呢？

問：沒有啦！怕家裡會因為忙廟裡的事而沒做家事反對啦！

蕭：不過我們以前都是晚上阿！

問：都是晚上？

蕭：對呀！都是晚上呀。

問：白天都在忙家務事嗎？

蕭：是呀，白天還要做事，都是晚上呀。

問：晚上客人才去嗎？

蕭：對呀！對呀！客人都是晚上才去！

問：都是從幾點忙到幾點呢？

蕭：沒說幾點啦！有時甚至忙到天亮喔。

問：都不用睡覺嗎。

蕭：對呀，都不會覺得睏耶！哈哈哈哈。

問：那天亮又回到家中開始忙家務事嗎？

蕭：是呀，常常都是這樣喔！像市區人有個腰痛的，聽說這裡靈感來醫，等到十二點多都還沒幫他醫，他問說好了嗎（只輪到他）？我說：「不知道喔！」他等到三、四點才輪到他醫，我幫他醫一次就好了。要看時節呀！

問：所以那時千代師姑牽亡也都是晚上囉？

蕭：牽亡？牽亡沒有啦！牽亡是吃過晚飯就牽，牽三個而已，也是晚上時牽，就牽三個而已，沒有說幾個都牽，就只牽三個。

問：一開始就只有牽三個？三個牽完就不牽？

蕭：對，三個牽完，其他的就下次再來了。

問：三個牽要花多久的時間？

蕭：三個沒有多久啦！看好牽不好牽啦！

問：嗯，一個大約要多久？

蕭：最少也要辦小時、一小時。

問：那她這樣限制牽亡三個人，是多久之後才沒有限制人數？

蕭：那麼多年了，我也真的不記得是多久的時間了。

問：他後來人很多時，一天差不多是多少人。

蕭：哇！很靈感時，整間房子滿滿的都是人，要怎麼算多少人我也不會算。

問：一整間屋子人。

蕭：很多人喔。

問：是在舊廟還是新廟時。

蕭：那時整屋子都是人時是在舊廟，還有在光添家裡時。

問：一開始是在光添家裡，後來是伯公（彭阿平）貢獻出地之後才蓋廟的。

蕭：對對對。

問：以前伯公是堂主。

蕭：不是這樣說的，以前那塊地是我跟妳爺爺分到的，妳爺爺分到下面，我分到上面，妳伯公就說：「這樣要蓋廟，就給它（廟）啦！」妳伯公也沒有問我肯還是不肯，就說要給了，所以那個地是我的份。

問：所以當時光添他爸是第一任堂主，再來就是伯公？

蕭：對，死掉以後（指光添之父），沒有人要做才換他做。

問：怎麼會沒有人要做？

蕭：誰要做，做堂主那麼好是嗎？不好的。

問：堂主不是負責堂內的事物？

蕭：是呀！也沒有錢可以領的。

問：那時雖然有堂主，不是也有董事會嗎？

蕭：沒有，那時還沒有。

問：那是後來伯公死掉後，沒有人接任，才有董事會出現嗎？

蕭：嗯嗯。

問：那時會什麼會沒有人接續伯公之後擔任堂主呢？

蕭：可能是怕死啦！人家都說做堂主都會死掉。

問：大家這樣說呀。

蕭：是呀！人家都說光添他爸做堂主就死，後來妳伯公接堂主後又死，大家都怕死，哈哈哈。

問：所以大家都怕死，就沒有人要做。

蕭：是呀，現在沒有堂主，就只有董事而已。

問：那時是沒有敢接就是了。

蕭：是呀，沒有人敢接。

問：後來變成董事會，就是什麼事情都是董事長在決定是嗎？

蕭：嗯嗯嗯。

問：那許多事做決定還需要經過其他人嗎？

蕭：要經過會議呀，大家開會議，有委員呀。

問：那師姑們是裡面的委員嗎？

蕭：沒有。

問：有師姑是董事會成員嗎？

蕭：沒有。

問：有些事經過董事會決定，會不會有師姑們不同意的？

蕭：我們哪裡會不同意，他們決定就好了，我們又沒有拿錢出來。

問：可是在裡面辦事的人員是師姑妳們在辦呀！

蕭：是呀。

問：如果有事情妳們不同意，那會如何解決？

蕭：不會不會，他們那些人也不會說亂做一通，不會。

問：所以事情都是他們決定，妳們不會干涉？

蕭：那些都不關我們的事。

問：千代師姑是哪裡的人？

蕭：應該是鳳林人，後來又搬到玉里去，我是聽人家這樣說過。我上次問他兒子他媽媽是哪裡人？他跟我說是富里人，可是妳爸跟我說不是，他查到是鳳林出生的。所以這樣我也不知道他到底是哪裡人。

問：所以這樣說來，連千代師姑的兒子都不是很清楚千代師姑的一些事情囉？

蕭：不知道，不知道遠勒。我是和她認識是在鳳林認識的，說真的，她曾住過光復還是玉里哪裡？我就不知道，我只曾聽說過是玉里，不知道哪裡出生我就不知道。

問：千代師姑往生之後，廟裡都沒有人牽亡了是嗎？

蕭：沒有了。

問：難道都沒有人試著要來牽亡嗎？

蕭：要來牽難道就會牽嗎？

問：還是有人會要來牽？

蕭：很多人要來牽喔！台北還有哪裡的人都很愛來牽亡，但是就是不會牽阿！

問：也聽到一些人再問說千代師姑是不是有傳人？

蕭：不是啦！現在進貴他媽（許金蓮）不是用附身，她是用像問病這樣說啦！那不是牽陰啦！

問：那究竟是亡魂有出來讓他問還是怎樣？

蕭：我看那是神明先說，說完這樣。

問：喔！就是現在我去問，問說家屬死亡之後的情況是怎樣，神明才回答如何

蕭：我想應該是這樣。

問：所以就不算是傳人囉！那有其他人嗎？像是乾女兒之類的來做嗎？

蕭：乾女兒很多呀！

問：她很多乾女兒喔？

蕭：當然很多，連乾孫子也很多呀！

問：都是人家去認她的嗎？

蕭：嗯嗯。

問：像她這麼多年來，都沒有收徒弟嗎？

蕭：沒有、完全沒有。

問：那她沒有收徒弟，也沒有想要教她的孩子嗎？

蕭：大概沒有，不曉得耶！有沒有教過，大概呀不知道！上次台北有一個人，上次妳爸還擔任董事長時，那個人多想要來牽亡，說她沒有來牽人就會怎樣不舒服，妳爸不肯讓她來牽。後來妳爸沒做之後，我跟她說妳來試牽看看。既然那麼想要牽，妳就讓她試試看她是真的還是假的，可是妳爸就不肯，妳爸離開後我就叫她來牽，叫她快來牽不用怕，說是我叫她來牽的。結果牽三個人都不會說，不會說我就跟她說妳不要牽了。妳爸那樣做就不對了，你要讓她試試看，看會不會，會你就讓她牽，不會就不要。妳爸一走我就叫她來牽，她說她不敢喔！妳爸不肯，我就跟她說：「不用怕，你就牽牽看」，她說怕妳爸等一下就來廟裡，我說等一下來也不用怕，就說是我叫妳來牽的，結果給她牽，牽三個她都不會，後來她就不敢來牽了呀！

問：是呀！試過以後就不敢了。

蕭：嗯嗯嗯，她就說是契母叫她來牽的。喔！是契母叫她來的，好，你就讓她試，不會牽就叫她不用來，她現在不曾來囉！

問：是呀！是過以後就知真假。

蕭：對呀！不然她都說回去台北就生病不舒服，來這裡就好，胡說八道。

問：現在還會有這種人來這裡說是母娘叫他牽的嗎？

蕭：沒有！

問：現在都沒有了？

蕭：嗯！眞的會笑死人！

問：所以千代師姑她也沒有說有教過人？

蕭：這個要怎樣教阿！要契母說出來才可以，不是說自己會的你知道嗎？像她牽陰，也是契母告訴她現在是什麼人來，是兇死的，不然我們也不知道現在來的人是兇死的呀！

問：所以千代師姑在牽亡魂時，是先在地藏王菩薩那裡，由菩薩先跟她說現在來的是怎樣的人，然後千代師姑再跟客人確認。

蕭：嗯嗯嗯。

問：然後才出去外面。

蕭：對，出去外面讓陰的附身。因爲陰的不能進去廟裡面。牽陰呀！如果不是眞的會......。以前有個人叫鳳妹，那個人妳爸認識，她以前千代師姑跑去上面時（即在周呆的廟裡），大家叫她（鳳妹）牽陰，結果都不會退，就一直跑，從光添家裡跑到河床那邊，我們這些人就追得要死，妳茶姑說就讓她跑，結果跑到墳墓那裡去，不會退。

問：是羅鳳妹嗎？她會牽呀？

蕭：會呀！但是不會退，那個陰的不願走呀！

問：但是很久以前的事嗎？

蕭：喔！那很久了。那已經是四十多年前的事了。

問：那時她還很年輕吧？

蕭：嗯，很年輕。

問：那她試這麼一次就不敢了吧？

蕭：哇！很多次喔！

問：很多次？

蕭：但是就是不會退，都要人家追，追到河床那裡去。以前又沒有電燈，烏漆媽黑的，後來她就不敢牽了。哈哈哈！

問：所以她現在也沒有想牽？

蕭：不會啦！現在也不會想牽。

問：她不會想說現在廟裡沒有人可以牽，所以她就來牽。

蕭：不會啦！現在也沒有辦法了吧！

問：她們牽亡是不是身體會很虛呀？

蕭：是呀，千代師姑你看，牽到瘦巴巴，那些都是陰的。如果是陰的，你看很多都是兇死的，車禍呀！她說那些兇死的牽完後很累，回去都吃不太下。

問：食慾不佳？

蕭：嗯嗯！牽完之後人就很疲倦。

問：她有遇過不想退的陰魂嗎？

蕭：她沒有。

問：不曾？

蕭：不過她需要人護駕。護著，需要退身時要打呀！從背後打下去就會跑掉，所以需要人家護駕就是這樣。

問：所以牽亡時都要有一個人在身邊。

蕭：嗯嗯。

問：以前在千代師姑身邊的就是阿蓮師姑在一旁顧著，看她牽得差不多了，要讓亡魂退了，就一掌拍下去讓亡魂退下，沒有打就不會退？

蕭：嗯嗯，沒打就不走，一打下去就會清醒，亡魂就會退。

問：喔！有可能是沒有打就自己清醒嗎？

蕭：這樣比較不好。

問：像她這樣晚上睡覺時陰的會去找嗎？

蕭：我不知道喔！她不曾說我就不知道。

問：那你對千代師姑有什麼樣的印象深刻的事情？

蕭：沒有耶！

問：都很平常嗎？

蕭：嗯。

問：她是不是常出國？

蕭：嗯，她後來常常出國，什麼國家都去過。

問：出國是有牽亡魂還是只有辦事。

蕭：應該只有辦事啦！我也不知道。我和她一起出國時是沒有牽只有辦事啦！她沒有和我一起出國時我就不知道囉！像是去馬來西亞這些我就不知道了，因為我沒有一起去。去美國時為我有一起去，那時是沒有牽。

問：就只有辦事？美國那裡也有廟喔？

蕭：有喔！台灣人開的。

問：也是拜母娘嗎？

蕭：是呀！也是拜母娘

問：那你們也是去辦事？

蕭：嗯嗯。

問：那那裡的母娘也是說客家語？

蕭：哈哈哈，一樣啦！一樣啦！

問：像這麼多年來沒有收徒弟或傳人，也沒教過什麼人，那她……。

蕭：她也不會像人家什麼很臭屁，去教人家什麼東西，她不會這樣。

問：那有受她影響較深的人嗎？或廟宇嗎？

蕭：那我不知道。

問：那有誰可能會知道呢？

蕭：不曉得耶！跟她比較親的，要她說出來給我們聽，這樣我們才會知道呀！

問：她也很少跟人家說這些事。

蕭：不會說。

問：那她有跟誰比較要好嗎？

蕭：哪有跟誰比較好？

問：沒有囉？

蕭：沒有阿，哪有跟誰比較好？都是普通交情，跟一般一樣。

問：都是普通喔。

蕭：是呀。

問：那我若還想要問她的事情，要找誰問可能會知道的比較清楚。

蕭：哪裡有誰會比較清楚。

問：沒有比較好的嗎？

蕭：沒有。

問：她會跟她兒子那些說嗎？

蕭：沒有，神明那些事情她不會跟她兒子說。

問：請問廟裡裡前去拜的人，是以那個村庄的人為主嗎？都是客家人嗎？

蕭：哪裡的人都有呀！連原住民也都有。

問：一開始時是以村庄的人為主囉。

蕭：嗯。

問：那都是客家人嗎？

蕭：不會呀，像阿枝仔就是閩南人呀，像榮華也是閩南人呀。

問：所以客家人與閩南人都有，有分哪一種人比較多嗎？

蕭：照這樣來說是客家人比較多，像佳冬下那裡也是客家人呀！

問：像客家人與閩南人會分得很開嗎？

蕭：不會，都一樣。

問：嗯嗯。

蕭：對了，像楊傳廣，以前跑步的選手，他是來牽亡後，好像是牽他妹妹，後來千代幫忙他，才自己開堂的，現在死掉了。

問：他牽他妹妹，回去怎麼就開堂了。

蕭：我聽他說過他牽他妹妹後，坐火車回去的路上就有感應了，手那些就開始動起來，神明就開始跟他說話，後來就刻金身，開堂辦事了。

問：這麼多年來，妳感覺千代師姑是怎樣的一個人？

蕭：她喔！說眞的她不會不好，就是脾氣不好，比較急躁。

問：會罵人嗎？

蕭：會呀！

問：罵客人嗎？還是罵廟裡的人？

蕭：客人比較難搞的她會罵，裡面的人得罪她的她也會罵。

問：聽說她會罵神明是嗎？

蕭：會喔！連神明她也會罵喔！

問：她是怎樣罵神明？

蕭：神明有時讓她牽亡牽到生氣時，她也會罵喔！

問：是怎樣罵法？

蕭：就是說：「現在是怎樣喔！沒有正經，怎樣怎樣......」像這樣子罵，是眞的這樣，不是假的，常常罵喔，不是只有一次這樣，眞的。

問：對廟裡的人好嗎？

蕭：我是不曾被她罵，像阿有姐那些就被她罵過。

問：像妳們一樣是師姑她也會罵呀？

蕭：會呀！讓她不高興她就會罵，所以每次要去哪裡，她（千代師姑）都不要和她們（其他師姑）一起出門，像我是比較會讓她（忍她）。

問：所以她要人家讓她。

蕭：對呀，所以我們比較不會怎樣。

問：像她這樣不會得罪人嗎？

蕭：會呀，怎麼不會得罪呢？像她那樣牽亡，有時有些話不說的，客人多問幾句，她一下子就不牽了，這樣怎麼不會得罪人，會得罪人呀！

問：像廟裡的人被她罵，會不會生氣呢？

蕭：像她脾氣不好就是了。

問：像有一本書是寫千代師姑牽亡魂的情況，是一位記者長年在石壁觀察牽亡，紀錄許多牽亡的事情與情形，裡面的內容有的說很準，有的說不準……（張開基，台灣首席靈媒）。

蕭：喔！有這一的一本書喔，我倒不曉得。

問：有的，真的有這本書。關於牽亡，我小時候有看過，但沒有什麼印象了。像這樣牽亡，以前靈感時，是不是真的很準？我以前聽媽媽說過她們去牽我外婆時，真的很準，連叫我外公的外號都知道，聲調也很像。後來是有比較不準是嗎？

蕭：有，有差喔！

問：有差喔，是後來晚近這些年是嗎？

蕭：是。

問：為什麼呢？

蕭：是身體比較不好。

問：除了身體不好有差之外，還有什麼原因？

蕭：可能是太累了。

問：像她這樣身體不好，怎麼沒有說要退休來休息？

蕭：就不肯呀。

問：是母娘不肯嗎？

蕭：是呀，就母娘不肯。

問：妳有聽她說過是嗎？

蕭：是呀，就是不肯。

問：妳有聽她說過母娘有找過傳人嗎？

蕭：沒有。

問：像廟裡沒有傳人，妳們會煩惱嗎？

蕭：我不會煩惱，有什麼好煩惱？

問：因為廟是妳們一輩子的心血呀！

蕭：唉呀！廟已經蓋好在那裡，就隨便它了，我不會煩惱的。

問：如果是我我就會很煩惱，因為是一輩子付出的地方。

蕭：牽亡，我跟你說，你說牽亡好是好，有時牽沒有，被客人罵得要死，客人會罵耶，妳們都不知道。牽有準人家就讚美，牽不準，人家罵妳胡說八道、騙人的……。

問：就在那裡當場罵喔？

蕭：會呀會呀。

問：客人罵時千代師姑都怎麼說。

蕭：就靜靜的呀！以前阿牙還曾經被人家，被客人抓扯頭髮，被打。

問：啊！

蕭：台北那邊來的人，牽的不知怎樣？

問：她們是說不準嗎？

蕭：不知道是不準還是怎樣？那時我不在那裡，我是回來以後聽人家說的。

問：所以。

蕭：牽亡很那個。

問：喔，好就好，不好就很不好。

蕭：嗯嗯。

問：那麼多年來，如果董事長有做不好的地方，師姑們會說話嗎？

蕭：我不會說，就隨便他們。

問：那如果是母娘有意見呢？

蕭：有意見會用擲杯的呀，看肯不肯。公道說，董事長做什麼事情都會和我先商量，問這樣好嗎？不然我們來擲杯，會這樣商量。

問：這樣我了解，謝謝您今天接受我的訪問，以後若還有需要，希望您可以再讓我訪問。

口訪逐字稿二

口訪時間：民國 98 年 4 月 17 日下午 4 點
地點：楊菊枝家（花蓮縣吉安鄉）
口訪對象簡介：楊菊枝女士是林千代的長女，住在吉安鄉，家中除了經營民宿之外，楊女士還另外從事種菜及賣菜等工作。

問：她在鳳林出生，還沒有結婚以前，是做什麼工作的？
答：還沒有結婚以前，聽媽媽說都是在家裡幫忙外公，因為外公那時是當醫生，媽媽就是在家裡幫外公和外祖母她們做家裡事情，因為她們姊妹多，姊妹多有的，我外公他們常常有時不一定，沒有說固定住哪裡啦，！國家派他們到譬如說是鳳林還是到富里，他就要到那裡住。可是那時候就是我舅舅他們都要讀書，到花蓮來讀，我媽媽就要照顧弟弟他們，就是舅舅他們。所以媽媽就長期，我知道媽媽是跟我講說那時候外公他們已經在富里了，派到富里衛生所當主任，那時候舅舅他們要讀書呀就在花蓮市，阿有房子就是媽媽那時候就是在這裡照顧弟弟，照顧舅舅他們。我是聽媽媽這樣講。
問：千代師姑以前是鳳林公學校畢業是嗎？
答：哪一個學校畢業我就不太清楚，她是在哪一所學校畢業我是沒有很了解。我是知道她那個時候好像是日據時代，她是給我們說她是讀到初級部，阿在哪裡讀我沒有很確定？因為那時候我沒有問的很清楚。
問：我是聽說千代師姑曾說過她是讀到高等科畢業。
答：高等科就是像現在的初中，就是以我們現在講是初中。對！日據時代是

－179－

說高等科。

問：那她是在哪邊讀是不知道。

答：嗯，我沒有記得很清楚，不知道是在哪裡讀我不是很清楚。

問：她最早是從西部過來的嗎？

答：嗯，媽媽好像是從花蓮出生的。

問：那你的外公呢？

答：外公她們是從西部來的。

問：是哪一縣市知道嗎。

答：我不太清楚，因為那時候我們已經在花蓮，也年紀還小，外公死的時候我才國小四年級、五年級，還不懂得去追問說到底外公以前是住在哪個地方？只知道是從西部過來，哪一個縣市就不清楚了。

問：嗯，所以你不是很清楚外公從西部哪一個縣市過來，只知道是因為工作調來調去而到花蓮來。

答：嗯嗯嗯。

問：妳媽媽都是在家裡幫忙，就沒有到外面工作過。

答：嗯，她是有說過在日據時代，她是有在營區工作過，嗯怎麼講，就是像現在的營區。

問：軍營嗎？

答：對，軍營裡面，在裡面工作，就是，不知道是哪一個部分，就是送公文那種。

問：就是像送文書那類的嗎？

答：對。

問：是在花蓮嗎？

答：她那時候跟我講好像是在花蓮，不曉得是在花蓮哪一個地方，她有講啦！我不是記得很清楚。

問：這是結婚前嗎？

答：對結婚以前的事，結婚前他就是在家裡幫阿公，照顧弟弟妹妹，然後還有就是在日據時候，她跟我說是在營區工作，阿日本人回去以後，變我們中國政府的時候，她就在家裡照顧弟弟他們，還沒有結婚以前，她是這樣跟我們講。

問：那她說在營區工作是在花蓮港這裡，還是在鳳林、富里呢？

答：好像是在花蓮這裡。

問：那結婚以後呢？

答：嫁給爸爸之後，爸爸就是做農的，你就知道在家裡就是照顧家裡，做家庭主婦這樣。

問：有幫忙做農？

答：有啦！家裡有養豬那些都需要餵呀，像我們慢慢一直出生，她就要照顧我們，就一直很忙。

問：那之後就是開始接觸宗教嗎？

答：宗教是從很像是從，要算一下，像是我那個第二個弟弟出生前，以我這樣子算，應該是四十六歲四十六、七年前的事情，好像是四十六還是四十七年前的事，因為我那個弟弟還沒有出生的時候她就在廟裡工作。

問：那時候廟還沒有蓋，是在范光添他們家拜拜。

答：你知道嗎？那妳爸爸有講給妳聽。

問：我是有先去訪問過蕭添妹師姑，所以有些事關於以前廟的建設我知道一些，但還是要請問妳一下。那妳媽媽在接觸母娘之前，有沒有其他的宗教信仰經驗？還是有去哪裡拜拜。

答：沒有，她的人是很硬直，不大信宗教的人。

問：那她為什麼會信母娘？

答：就是因為我那個大的弟弟，妳現在寫上去，原因就是從這裡開始。那時候我那個大的弟弟就是發燒，發燒是因為出麻疹發燒，影響到他的兩隻腳，都已經麻痺了。

問：他是小兒麻痺嗎？

答：對，就是因為出麻疹，發燒過度小兒麻痺。發燒過度影響他的腳。那時候醫學沒有這麼發達，他的腳簡直是怎麼講，兩隻腳可以說是不能走了啦！好像是癱瘓一樣，都不能走了。

問：那時候他幾歲？

答：那時候弟弟好像是只有兩歲吧！

問：兩歲。

答：是呀都不會走，兩隻腳都軟軟的，那時候媽媽就很傷心，想說怎麼辦，才一個兒子而已，兩隻腳就這樣給我照顧的，她就很埋怨自己沒有照顧好這樣，可是也來不及了呀！兩隻腳已經軟軟了呀！就不會走。那時候

剛好大家就去拜母娘，就去法華山拜母娘呀。我媽媽她就跟我講，她就
說為什麼她會進入這個宗教去拜母娘，就是大家都說哪裡母娘很靈喔，
大家都去那裡拜，那時媽媽就半信半疑也好，我們來去拜神看看，求神
拜佛，看看這個小孩子能不能挽回一點希望，就是讓他會走路的希望。
然後他就去那裡拜了之後，大家都很虔誠的去求，她也跟著大家去求，
她就很虔誠的許願，就跟母娘說：「母娘，我現在有一個願望就是說，我
如果能夠讓我這個小孩子兩隻腳，我不要求他能全部會好，我只要他能
走就好了，不要說讓他覺得現在就是不會好」「她說讓我這個兒子會走，
我以後會把時間奉獻在廟這裡，幫母娘服務，就是渡眾生」然後她就許
願過後就回來慢慢接觸到母娘，接觸到母娘賜給她的懿旨，讓她要渡眾
生，讓她陰陽都渡，讓她渡陰陽，渡陰的就是牽亡魂，陽的就是人家辦
事情，人家就是有事情有困難來問她，她就要無條件幫助人家問母娘，
請教母娘，幫助人家解決事情這樣。就是從這裡開始。

問：我之前有問過蕭添妹師姑，好像妳媽媽好像自己之前有開刀過，身體不
是很好。

答：她那個時候還不是許願她自己，會進入母娘這裡，一開始是因為弟弟。

問：一開始是因為弟弟，後來她是有開刀身體不好嗎？

答：她開刀是以前很像是生我之後就有開刀，開刀以後她那時候身體還可以
呀！後來就是生我弟弟呀！就是因為我那個大的弟弟，他就是出說麻疹
以後太燒她沒有注意，她那時生活很苦呀，整天就是要挑水、養豬什麼
的，就想說小孩子睡得好好的，不懂得他發燒過度呀！然後知道的時候，
發現的時候已經發燒過度了，太慢了，那兩隻腳已經可以說都軟軟，沒
有會走的跡象了。她就是去法華山以後拜母娘開始啦！拜母娘開始她就
許願，就像我剛剛講的這個樣子。

問：所以她就是拜了之後，妳弟弟很快的腳就好了。

答：慢慢的，就真的喔，回來不久我那個弟弟就會爬，ㄟ到了差不多五六歲，
很會跑，非常會跑，他的腳雖然不會很那個，可是跑的很快，我媽心裡
就很高興，所以說她許的願就達成了，她就很願意跟母娘這樣子。她就
說：我真的就是說，母娘真的這樣子靈感，讓我的兒子，讓我的心願這
樣子實現，讓我的小孩子這樣會跑，就會走阿。可是一點點她有也講，
不完全沒關係呀，會好就好會走就好。真的呀，我那個弟弟就會走了呀。

問：那妳有沒有聽妳媽媽說過她是怎樣開始會牽亡的？

答：她這個牽亡魂的時候，她是講給我們聽是，最初母娘是化。

問：化什麼？

答：化，就是我們不是有七爺八爺，她那個七爺八爺是真的現給我媽媽看。

問：嗯。

答：因為那個七爺八爺不好看。

問：嗯，那妳媽媽會怕嗎？

答：不會怕，她就說她不會怕，祂就真的現給她看。

問：七爺八爺就突然出現了？

答：對！就晚上的時候就出現在她前面給她看，然後祂（母娘）說妳會不會怕，我媽說：「不會」「好！那就好，不會怕就可以了。」然後祂就化那個冤魂給她，母娘就開始她去渡那個陰，那個陰魂，妳知道嗎？就是陰魂也是很可憐呀！有的他也需要錢呀！需要接觸我們的家人呀！要求說要什麼呀！因為他在那裡很苦呀！就給他看得到這樣子。

問：所以說千代師姑她是先看得到七爺八爺，接著看得到陰魂，那母娘是怎樣教她的呢？

答：母娘怎樣教她我又沒有問得很清楚，我只知道剛開始就是現七爺八爺給她看，看了之後我媽媽就是說她不會怕，都不會怕，就說可以，啊妳不會怕就可以開始牽陰魂了，牽陰魂的時候是有啦！應該是母娘她也有賜一些什麼符咒那些，讓她去唸了以後會可以跟陰魂她們通話。

問：所以妳媽也是會念一些符咒？

答：應該會。

問：是哪些符咒？

答：不是說符咒啦！像是阿彌佛陀念阿，或是說，就是跟不會怕那個陰魂就對了，直接他們就會和她通這樣子。她也不是說什麼咒啦！就是母娘會教她說怎麼樣接觸那些，她沒有講得很詳細給我們聽啦！很多細節，也許很多細節她也沒有說完全公開啦！因為母娘的東西她不會完全公開跟妳們講，大概講給我們聽這樣子。

問：這樣子，那妳有聽她說過母娘還有教其他的人嗎？

答：喔！我不知道耶！她....她有沒有教其他的人我就不知道，可是我有聽媽媽說，她說她有上次台灣有一位盧勝彥先生不是很，也很怎麼講，在道

教上不是很紅的一個人嗎？

問：對對對對對！

答：也是從媽媽那邊，原因是從媽媽那邊出來的，就是母娘有和媽媽說這個人，就是說盧勝彥那時候也是半信半疑繼續信宗教。

問：對！

答：然後母娘就和媽媽說，要請他出來渡眾生，也是就是這樣子指點媽媽，叫那個盧勝彥要出來，也要從拜母娘開始渡眾生。我是知道這樣子，阿其餘的有沒有再，母娘再叫，我就不太很清楚。

問：就是妳媽媽還有，ㄟ，像帶盧勝彥這樣出來，有帶其他的人嗎？還有受她影響比較多的？

答：嗯，那我就不會很清楚了，因為我沒有時常跟在她身邊，所以我就講不出來了。大概我是知道說，當初盧勝彥也是媽媽，從媽媽這邊出來的，從母娘這裡出來的。

問：妳媽媽只有跟妳講過盧勝彥？

答：嗯，她就只有跟我講盧勝彥，阿有沒有聽他說過其他的廟阿、宮堂？

問：喔，廟、公堂是有很多人來問媽媽說請教她什麼的，可是媽媽也說母娘她沒有指點我，我也不會，不敢隨便教人家什麼，因為這種東西不是用說教的，母娘真的有化出來給你看才可以的。妳就是聽妳伯婆（指蕭添妹師姑）也會這樣講。妳伯母也是沒有教過弟子對不對？

答：對！對！因為她們母娘也沒有就不行。

問：所以是母娘沒有教，不是她們沒有教囉？

答：對！不行的，不是說我們自己可以教的。

問：因為現在很多人就是說什麼她們是千代師姑的傳人，所以我想問說妳媽媽到底有沒有傳人？

答：她也不是叫做傳人，她只是說母娘有指點她她就敢做，就會叫妳說，母娘有說叫妳要渡眾生，妳就要看見看見，自然而然她就會做。沒有什麼叫做傳，也是有啦！可是，像我們，媽媽也是常常說：「我現在牽亡魂了，妳們可以來看看，看妳們看得到嗎？」我們都看不到啊！沒辦法阿！她怎麼教？

問：所以妳媽媽她也是有叫妳們去看？

答：對啊！可是我們就是看不到，沒看到什麼東西。都沒有，沒有看到什麼

東西。所以妳怎麼講，這個完全不是用傳的，其實她們外面的人是說用傳的，但那個是怎麼傳我們也不知道，那是用怎麼傳我們也不曉得。

問：因爲蕭師姑她有說過聽妳媽媽說過牽亡魂之後，就是比較兇死的亡魂後身體就會很不好，很累，妳有聽媽媽說過嗎？

答：有，很累，真的很累，他們那種也許就像說兇死的啦，就是車禍或是自殺那個，那種魂就是，他就是說在裡面很苦，也是想說有沒有能夠幫他解決比較不痛苦，然後他附妳的身的時候，妳就會覺得真的很累，媽媽有講過。那種我們不知道怎樣，特別的，可能是他們的陰，像我們的磁場這樣，好像是他們的磁場比較，比較深還是怎樣，靠到我們的身後要脫離，他好像捨不得脫離還是怎樣。

問：妳有聽她說過就是那種附身以後是什麼感覺嗎？

答：喔！附身以後就是她是說附身以後剛附的時候不覺得，可是退了以後她就覺得很累。

問：那附身後她自己還有意識嗎？

答：附身的時候她們自己還會有一點點意識，意思就是說我們講話就不是屬於我們自己想講的，就是那個魂在講話。

問：但是你知道那個魂在說什麼嗎？

答：他就是附到妳的體呀！變成說他在講啊。

問：對！妳自己還是知道魂在講這些話嗎？還是都不知道？

答：可能不知道，她說退了之後就都忘記了。

問：退了之後就忘了。

答：忘了，忘了剛才有講什麼，退掉她就忘記了，她是這樣講。

問：那妳有聽她說過像她牽亡魂幾十年來呀，有沒有什麼印象比較深刻的事情？

答：喔！那很多啦！因爲她們通的時候，那時候剛通亡靈的時候，她們都很清楚哇！精神那些都很清楚，就是附身的時候她們就變成那個亡魂附她的身，就變成不是她們在講，是那個亡魂在講話這樣子。可是她們也不是完全脫離掉就是完全不知道，也是會知道說像是因爲那時候我們人體耳朵還聽得到旁邊的人講的話阿，可是她就是沒辦法說我們自己想講什麼這樣子，就變成亡魂在講，聽還是聽得到人家在講話，可是就是沒辦法一樣說我們想叫做什麼、想要說什麼，就是變成靈魂、亡魂在講，她

是這樣子講。

問：嗯，那就是說，她有沒有碰觸過什麼樣子的案例，讓她印象深刻？

答：母娘不跟妳講就不可以講，有案底的，母娘說不可以講就不能講。

問：什麼意思？就是說有什麼秘密，母娘就會跟妳媽媽講而已？

答：對，就是說不會化得很明給妳看，妳也講不出來，因為比方說：重大案件那些呀！

問：對呀！那些應該很多人都會想來問，特別是重大案件。

答：對！有時母娘沒有化得很清楚給妳看，妳就知道說不能亂講，不要講，這是關於很大的事情，她不會化得很清楚給妳看，妳就講不出來。比方說迷迷糊糊的，萬一講錯怎麼辦？就是不肯啊，母娘沒有化得很清楚的妳就不要講。是很多案件啦！這個不是假的。

問：那我聽添妹師姑說一開始早期在牽的時候，一開始只有牽三個？

答：對！那時候剛開始的時候不能牽很多。

問：為什麼不能牽很多？

答：因為妳剛開始在做這個事情，要適應環境呀！而且說那個靈魂，妳要是要牽的話，她整天會來呢！妳就要說牽幾個後不要再簽了，她就不會再來了阿。陰為那個靈魂到下午以後就是陰的會出來，比較會出現，要是一直做一直做，我們身體會受不了阿，不行啦！剛適應的時候就做幾個。

問：她剛開始在牽的時候，妳還很小吧！

答：很小阿！

問：一天中她都什麼時候去廟裡做事情？大概幾點？

答：喔！都要下午三點。

問：不是晚上嗎？

答：下午！下午就要去了。

問：一開始的時候？

答：嗯，牽亡都下午時，我知道的時候都是下午三點時開始（指她懂事之後）。白天要種田，晚上做到十一點，白天要做事情沒有很早，牽亡魂都下午。那時很多人來牽，她就說晚上牽到十一點就不要做了。

問：所以就是下午三點到晚上十一點囉？一開始就牽三個人？

答：對，後來人很多，滿滿的人，所以就沒有限制人數。

問：一開始三個是誰定的？

答：不是說誰定的啦！一開始不能牽很多，陰附身的時候人很累，胸口會很鬱悶難受。要退駕的時候，都要人在後面拍，讓人清醒過來。

問：那是何時開始覺得身體不適，所以又要限制時間？

答：很後面了。

問：她常出國嗎？

答：那是後來喔，妳現在是問後期了。

問：後來出國都是辦事情？

答：都是辦事情。

問：她去過哪些國家？

答：喔，她去過喔，新加坡、馬來西亞、印尼，印尼比較常去，印尼有母娘的弟子在那裡。

問：印尼那裡母娘的弟子也是受她影響的嗎？

答：對呀！母娘有牽一個印尼的會辦事情。

問：也是你媽媽幫忙訓練？

答：對對對，一開始也是媽媽去那裡幫忙，就是說母娘說要叫她渡印尼的眾生，母娘就會化一些東西問她說看得到嗎？有時候看得到，有時候看不到，看不到時就要求母娘再化一次，會慢慢讓她接近。

問：所以印尼的弟子是你媽媽幫忙的。

答：對，所以後來就開堂這樣子，他會辦事，但不會牽。

問：還有其他這樣的例子嗎？

答：有阿，其他國家還有，但我不是很了解，只知道印尼這邊有這樣的弟子，媒果不知道有沒有，他比較常去的地方就是印尼和美國。

問：她曾和她的日本老師聯絡過是嗎？

答：有有有，不是聯絡，就是她們有開同學會的時候，大家都會，有的人知道，就會和她連絡，和以前教她的，在日本時代教她讀書的老師。後半期才有連絡，以前也是沒有，後來我媽媽比較常出國時才有和她連絡。後來才有辦法出國，才能去探望老師，她好像是探望過兩次，去日本探望過老師兩次。

問：那她接觸宗教的工作，給你們家人怎樣的感覺。

答：你的意思是說？

問：你們是怎樣看待媽媽的工作？

答：喔，我們是覺得媽媽怎麼這麼忙，沒有在家裡陪我們。小時候會這樣想，為什麼別人的媽媽會在家裡陪我們，我們的媽媽沒有在家裡陪我們。每次放學時候回來都沒有看到我的媽媽，ㄟ，為什麼會這樣？而且常常都沒有飯吃，要自己煮飯，自己怎麼養豬，小時候也是很做，都自己養豬。

問：那時家裡很苦？

答：對呀！媽媽去廟裡時家裡都是我們在弄，我們自己要養豬，要煮飯，想說別人回家都有媽媽，我們都沒有。ㄟ，當初也是都沒有錢耶，當初在廟初期都沒有收錢，當初母娘有說都不能拿紅包的喔，連客人拿的都沒有拿。在光添家裡拜的時候都不能收錢，後來不是到榮華那裡拜，榮華分堂出去叫我媽媽過去牽陰，榮華分堂時才開始有收錢。早期都是奉獻的。

問：就是去榮華那裡拜時才有賺錢？在榮華那裡拜幾年？

答：五、六年有喔！我那個弟弟從嬰兒時期就在那裡，到快上小學才回來。差不多民國五十多年的時候，那時候在榮華那裡時廟就正在蓋了。

問：去那邊也是牽亡魂？

答：嗯，也是牽亡魂阿！那時榮華自己開堂，就一直叫我媽媽過去牽，去幫忙那時榮華和光添的媽媽有衝突，所以我媽後來才過去。

問：全部的師姑都過去嗎？

答：都去呀，像阿牙、阿蓮、麻薯嫂，都有過去。

問：去那邊就有紅包是嗎？

答：去那邊不是說有紅包，因為榮華他們開堂需要人幫忙，一個堂沒有人會辦事情沒有人會去啦！榮華那時候只會問事情，也是剛剛開始學，我媽媽會牽陰，她就說我媽媽去牽亡，那個燒的庫錢，本錢扣起來之後，她們對分。那時庫錢一百萬的本錢是十四塊，賣四十塊，本錢扣掉以後就和我媽媽對分，那時就這樣講，那時才有錢，就是賣金紙的錢，以前在光添那邊通通都沒有，連金紙錢都沒有，我最記得，我爸爸那時候還罵我媽媽說，做到那麼晚回來，小孩子也沒有喝奶，做到半夜回來，我那個最小的弟弟也沒有奶可以喝，我爸爸怎樣，煮那個稀飯，那個「ㄋㄟ」來餵我那個弟弟你知道嗎？做沒有錢，在光添那裡沒有錢啦，只是一直奉獻，小孩子又沒有奶喝，又哭得要命。子母牌代奶粉啦！不是奶粉喔，是米奶粉。

問：都是吃那個喔！所以你媽媽嫁過來時很苦囉！家裡都沒有錢？

答：苦囉！剛開始做的時候苦喔，都沒有錢，做的又很晚，都做到十一點多、十二點。

問：家中環境不好？

答：不好阿，住那個茅草屋，後來颱風把那個茅草屋扛走才又蓋過。給颱風吹的都沒有屋頂。（又矮又小，快倒快倒斜斜的）有一次大颱風來把屋頂都掀掉，沒有屋頂勒，害我們小時候因為颱風來去人家家裡躲，回來看到沒有屋頂都一直哭。

問：後來才蓋過是嗎？

答：對呀，我媽媽就說那麼可憐，颱風就沒有屋頂，小孩子都要去人家家裡住，那麼可憐。那時候縣政府，不對，是糧食局，它有貸款，就是撥，如果說要蓋房子，農民蓋房子，最多可以貸六萬塊，那時候六萬塊，給你分幾年還，就像現在的房貸那樣，六萬塊可以分幾年還。我們貸六萬那時候，要去叫那個誰給我們擔保，結果無牙就說：你和他擔保的人會倒楣，以後會倒掉，會給他拖倒，會給我們拖倒，沒有人敢給我們擔保。後來我們去哪裡擔保？就是水玉，易水玉給我們擔保，以前代表會主席，我爸爸去找他，很早就去喔！去了又不好意思開口，後來講了很想就說：「不好意思，我想去和糧食局貸款蓋房子，你可不可以和我們擔保，」喔！那個易水玉聽到我爸爸說要貸款，說：「唉呀！你不早講，沒問題我給你擔保，我給你擔保」。

問：他怎麼那麼大方？

答：他知道我爸爸老實啊！易水玉經營糧食局倉庫，所以糧食局官員跟他都很熟，他很好打交道啊，沒有第二句話就給我們擔保。他知道我們插秧，穀子都去那邊銷帳呀！

問：你爸爸是種田的？

答：對呀！都是種田，認識字才怪喔！

問：有其他工作嗎？

答：哪有其他工作，種田就種得亂七八糟。種地瓜、種花生、養豬、種稻。很窮，以前又苦又窮。

問：後來是靠你媽媽，家境才慢慢改善的囉？

答：嗯，後來就是母娘答應，就是這樣子。

問：後來回去石壁以後，也是照這樣子分嗎？

答：是呀！石壁以後就照這樣子。

問：母娘也同意嗎？

答：同意的呀！我就沒有給你講嗎？母娘就有一次我媽媽在那邊拜拜，也就是大家要誦經的時候要停止辦事情，要跟著團拜，我媽就跟我們講為什麼會收錢？她說母娘化給她看，第一次化什麼你知道嗎？元寶，很多元寶她說，整箱整箱的元寶給她看，我媽就說：「唉呀！化這個做什麼？這個我又不會用，這個元寶我又不會用！」母娘就收回去了。再化一次，珍珠瑪瑙，整箱整箱的珍珠瑪瑙再化給我媽媽看，我媽又說怎樣？她說「唉！那個珍珠瑪瑙我又不戴，化這個我不喜歡」不喜歡就收起來。再化，這次化新台幣囉！我媽說：「這個我要我要，這個我會用，這個新台幣我要我要，這個新台幣我會用」母娘就說：「好，可以了，就給妳吧！」就送我媽媽妳聽懂沒有。她說那你要這個就送給妳，開始就有錢了，慢慢的就一直有錢可以拿了。她說母娘會是妳的心耶！祂化那個元寶，好大耶！整箱整箱給你看喔！看你會不會貪。我媽說她不要，她說元寶她不會用，要怎樣用她不會用。珍珠瑪瑙也是整箱，我媽說很漂亮喔！整箱整箱一大堆給你看。我媽說她不要，這個她不會戴。祂試妳的心，看妳會不會貪。會貪的人妳就會說要。像我媽媽她說拿那個要做什麼？珍珠瑪瑙我又不會戴，要拿去賣又那麼麻煩，拿那個要做什麼？阿元寶要做什麼？要拿去賣嗎？現在的人又沒有在用元寶交易我要做什麼，所以母娘就是知道我媽媽的心有沒有，她不會貪，那個新台幣她就說可以用，可以通用，這個比較好，這個可以。哈哈哈！我媽講給我們聽。我就說：「阿！媽！妳不會說元寶就好。」她說：「母娘在試妳！妳知道嗎？試看看妳會不會貪？珍珠瑪瑙那麼多給妳，看看妳會不會貪？祂試妳的心啊！」

問：千代師姑的爸爸不是醫生嗎？

答：對呀！

問：她沒有跟爸爸學一些醫學上的東西？

答：她沒有讀醫學院怎麼可以學？

問：我的意思是說爸爸沒有教她一些東西嗎？

答：我媽媽不敢開刀，她怕血啊！以前在日本時代有沒有，日本醫生啊，她

也是希望能夠學醫呀！她也想說我公公學醫呀！要帶她進去開刀房有沒有，讓她去學開刀怎麼樣，以後當助理也好。我媽看到血就不敢。

問：有試著帶妳媽去學就是了？

答：對，有試著帶她去開刀房，她看到血就不敢了，沒辦法。

問：她的學歷在當時算是不錯

答：對呀！高等科的學歷也可以進公家機關考試了，那時候。

問：那她有去考嗎？

答：她沒有去考，就是在營區上班送公文、寫公文、聽聽電話，她就是可以到那邊去工作了。普通女人到營區不是那麼簡單，那個日本營區我們台灣人不是那麼簡單可以進去。

問：是人家介紹她進去的嗎？

答：對！因為我媽很會講日本話，會通，而且他們看中我媽媽的人，不會洩漏出去的人。因為他試過我媽，我媽有講。他就日本人裝成台灣人，他就問我媽媽說，妳知道嗎？你們現在那個日本營區裡面有多少兵？有多少人？我媽都給他說不知道。就是那個是日本軍官，試我們台灣人，看你會不會洩漏裡面的秘密出去，有人會傻傻說：「有啊！有多少兵呀他都知道」我媽她不會講，不行講的她都說她不知道。

問：所以就是妳外公家境算是很不錯喔。

答：對，他是醫生呀！

問：然後跟日本人關係都不錯。

答：對！都打得很好，而且我媽媽她們日本話都很流利。

問：那妳外公都是在公家機關工作嗎？有沒有自己出去開業？

答：那個到後期時他有兼診所，在富里時有兼診所。

問：在富里自己有開診所？

答：有，有開診所，他在富里衛生所當主任時，他在家裡有兼診所。

問：有招牌或名稱嗎？

答：沒有，沒有招牌，他就是有醫生的執照而已，沒有招牌。

問：就是病人會去家裡找他看病。

答：對，他會幫你門診、打針，然後妳要是外傷，他會擦藥、開刀，他就是那時比較不講究什麼診所，以前講究信用就是了，我去那裡治得好你就是好醫生了嘛！以前也沒有什麼醫生，一些衛生所的主任家裡就會兼診

所，不用寫什麼診所，就是你有醫生執照就可以啦！

問：妳爸爸是否有反對過你媽媽去廟裡做事？

答：沒有，他沒有反對過。

問：就是會不高興說做那麼晚回？

答：對呀！那麼小（指小孩），你想那麼晚，做那麼晚，我們農家們不是要很早起床，她就根本起不來，起不來煮飯啊！當然妳像我們農家人晚一點的話，豬也要吃、牛也要吃，又人也要吃，都沒有。他一個男人，我們小孩又小，他當然心裡會比較反對說為什麼做那麼晚，家裡又什麼都沒有，飯也沒有煮，什麼都沒有，早上都起不來煮飯。起來什麼都要靠我爸爸，他才會說要我媽媽不要做那麼晚。

問：後來妳媽媽就比較早回嗎？

答：也是沒有阿！後來我爸爸就了解，辦這個事情就是要這樣沒有辦法，他就不會再講了，他就知道阿。

問：妳媽媽個性怎麼樣？

答：我媽個性很強，我爸個性很好，我爸個性很善良，也不會怎樣他的人。

問：妳媽的脾氣呢？

答：我媽的脾氣比較爆、很強、很急，比較急性，人急的時候脾氣就比較壞呀！比較暴躁！一急起來就比較心直口快，就比較會說話沒有那麼客氣。

問：他的脖子有生病過？

答：以前飛蛇影響的。

問：他比較晚結婚，三十多歲才結婚。

答：三十幾歲，她本來是不想結婚，後來才又結的。

問：她後來怎麼會想結婚，因為已經三十幾歲了？

答：啊！我也不知道她，可能是想說弟弟大家都結婚了吧！不用她幫忙了，啊！算了！我也來結婚好了。

問：是人家作媒的嗎？

答：對呀！妳爸爸就知道是誰做媒人的。就是阿登仔，妳爸爸就知道。他（指媒人）那時和我媽媽的姊妹認識，他和我在市公所的姨丈有熟啦！他們好像是一起在讀書認識的啦！

問：妳媽媽家境好、學歷好，嫁給你爸爸後。

答：不好。

問：會不會心裡很感慨？

答：也是會呀！想說無緣無故嫁到這麼山下來。又沒有電燈又沒有水，要用挑的，覺得也是很無奈呀！那麼多歲怎麼會嫁到這種地方來，她說她常常也是在哭。只會埋怨怎麼會那麼苦，什麼都沒有。

問：她還沒結婚時是跟爸媽住一起嗎？住在富里還是鳳林？

答：不是，她以前是住在花蓮，住在明義國小那邊，現在我舅舅在那裡住嘛！林森路那裡嘛！以前住那邊，以前弟弟在讀書就住在那邊照顧。

問：你舅舅是做什麼的？

答：我那個舅舅現在過世了，住林森路那個，以前是在鐵路局呀！另一個在台中的是在電力公司。

問：所以就是人家跟你媽的姊妹認識，所以才做媒嫁人的？

答：對呀！不然怎麼會嫁到那邊去，也是緣分啦！年輕又不嫁，三十多歲才嫁，又嫁到那麼鄉下，嫁到那邊又窮得要死，沒有電燈又沒有水，什麼都沒有，路又不好走。

問：她總共生幾個孩子？

答：五個，兩個女的三個男的，生五個。

問：妳的母親是什麼時候生病面容改變的？

答：這個我有聽我外婆說過，她是在八、九個月大時得飛蛇，我外公是醫生，可是怎麼醫都醫不好，她以前還沒生病時，長得白白嫩嫩的，又是第一個小孩，我外公也很疼的。後來我外婆是偷偷用蛇藥，把藥擦在飛蛇上才好的，那時藥一擦上去時，還有嗤嗤嗤的聲音。

問：嗯，今天來打擾妳這麼久，真是謝謝妳接受我的訪問，如果我還有問題，希望能再來請教妳。

口訪逐字稿三

口訪時間：民國 99 年 6 月 8 日下午 4 點
地點：鍾玉秋家（花蓮市）
口訪對象簡介：鍾玉秋女士是林千代的長媳，從事教職工作，婚後就與千代師姑同住，照顧生活起居。

問：千代師姑與盧勝彥的關係？

鍾：早期在台中時，幫盧勝彥開了天眼，盧勝彥後來走入密教之後，創立了真佛宗，曾在傳記中寫下，說林千代是他的啟蒙老師。所以說那時盧勝彥的弟子為什麼會那麼多？從彩虹山莊開始，你看。你那邊的那張照片，所以我那天問過盧勝彥的弟子，這個就是彩虹山莊美國雷藏寺成立的第二年，她去他那邊的。所以說照理妳看喔，什麼「師傅徒徒渡師」，那是他們真佛宗的說法，只是說我婆婆對他這個某方面有 complain 是什麼，她說：「人活著為什麼要給人家拜？」妳懂意思嗎？盧勝彥他說自己是蓮生活佛，可是我婆婆很不以為然是說，人說著就這樣拜，這樣是很不合常理，而且他收費實在是太過那個，人家信徒來也是會講呀！可是我先生一直在勸她說，妳不要批評盧勝彥，再怎麼樣他很多弟子都會回來，妳怎麼知道哪一天他盧勝彥，盧勝彥他後來一直在美國嘛！一直沒回來，也一直沒回石壁嘛！人家雖然認為盧勝彥他忘恩負義嘛！後來他沒有阿！後來我婆婆往生之後他有沒有回來？有阿！前兩年不是回來嗎？然後那個龍神祠改為龍神殿嗎？所以說盧勝彥也不是傳聞中這樣的，只是說他底下的人現在一團亂，既然他當師尊了，底下一團人在亂，後來

盧勝彥也是被人家害呀！害東害西的才回到台灣來呀！是這樣子呀！後來他現在在南投雷藏寺嘛！反正他後來就是彩虹山莊那邊出了一點trouble，他才回來現在人在台灣，再到處去弘法就對了。然後他的弟子我都很熟呀！那個吳師姐，還有一個鍾師兄我都很熟，所以我就說很多事情我都很清楚，所以我說那是他們那邊真佛宗的看法（指千代師姑拜盧勝彥為師一事），我們這邊看法並不會那個。其實我婆婆對他們也有些事情，例如：收費那麼高，還有那個我們石壁算是苦修嘛！可是你們密教是屬於比較高級呀！（指生活物質享樂）動輒就上萬，動輒就上萬。所以我先生也說他並不以為然，這句話並不以為然（指「師傳徒徒渡師」），可是我們又不能批評，因為他們記那個是雜誌呀！有沒有，他不是有那個雜誌、月刊嗎？

問：真佛報嗎？

鍾：對呀！所以我就說呀，他要登是他的事情，可是我們並不以為然。喔！你可以拍那個，這個是她的舍利子，她過世的時候，有燒出舍利子過，妳可以拍。

問：妳對千代師姑的看法？

鍾：我認識她是因為我先生，那時候我根本不知道我婆婆是做什麼事情的，我是新竹人。然後我到他家來玩時，我還覺得：ㄟ，奇怪勒？你家怎麼那麼多人？ㄟ，妳知道什麼是牽亡魂嗎？妳知道什麼嗎？我都說不知道。後來有一天，因為我們交往很久，他是我的那個學長，我讀五專，他讀三專，我跟他交往蠻久，後來才結婚，那時候我來玩時就覺得很奇怪，怎麼他家裡都蠻多人的，就這樣。還有就是說，有一天，我從那個板橋的雜誌上，那時候很多雜誌，在板橋的市場裡隨便看一下，呦，這不是我未來婆婆嗎？它寫台灣第一靈媒，我忘記什麼報了？不是皇冠，以前那個雜誌什麼不是很有名嗎？翡翠或時報周刊，封面很大，哎喲，這個不是我未來婆婆，什麼台灣首席靈媒，在封面登很大，後來我才慢了解。更好笑的是，我第一次看到她牽亡魂的時候，我嫁來以後，我說我最怕鬼、最怕墳墓，然後我同學來的時候，那時候我剛嫁過來半年，我同學死黨、國小同學她的弟弟，她的大弟弟家境不好去打工，後來那個壓克力壓下來，把他活活壓死，傷勢很嚴重就掛掉了。後來我就跟我同學說，ㄟ我婆婆會牽亡魂。妳過來找我，順便去牽亡魂。結果，牽亡

魂時我躲在七祖那裡我不敢聽，那時候真的是我生平第一次聽到我婆婆牽亡魂，後來還說，那個講話口氣很像呀！還說姐姐呀怎樣的，害我那個同學哭到不行，哭到痛哭流涕，然後還說鍾玉秋今天也有來，都快要把我嚇死。這是我生平第一次看到我婆婆牽亡魂。其實後來是說，覺得她是在救災救世，我已經麻痺麻痺了。可是她就告訴我們一些事情，她說妳也不用害怕那些靈異世界，妳只要把燈打開來，我們陽氣比較重，妳就不怕了。所以為什麼說我那那裡住了二十多年，我從小就怕那種東西，我現在卻天天碰它，基本上現在就是「福地福人居」，當初為什麼那麼多人認為我住這個房子，她會通靈，妳懂這個意思嗎？有多少人希望住在我家這個房子嗎？多少辛酸史那我就不講了，那是家醜。人家都認為說她會牽亡魂，是因為她住在這個房子裡，而會通靈，人家一些信徒都會這樣認為，可是我也不以為然。所以我就說很多事情是帶天命，她也講說她這樣是天命，是神在辦事情，不是人在辦事情，是母娘靈感母娘在辦事，附在她身上辦事，而不是說她先天這個東西是學得來的，所以她的那些乾兒子乾女兒都一大堆呀！就是這樣來的。

問：所以很多人都覺得千代師姑有法力是因為住在這邊的關係？

鍾：對對對，很多人都這樣覺得，連住在沙鹿那個也一樣。所以我也不要再多講了。

問：像您所說的影響力，那麼是否連真佛宗的弟子也有受其影響呢？

鍾：非常大、非常大。因為那些弟子都奉真佛宗盧勝彥為師尊嘛！那師尊的老師他們當然認為很那個呀！

問：他們會不會希望千代師姑也幫他們指引，或是開啟靈力？

鍾：有啊有啊有啊！非常多呀！就他們有一個鍾師兄呀！因為那時候那個盧勝彥收費很高，所以每一年堂慶那個鍾師兄都會來幫忙，後來三弄四弄跟我老公很熟，後來他不知道是怎樣，真佛宗那邊很多法師、上師都幫他弄，弄到最後結果是我婆婆幫他收尾妳知道嗎？她（指千代師姑）弄回來以後就說：「ㄟ，你（指千代師姑的兒子）那個朋友的房子很奇怪喔！那個方位好像有不太對！」因為她去那裡的時候那裡很偏僻（指鍾師兄家），附近的人都搬光光。後來可能是她（指千代師姑）弄好了之後，我這幾年去的時候，那裡變的很繁榮。你說沒有，卻又好像有。

問：所以我就說千代師姑是以牽亡魂為最出名，可是其他的她也通？

鍾：她也會算命呀！也會預知未來呀！

問：所以她都會呀？

鍾：她就是妳給她出生年月日，我也不知道，人家就說她有開陰陽眼。

問：是母娘跟她說嗎？例如說她在問事時？

鍾：這我就不知道耶，妳要問法華山的人。她之前就是因為楊松根的關係，那時候她不是都在法華山嗎？楊松根不是從小就腳這樣，法華山的師兄跟她說求母娘，母娘說：「會好，可是不會像一般人這樣活蹦亂跳。」可是因為他（指千代師姑的兒子）的關係，她（指千代師姑）才會走向瑤池金母。然後後來法華山有一個師兄，叫做石頭仔，我不知道是誰啦！他就有預言說：「母娘要叫妳辦事喔！妳以後會弘法到國外去」然後我婆婆就說：「師兄，你不要在那裡說笑話。」可是後來那些預言就是正確的。所以她當初就在法華山，把她拉起來的，她後來就叫我老公，以後娶不到老婆後，就除心去一趟法華山那個廟。好啦！後來陰陽際會，後來就娶了我好不好，情形就是這樣呀！

問：所以妳就是說盧勝彥那邊的弟子很多人都來找千代師姑？

鍾：很多呀！那時候一堆密宗的人，叫蓮什麼的？蓮什麼的？一堆穿紅衣服密宗的人蓮什麼的？那些都是盧勝彥的弟子。

問：除了盧勝彥的弟子之外，還有很多人嗎？

鍾：很多呀！像那個林雲呀？林雲大師呀！黑教那個，他也來過呀！那時候我在上班，每次回來她都會跟我講：「今天某某人來過，某某人又來過」就這樣子講，像林雲也來過呀！來這邊牽他的爸爸呀！

問：像世界各地很多宮堂都有請千代師姑去幫忙嗎？

鍾：有有有，她全世界跑就是這樣子，印尼啦！美國啦！

問：她全世界跑除了牽亡外，還做什麼？

鍾：就是像辦法會啦！還有跟她比較熟的，都會請她去幫忙，所以她出國時都是帶一整疊的符令，像人家身體不舒服怎麼樣的，都是直接給人家。所以我們就說是母娘在辦事情，不是她。她都在七祖前面寫符令，今天不可能說跑到別的地方去寫符令呀！她一定是從七祖前面寫的嘛！一定是從母娘那邊寫的。然後為什麼我這邊還有一疊，就是她以前要出國前，每次這邊塞一些，廚房塞一些，後面塞一些。所以她往生以後所有的符令我全部都塞在神桌裡面，情形就是這樣。

問：像她也有幫忙訓練一些人，就是訓練通靈者，像盧勝彥這樣？

鍾：有啊！有啊！紹惠就是呀！松林也有。沒有沒有，問事情、算命可以，可是通靈牽亡魂目前後繼無人。

問：像她之前不是幫盧勝彥開天眼，是他的啓蒙老師？

鍾：可是盧勝彥他不會牽亡魂呀！盧勝彥只是走密教把它發揚光大。盧勝彥用的符咒就跟她的不一樣呀！那些符咒我都看得懂呀！只要是盧勝彥或他弟子開的那些符咒我都看得懂，妳改天去看，他都是用印的，可是我們母娘這邊的都一定是用毛筆寫的，比較傳統的。當然我們這邊也可以用印的，但就不要呀！母娘這邊都一定要親筆用毛筆寫的！遵古法寫行呀！

問：那她跟玄聖殿也蠻好的？

鍾：玄聖殿也蠻好的，這一尊恩主公是玄聖殿請來的（指著客廳的神桌說），那時候我剛結婚那一兩年，那時候本來是兩尊神，人家是說兩尊不好，至少要三尊，結果這一尊那時候是玄聖殿那時請來的。她跟玄聖殿的關係非常好。

問：因爲我看一本書她有提到。

鍾：就是楊老師，楊老師也回去了。

問：對，書中就是寫到楊老師也曾來過石壁待上一年，就是千代師姑幫忙。

鍾：一直都有來待過，現在每一年玄聖殿都有回來，就算楊老師回去了，她們還是有回來。

問：楊老師也是在石壁由千代師姑帶著她修行？

鍾：應該是有吧！因爲我嫁來時，剛第一年時，那時就是有一堆人，那個爐，還有那尊恩主公，就是玄聖殿請來的。

問：那玄聖殿的弟子也有聖代千代師姑很大的影響嗎？

鍾：也有啊！她們也是會回來呀！回來也是一堆人來問我婆婆事情呀！

問：她們都是回來問事情嗎？

鍾：就是堂慶呀！回來的時候順便問呀！是不是旅行時過來我就不清楚了。

問：妳聽過千代師姑提過，她是如何看待她的這份工作嗎？

鍾：她就是說這個是母娘在辦事嘛！她說也要人也要神呀！你今天不能只靠神的力量呀！你今天生病你只能靠吃符咒嗎？一定不行嘛！你一定也要看醫生。你今天靠師父幫你祭改沒有錯，可是你還是要去看醫生呀！她

說要人也要神呀！她最討厭一件事情，就是說幫人家問姻緣，她說要是幫人家弄不好，等一下人家吵架就會找她算帳。還有她最討厭一件事情，她最討厭幫人家開壇，妳開大間還好，開那種在自己的家裡她最討厭，因為說學了一點點就覺得自己好像會辦事的那些，她其實是最討厭。討厭是那裡妳知道嗎？像那種原住民呀！每一年來就開始分呀分呀！那個台東的呀！譬如說什麼堂什麼堂，到第二年時又分出來分出來很多堂。

問：就是說分很多小堂出來。

鍾：對對對，台東那個不知道什麼堂的，馬蘭那一帶我忘記了，救世堂啦！濟世堂啦！那一些的。她最討厭人家開這種堂了。

問：是她怕人家學得不夠嗎？

鍾：對對對！學得不夠就要她去收尾。

問：就是她很討厭人家學不夠又開堂？

鍾：對，像那些堂每年回來後又分很多出去，回來後又開始問一堆問題，功力不夠，搞得都要她去收尾。

問：她會不會抱怨工作繁重？

鍾：她倒是不會這樣講耶！她經常都是說：「回來了，被附身回來了」就癱掉了。當時她辦事情連英文呀！什麼文都ㄅㄠˋ出來了！她根本不識英文字呀！

問：她看得懂日文，看不懂英文。

鍾：她根本不認識英文，她是鳳林公學校的，是受日本教育的，其實國文程度也很差，根本看不懂幾個字。

問：她日文不錯。

鍾：她那時都講日文的呀。

問：可是認識的漢字不多。

鍾：對，她不認得英文，可是她在外面牽那些外國人的時候，就是會說英文。

問：有牽外國人上身。

鍾：有有有，在國外我知道，在台灣這邊我就不知道。她出國回來的時候會講，有時候有些外國人不信，奇怪她就是真的有看到。她說她看到哪裡不乾淨的。她回來會講一些比較奇怪的 case。她剛回國的時候都會說，我們一起吃飯時，或是她從廟裡牽亡魂回來，我們弄飯給她吃，她也會跟我們聊天說這些。

問：那妳覺得她喜歡這份工作嗎？

鍾：這個不叫喜歡或不喜歡啦！這就是她的天命呀！她就是已經被選中啦！她今天是不得不出來，這個無關於喜歡不喜歡，這個是命運的安排。她不是因為楊松根這樣的話，她會出來嗎？其實人就是到了非不得已的時候，才會求助於宗教。

問：所以她是很認同她的這份工作？

鍾：那當然呀！後來就變成台灣第一靈媒啦！

問：所以她的社會評價就很高囉？

鍾：很高呀！

問：嗯，這樣我了解了，謝謝您今天接受我的採訪，往後還有問題的話，還要來請教您，希望您可以幫忙。

口訪逐字稿四

口訪時間：民國 100 年 1 月 24 日下午 2 點～4 點
地點：蔡宗宏家（台中市沙鹿區）
口訪對象簡介：蔡宗宏先生是林千代的第二位徒弟，從中油退休，住在台中沙鹿，家中的道場稱爲石壁分堂。蔡宗宏除了是千代師姑的徒弟之外，也是千代師姑的親家。

問：聽說您是千代師姑唯一承認的弟子？
答：其實她兩個弟子講起來，第一個弟子是盧勝彥啦！
問：但是聽說她不是只認定您一個而已？
答：後來就是因爲說盧勝彥去發展他的眞佛宗密宗，後來變成好像講話有點誇大，變成說好像林千代後來反過來拜他爲師，老師又反過來拜他，可是我們好多次問了她有這回事嗎？她說沒有。那個影像好像是用一種攝影剪接、電腦合成的方法做成的，在他們教內很流傳啦！變成好像這個老太婆她其實是在跪拜他的三寶佛，後來變成好像拜他一樣。這是用剪接、合成、角度這些方法，在網路上放。當時在美國的時候，阿添師姑也有去，我沒有去，去美國我不曾去，依我的個性，有時候很偏激，我覺得這個人要是沒大沒小，就不需要去認識他。我覺得他這種新興宗教沒大沒小，很誇大，怎樣神通又怎樣神通。以前師父跟我講過一句話：「夠會的話，你菩薩只要拜一尊，你要怎麼辦就怎麼辦？」那時我才剛剛跟她認識，家裡還沒有瑤池金母，只有請一支瑤池金母的令旗，那我的興趣就是 36 種的觀世音啦！他的像啦！蠻多觀世音啦！那她就跟我講一句

說：「會靈的話一尊就可以啦！」她也很希望我不跟盧勝彥一樣很誇張嘛！她說會靈一尊就很靈，根本不用36尊啦！那時候我就跟她講，要是老天爺沒有被我看到的話，我不想做這個事情啦！她說：「不用全給你看到，天只要給你看到一角，你就辦不完了。」講起來她的人就是說，她的慾望不高，後來我們跟她講幾次喔，好像是她剛剛在牽亡的時候，她的想法就是說，她起初牽亡也不是她想做的事情，她的兒子剛好小兒麻痺，人家就跟她說有瑤池金母叫她去求求看，後來他兒子有好一點，就說要叫她服務，她原本想說好啊，服務就是掃地擦桌子，其實不是啦！後來就是給他任務嘛！聽說她早年的時候家裡經濟不大好，很艱苦，她的先生那麼老，她是客家女兒就擔起家計，有時候還揹著孩子要去法華山，那時候她經濟很困難，有時候想要買香買金紙都感到有問題，早期是這樣喔！

問：後來是怎樣改善經濟的？

答：我認識她的時候，她穿雨鞋，在切豬菜養豬，早期是養豬，很勤勞的。後來莫名奇妙就神找上她要她牽亡。早期牽亡也不會說日本話、原住民話都不會，起頭都不會，她的跟衪說，那這樣我不要，這樣簡單說一說我不要，你要是說那個靈魂附身，就算是啞巴也會說啞巴話，她就這樣跟神說。後來慢慢的，真的會教她。我和她去印尼時，印尼的神附身有說印尼的話，附完了就沒有了。附完醒來問她說妳說什麼，她說我不知道，人家說給她聽，她說不知道。我覺得她書讀的不多，好像有一部分是菩薩教她，妳說她是瑤池金母的弟子，我覺得她是有一種地藏王、觀世音菩薩的化身，這樣你了解了吧。有人說她是文殊菩薩來化身，我覺得不是，我覺得她是地藏王菩薩、觀世音菩薩的化身。

問：請問您與千代師姑是如何結緣的？

答：就是剛結婚的時候，第一次去花蓮，以前橫貫公路有去梨山，最多啦，頂多最遠到天祥，沒到花蓮去。那次就是我媽媽說要去拜母娘嘛！那時候人家講母娘就是說一貫道的母娘，那時候整個社會就是大家對一貫道很不認同啦！我就故意說你們要去花蓮拜母娘，我媽媽就說她身體不好感冒不要去，她就幾百塊要給廟裡，我就跟她招說：「行喔不行喔！妳那個廟我要去。」我媽媽跟我說：「你這個人，你去一定會漏氣，你是很忤逆的人，你去就靜靜的拜，你要答應不要漏氣，靜靜的拜，你要是不拜

就靜靜的看。」我那時候覺得這個宗教就是一種社會習俗，你只要沒有做錯事就什麼都不用怕祂，拜拜是一種多餘的，所以我就告訴我母親，你要拜就拜豐富一點，因為我要吃啦！我不管你是在拜祖先，還是七月普渡時拜鬼，沒有信這套。以前我不信這個，覺得這都是沒有的。後來我去花蓮，去總堂我看到我就一直笑，穿得很漂亮，穿著涼鞋，在那邊跳高、跳低、跳到喘，好像發瘋一樣，那些女人是很漂亮，以前的人都穿著旗袍，那時人都穿著青衣，穿黃衣的沒有幾人，都穿青衣，憑良心講，這都騙不了人。那時候石壁都是青衣，沒有黃衣、白衣，後來有這種的我就想不到，還有紅衣，就不管他們。看了那些跳童的，有金母跳完換王爺公，跳完換媽祖婆，有各種跳童，我看了後說這有什麼好看，就有一位帶團的人說要帶我們去找一位盧勝彥的師父，陰陽眼的，叫做機哦。我說什麼機哦，機哦是日本名叫做千代啦！她是可以看陰的，可以牽亡，我就說：「好，來去。」我去，她就很有禮，後來認識了，就說要找我啦！我就沒有信她這種人，就跳童的，就不理她。去到那間廟，那時候還是小間的廟，旁邊有一棵榕樹，一個椅子，我在旁邊就坐著，大家就進去拜了，她們拿香進去拜，我就在外面向外拜一拜就把香插下，就不管她，我都不進去就坐在外面。後來千代就衝出來，叫我日本名「hiro」，我說妳怎麼認識我，她說：「就母娘啦！就你 hiro，找你好幾年啦！」我說我沒有跑去躲呀！我每天都在呀！就這樣開始，還說我一些事情，未來的事，講我們家裡一個禮拜後的事情。後來家裡真的發生事情了，那我就很不服氣，那我就要找她這個妖婆，我就以前在石油公司上班，在加油站，在台中，晚上，我們那個金馬號，在公路局，晚上我過去，到花蓮時大約早上六、七點。我就去找她，她在家裡在切豬菜，她說我知道你要來耶，昨晚土地公有跟我說你這個忤逆頭要來找我。她想一想說我實在很忙，要工作、要拜神、下午還要牽亡，你現在又要來問我一些有的沒有的，問那些有神論、沒神論一堆。我笑一笑說：「妳又要叫我信，要說神找我幾年了，妳要沒有給我哭，誰願意做這些事情呀！」我講話也是很現實喔！可能金母跟她說，要她把我帶著，吃早餐啦！我也很不客氣的吃，她就說你下午不要跑，我殺一隻雞請你。早期她有殺雞，有一次我和我小弟一起去，我小弟自小就很相信神啦！我沒什麼信，他比較早信，他做化學的，夏天都穿西裝的人，他有一次跟我去，看到

後說：「姑呀！姑呀！阿彌陀佛，妳怎麼在殺生？」我看到她那支刀就丟下，她說你就不要說，妳知道我要殺牠時我在念咒語耶，現在這樣我就不能殺了，給妳說一句我就不能殺了，這是我印象最深的啦！她以後就都不殺雞了，她都是去跟人家訂，她自己本身都不殺雞了，就是會去跟人家買請人家殺好這樣，我說真的。那我就覺得她有一個很奇怪的地方，妳講事情講得那麼準，那時候我對牽亡沒什麼了解，為什麼未來的事情她都講得那麼準，只要她高興她就講出來，那我前後自己坐車去花蓮總共七次去找她，最後一次去之前，第六次回到家裡，所有鄰居瘋的、傻的、起肖的、死沒多久的，我全都探聽，連門牌號碼幾號、名字都記下來。她說你今天來都記好要拿出來看一下，真準，例如：「這個女人你們自己人（我嬸嬸），酒喝下去就穿得很少，會脫衣服。」「這個做道士就很正經，沒做道士就三餐不繼」「這個就出生就傻傻的」「這個就不在了你還問」我聽後就說妳身上有蠱術呀！妳今天是女人啦，要是男人的話，我一定手伸進去把妳拿出來啦！她說沒有啦，沒有這回事啦！她有講一句話：「你今天來，你不會那麼早回去，就是要看我牽亡。」她很厲害，她心通喔！我說：「是。」結果我那天中午也在她家吃飯呀，她後來說我怎麼拜你就跟著拜，看到地藏王菩薩要下去前，她就說我拜到這裡你就不要跟我說話喔，她這樣跟我說，我就跪下去，心裡想說這個女人是真的還是假的，不曾看過她牽亡，上次第一次來是一大群人大家都在問事情，現在怎麼說她要牽亡。我記得在問的時候，第一個是閩南人，是我們豐原這邊的人去問，問完我問他有準嗎？他說：「真準、真準。」說她弟媳婦是被車撞死的，真的。第二個是客家人我就聽不太懂，我就問他說這樣有準嗎？他就說：「有準、有準。」以前就是發燒失救，以前的醫療沒有現在這麼好。只要她牽一個我就問一個，心裡想：「哇！這個女人。」有一次，我們一家人不知道幾個人去，她就說我等你們等了一個多小時，神就說要我等你們，好像你們很大。我就想奇怪，等我們幹什麼？後來她穿青衣過來就說我們一家多少人過來，我就說：「不對！妳多說一個。」我專門找她毛病。她說：「唉呀！你小嬸肚子裡還有一個啦！真的耶！」她說：「你昨天有想一個晚上，神有跟你說，你現在願意相信了喔？我昨晚跟你的祖先講好了，你的祖先願意，現在我要問你的老婆」她問：「妳先生以後跟我一樣做這個工作，妳有同意嗎？」我老婆說：「他不會，他

要是會做要去做我隨便他。」這樣就是要喔，接下來又問我的父母。我爸爸笑笑說：「我這個兒子很忤逆，他哪願意做這個，他要做就好。」問我媽，我媽說：「這個夭壽子，鐵齒，這個要是做乩跳童好！跳童好！」千代師姑說：「這樣好，這樣你就入門了。」我記得入門第一件事就是去給她拍一下，人是站得住，但就好像閃光一現一樣，她就說拍入門，站得住不會倒，感覺到人會暈一下。她說：「等一下要看你表演了，你要牽亡。」要我牽亡，嚇死我了。要牽誰？牽我小弟啦！我真的有牽耶，牽好的時候，我小弟要出去，我也感覺到他要走出去，我抓他不住，我人就蹲下去，人家就把我扶住。然後我問我媽，牽得有準嗎？我媽說有準，我小弟的事情，以前在嘉義靜德堂，有一間是佛祖的，那裡牽亡是師父都說番語，一位尼姑來翻譯這種番語來給大家聽。機哦姑在牽亡是說亡者生前的話語，那靜德堂牽亡是說祖先，阿公、阿嬤、阿祖都叫他們的名，叫那五、六代的名，他是這樣和我們不同，奇怪怎麼會這樣。我也不知道我小弟在那裡做公德，我們燒很多錢給他，我問我媽，她說對啦！我小弟附我身時說他有很多錢啦！公德做很多，他都寄放在佛祖師父那邊，我們都不用燒給他，一毛都不用。還說他的衣褲都很漂亮，在那裡都一套一套給他穿，還說他要走了喔，三點多他要回去念經了，要回去幫忙用。最後他還說他是尼姑帶來的，不是土地公喔！是尼姑帶來的，就這樣慢慢說、慢慢說。最後她怎麼跟我說，真夭壽，他把我拖到金母面前，反正我也沒有在怕金母的，沒做壞事，沒做壞事他也不會抓我。她說今天有一個很大的問題，我牽一個今天很厲害現在在美國，那叫做盧勝彥，那如果把你牽成功，叫你牽亡你要嗎？我說：「不不不，叫我牽亡我會哭」，真的，我牽我小弟時就哭了「妳牽亡的時候有哭我有看到，不要不要，不要叫我牽亡，做別的可以嗎？」這句我要是就答應了，或許現在我就搬去你們那裡住了，變成我在牽亡，我們說實在的。「牽一個亡我不要，牽一個牽整個下午，還要哭成這樣，非常的不划算」我本性就是這樣的人。她說：「不然你要怎麼辦？」我不知她是神來附身的，我說：「這樣啦，辦是這樣啦，我要是會的就向人說一說啦！那有錢人就去美國找盧勝彥啦！那窮人來找我啦！那比較困苦難過的來找我就好啦！我知道的就跟人說，不知道的就沒辦法。」她說：「你這樣說定了喔！」她就拿五柱香，叫我跪下去拜拜，我想拜拜還不簡單，常常也跪著拜，

然後就開始了。開始我又要煩惱了，我要問神又要用符，我又不會用符，最古早時，我都用爐丹給人，就是用香灰。我就問啦，這是重點：「妳也教我一些功夫！」她卻跟我說：「以前誰要教我功夫？以前沒有人教我公夫耶！」我就奇怪，沒有人教妳功夫，妳牽亡時卻會說日本話、原住民的話、美濃客家人、東勢客家人、新竹客家人、客家話有很多種嘛！她說我也不知道，好像是神會教耶！她就是說神會教啦！那現在我就頭腫了耶！是到後來，她發覺我有一個優點，有時候她會慢慢的觀察這個無形，會傻掉或是靜掉，因為她不是誦經出來，她又不是正科出來的，她又不是佛光山大學出來的人，她是人善良、孤僻、又壞脾氣出來的。

還有一次松山慈惠堂，她突然來這這裡說，趕快你快點洗澡，等一下來去台中，人家要用轎車載我們去松山慈惠堂。我說：「要做什麼？」她說：「要拜天公，要幫阿扁拜拜」我說：「圓的勒，還阿扁，害百姓、害台灣，妳要去妳自己去，我這次不要和妳去拜。拜託妳要是說別人我就勉強和妳去，這個糟糕的人我就不要。」我說話就是這麼直接的人，那次我說不要，我就叫她趕快打電話跟人家說她肚子痛。

後來又有一次，又有一次雪山隧道，那次事情很大條，她又來了，她下午就來了，來了跟我說：「你貼單子，明天早上不要辦事。」我說：「妳又在玩什麼把戲了？」很奇怪，她那個形，就像是大鳥的形，所以你走路走輸她就是這樣，我感到她是大鵬鳥來化身的，又像是觀音化身，她是使者，她說：「那個陳啓禮又標一個工程」她也不知道那就叫雪山隧道，「那個什麼隧道肚子破，那個龍涎水一直流，那就我們倆人來去。」我說：「拜託，妳不要再叫我去碰這種事。」我說哪個陳啓禮？我說那個啓禮現在在國外，她說是呀！是我叫他去的耶，不然他會死耶！標一個工程，給人家撞一下，台灣錢都流光光了耶！後來我想想不對耶，這也不是我在賺的，我說那這樣啦！明天早上我有客人，妳去就好，妳去妳去。她就說：「我每次招你，你都不去喔！」ㄟ，真的，隔天台中那邊，那個陳啓禮的小老婆住在台中就來載她過去，大概下午這個時間就載她回來。她跟我說：「唉呀！跟他認識不錯呢！那個紅包很大包耶！對我們廟也很有貢獻。要介紹給你你又不要」我說不要，那個抓去關的人，那個流氓人，妳要跟他認識要有很透徹，不然我不要跟他認識。我管他住在台中嗎？我跟他不認識不來往。不久繼續又來了，說肚子又撞到一個洞，

又另外一個洞，又來裡面拜託我，我說不要不要，我嚇得要死了你們去找她。我是覺得喔！不是我們該去混的就不要淌這混水，她以前跟陳啓禮非常非常好，陳啓禮他不會去拜石壁部堂，他是直接找她的啦！以前還有一些中央的官員，還有一些白道的、黑道的常常去找她，這是真的。她就是有一個好處，她不會去攀延，也不會去說紅包要多少，她至多就是跟人說：「我們廟現在要建什麼？要用屋頂，你要你們的員工都一人出一些，這就是在跟人家要錢。」她常常也跟我說，這錢也不是要拿來享受的，這樣跟人講啊，不然那間廟為什麼可以那麼大間？她的人有時候她也會說喔，我曾經遇過高美來的就是証嚴法師的故鄉，有一個男人、一個女人和一個寶寶，腳小兒麻痺來的，他來我還不知道，還說你怎麼認識師姑，那個女的還坦白說，我和師姑來你家認識三次，我不知道師姑常常來你家。（師姑那陣子身體不舒服常常躲到我這邊休養，）那個人，我還拿錢給她們，說錢給她們去醫腳，師姑人在花蓮，沒有過來，那個人來說師姑叫她們先來這裡向妳拿錢，我說我跟你都不認識，師姑說叫你來向我拿錢，那請你先上樓坐，我打個電話向師姑印證。我打電話說：「老師，你怎麼會叫一個人某某什麼人，住在清水高美那裡，妳怎麼叫她們來跟我們拿錢？」她說：「對啦！沒關係啦！她們很可憐，小孩腳這樣要看醫生沒有錢啦！妳先幫我拿幾萬元借她們這樣。」我說這樣有確定嗎？她說有啦有啦！她們來找我，妳先拿給他，改日我過去時再給你。因為有確定呀，所以我就拿出來給她們呀！就這樣，沒有很熟，也沒有還的喔！我就說不是說何時要還，怎麼沒有還？師姑就說：「母娘說的，沒還就算了。」她的人非常誇張，所以師姑一死對石壁部堂是最大的損失，像另一個師姑就很小氣，她常對她們罵：「電燈不開黑漆漆的，電燈錢才多少錢，笑死人。」她二月初開刀，在我這邊到五月中旬才回去花蓮，以前還在我這邊靜養的時候，那邊的人來看她，她卻對我說：「妳去上面拿我的皮包下來。」我就去幫她拿下來，她接下來算一算，拿出算到何時的插花錢，叫人家先幫她拿回去，接下來等到那時我回去花蓮了，還有多少插花的錢我再跟你算。那個插花的錢，她要錢先給人家喔！我們就跟她說妳人就不舒服，為什麼就要這樣啦！她就說那個插花的錢是她要出的。我說廟有這種人，那個董事會真好運作，你看是不是真的。我說妳怎麼肉粽錢先拿給人？「就七月要到了，包肉粽的他來看我，真

有情耶，來看我，知道我們身體不好。」時間未到肉粽錢就拿給人了，
也有紅豆粽啦！我說她的把戲實在有夠多！現在廟裡差多囉，拜拜都用
素的，我氣得不得了，罵一罵現在有好一點。我說，明年超度要是又都
用素的，我說你要是不用葷的，我錢寄過去，我就不願過去了，那對人
過不去呢！有多少信眾是吃葷的，拜託，那也不要這樣。千代那個人就
是不怕人家吃，對神的方面能花錢就盡量花，她說若沒有錢那就看她的，
你看她那種個性是什麼個性。

你要是說靈異的，我印象最深就是有一次朋友介紹一個小姐來，我們看
到怎麼脖子邊生一個瘤這麼大顆？她說醫生說是癌症的初期，我就說兩
張符給妳回去試試看有沒有比較好睡，她說有啦！有好一些，但人還是
不舒服啦！朋友又帶過來，要我再看仔細一些，看哪裡不對。我就說因
為這跟你的阿公有關係，她說我阿公是年壽很長才死掉的。我就說不然
就是墓地要去看一下，可是墓地我一個人也不敢去看呀，我現在是敢啦！
她們就說不然看何時千代師姑有來再請你安排一下啦！後來我就安排，
千代師姑有風水要看也沒在怕的，她就走過去，也沒看日子也不怕哪邊
有山神她就走過去了，她也沒在怕的，她走一走就說：「那個阿伯，怎麼
住在裡面頭歪一邊？那個頭在痛耶！這樣難怪你的家運會不好。」當時
那個墓還是新的，那個死者人高馬大，看得很清楚。事後那個 S 小姐的
大姑就到我們家來說：「姑呀！我實在服妳。」那個人就說就那天在入殮
時，買棺材時是買最大型的，他女兒說：「阿爸，我幫你扛腳，你身體放
軟一點，你要站好，結果脖子還是硬擠下去的，差一點就弄斷。」我雖
會辦事還不知道禮俗，我還說一句：「妳有夠傻，擠不下，棺材換一副就
好了。」她們說棺材沒有人在換的啦！她說已經買最大副的喔！脖子硬
跟他擠下去這樣子。千代去那邊就比一比，符畫一畫就這樣，這靈異的
是真的有。因為我辦我是沒有看這麼清楚啊，我只知道是跟死去的人有
關係啊，千代是走到墳墓看，一看就知道完蛋了，才死沒多久，墳墓還
新新，這是第一靈異。

第二靈異就是在大溪這邊，她跟人家看說：「你時間到了，你好運了！現
在柚子樹下去挖你就可以看到一個箱子裡面有什麼東西，那顆柚子樹我
看（眼睛閉上），大概有 13 顆柚子。」有錢人種柚子，一大片一棵棵算
有沒有 13 顆，算到 13 顆就是這棵樹，就挖了，挖到一個箱子，打開裡

面有草人、有五彩布，還有放的符咒。她連人都沒有去，這真的就是。
還有一個梧棲的人我小弟介紹來的，我大部分是自修的人大多沒有辦
事，都是人家介紹來的，我自修居多，不像人家是有任務的，做到死都
要做。我算是比較有節制的，不會管太多的事，很多事情我都不會去管，
我不亂管事情，我也穿青衣，我不會亂想一些事情來做。我小弟帶來，
我說：「你們家怎麼會有一些鬼不像鬼的，那不知道是什麼神喔？在裡面
跑耶」「你家以前很賺錢的，怎麼現在都在五鬼搬財。」他說：「那不然
現在來去我家。」我說：「不好、不好，你家我不敢去，我看得到就是這
樣的情形，你跟花蓮的機哦姑有認識嗎？」他說才見過一面啦！不然她
何時來再拜託你一下。講呀講，第三天她就來了。我跟她說有一個人，
妳去幫他看一下家裡，她一開始不要呢！我就叫我小弟趕快把那個人帶
來，帶來後一句姑、兩句姑，叫來叫去就把她給請過去了，我就跟她去
了，真有趣。千代師姑就在裡面走來走去，看一看，採兩下就抓到那個
東西了，說在這裡。她說當時要弄你的人，你怎麼沒有阻止呢？他說人
家是要幫他弄五鬼搬財來，沒想到是五鬼搬財去。你是運途不好，壓鬼
壓不過，我現在把它打掉，這三天內請請人去處理，他很聰明，他這三
天都躲在我家不願出去。他現在出去挖，挖到就衝過來說：「姑呀！裡面
是羅盤對不對？鳳鳴那個人對不對？」那個鳳鳴是盧勝彥的徒弟，那個
賺不少錢。他說：「那個神明呢？」「你就睡得晚也沒有拜神明。」罵他
就是了，我現在給你用一用，你拿走，裡面現在就生活正常。真的，這
就是都做一些奇奇怪怪的事。

話說回來，做生機的，以前有一個舊鎮長的小弟，唱卡拉 ok 都半夜三點，
在鄉下弄得很大聲，整個村庄都被他吵得要翻臉，結果他媽媽就來問了，
她的兒子好像魂被人蓋住耶，還沒有死就做墳墓，好像有做生機。回去
就問他兒子，生機做在哪裡？我現在去也不會找，因為很遠的，做生機
那很有趣的，師姑有來，說先去找找到了再去。我第一次看到生機，做
一排，屬老鼠的就做一座，屬雞的就做一座，做那麼多拿很多錢，你看
做生機有沒有抽很多。在現場燒符就打開生機，把那個壇給破壞掉，這
我就看一次，不然那個人就快要發瘋了。做的合的就好，做不合的大多
數人都是。

我一次和她去印尼，去拜訪的那個人是回教徒，她的媳婦是台灣人，那

個人對阿拉很尊敬，也做很多善事，看到任何一個物件都可以說出它的來歷故事，都非常吻合，那個做官的人每次聽到師姑來，都很喜歡師姑過去，去她們家走一走。奇怪，你看她們是回教的人，我們這種東方宗教與她們是格格不入，有一點排斥我們，可是看到師姑就像看到寶，很愛她去。

關於牽亡靈異是很多，講不完，她來這裡牽亡就是我講的啦！你們石壁在蓋廟，在那邊牽亡牽沒有又必須跑來跑去，跑去牽亡牽沒有又要明天再來，人家要一趟趟的車牽亡才能回來，要過夜等到明天下午才能再牽亡，那這樣妳回去跟母娘說，回去跟董事長董事會他們說，人家往來的車錢寫在石壁這邊，要是牽有準要獻錢，都拿回來蓋廟。那就是我膽子大，讓她正式來這裡牽亡的。她一次來牽亡都差不多一個多月喔！講得很準，來這裡牽亡的人數超過你們花蓮，因為高速公路這裡剛有嘛，像有台北人來牽亡，牽沒有又回去，隔天又再過來牽，像現在就比較不可以這樣了，因為現在會塞車，真的人都跑過來牽亡。

問：在哪邊牽亡？

答：我看你還是不要去好了，現在已經沒用了，報銷了。那裡現在都沒有在做什麼事了。

問：那間廟有什麼廟號或稱呼沒有？

答：那間廟稱做「日祥慈惠堂」，那對拜母娘的夫婦死了，現在她的兒子已經改拜密宗了，是尼泊爾的密宗，不是盧勝彥的。做事情也是偏差掉了。

問：千代師姑後來對盧勝彥那邊比較沒有來往了是嗎？

答：是我跟師姑出國的話，去美國啦、關島或是印尼啦！大部分也是在他們分館、分靈出去的地方辦事。

問：因為那裡有拜母娘是嗎？

答：大部分都有。那些華僑都是拜母娘啊。有時候會去他們的家裡啊，可是大部分都是在他們的堂喔，盧勝彥就有很多的弟子，他們就好像一種老鼠會，那徒弟一堆喔！都是什麼上師的，就很好笑。

問：所以我聽說許多真佛宗弟子都是找千代師姑辦事的

答：有，以前千代師姑都坐這裏（指筆者採訪所坐位置的旁邊），他們有來，那些華僑要是有來的時候，看到她都用爬的，跪下，跪下用爬的進來。他們拜盧勝彥就是這樣，用跪的，師姑看到都喊說：「不要跪不要跪！」

當時喊都來不及就都跪下了，他們都要跪下來拜喔！

有一次去找那個張麗堂，可能這個人現在還在啦！他退休了，以前的台南市長，早期的。她的人就很奇怪，她是老師等徒弟，例如：她跟人家約早上九點在台北車站等，她八點就把行李抱著在那裡等。譬如說我們用轎車把她在到那裡，應該是約九點見面的，她就說要我八點把她載到台北車站，她現在行李抱著八點半就在台北車站外頭走來走去，我就說：「好了啦！進去裡面坐下等，妳不要在那裡走來走去，妳那個模樣鬼也認識妳。」她那個模樣就沒人有。我說：「妳不要再出來了，妳再出來，等一下人家就跪妳。」才一說完，就有兩個人朝著邊撲下跪拜。她說：「你們是誰？」他們說：「姑呀！我們就是加州的，在哪裡我跟你見過面」我說：「好啦好啦！在台北車站不要跪。」後來她就進來，進來坐著後，等一下又有兩個人進來跟他跪。我實在覺得很好像，沒說沒事，說了就一直有人跪，其實就握個手跟他們說說話就好。

問：林千代是因為是師父的師父，所以受到真佛宗弟子的崇拜嗎？

答：因為就是盧勝彥寫文章的時候，就有寫啟蒙老師就是林千代，所以早期他們就是對師尊很尊敬，對師尊的老師也很尊敬。後來真佛宗分為兩派，她太太這一派是真正密宗的啦，密宗就是有很多東西一般買不到嘛，蜜蠟、佛像、買工具一堆。到後來一些學歷比較高的，經書讀兩本，咒語認一認，就花美金去買個身份了啦。來了就覺得我會唸咪咪媽媽，會不會算命是另一回事，就是有錢人啦！那跟盧勝彥的人就是拜母娘啦，盧勝彥的人現在看起來是稍微有變質了，以前盧勝彥是要人家跟前跟後，你對他有忠心的話他就會對你比較好，不過跟盧勝彥的人沒有錢啊！沒錢可以賺，我所知道的是這樣。你如果要買法相，要買一些有的沒有的，就要找她老婆。像買那個珠子，珠子就幾百種啊，去阿拉伯買一些珠回來，改一改，就變成佛珠了。有的人對這個有興趣，就掛了一堆珠，果然是有錢人。

問：那您究竟是不是千代師姑唯一承認的弟子？

答：其實說到承認，盧勝彥她也承認啦！後來盧勝彥去西雅圖嘛，他自從離開台灣去西雅圖，跟師姑接觸的機會就很少了，那時候師姑剛好跟我們認識，她就常常接觸出現在我們這裡。

問：你們跟師姑認識幾年了？

答：在我們剛結婚時，還沒有生婷婷，婷婷現在 37 歲，所以認識差不多 38 年了。你如果要看師姑拍的照，來我家看，我家最多了。

問：

答：佛光山的是大乩童，我們是小乩童，佛光山的是比較文的，講一講就有錢拿，我們是要跑來跑去，做這個弄這個，還要畫符，沒有畫符就沒有收入耶，這是真的。你看石壁現在沒有牽亡，就沒有收入了，因為人已經沒有了，現在只剩下分出去的堂有時會回去而已，你看對不對。真的你不會辦事情，就等於是那條龍不活潑。

問：您知不知道為什麼後面會沒有人可以辦事情？

答：因為我不是自誇的，就那個三清道祖和那個老母，他們是一種先天的，先天的就是不是從經書、打坐學過來的，自己會的就是一些頭腦有問題的、神經神經的、靈異的，或是說她為人很正直的，老天爺就很眷顧她，找她，你也推不掉，辦事情就是什麼話你就一直講，越講又越對呢，很多時候莫名奇妙我也搞不清楚呢！其實我很少打坐，可是我很喜歡自修，自己一個人靜一靜。

問：您跟千代師姑常常一起出國嗎？

答：對，常常出國。

問：你們去過哪些國家？

答：美國、關島、澳洲、加拿大溫哥華、印尼最多、馬來西亞、日本、新加坡、大陸、菲律賓、泰國、柬埔寨。

問：為什麼去印尼最多？

答：因為印尼有很多大陸的華僑，他們都很喜歡這種人。因為中國大陸以前在文革時，這些人都被消滅，他說是妖言惑眾，所以印尼那些人都很歡我們這種人。

問：在印尼辦事也是在真佛宗那種分堂嗎？

答：拜真佛宗也有，一般佛堂也有，拜金母、媽祖婆也有，都是做生意的人比較多。

問：千代師姑在那裡辦事嗎？

答：辦事和看風水都有，看人家的屋子。陰的風水房子都好大間，嚇死人，都有錢人。

問：她出國辦事情都是住哪裡？也是住在真佛宗的佛堂嗎？

答：不是，都是住在生意人的住家，辦事情就這樣叫過來就辦。

問：她一開始是如何與印尼那邊結緣、認識的？

答：印尼華僑都是生意人，他們互相作生意往來時就會介紹，辦好了就那其他人家去辦，都是坐小飛機，他們那時候坐飛機比坐火車便宜。

問：聽說千代師姑在那裡出門排場都很大？

答：都有三台車子在前面，安排兩位以上的翻譯，有精通英語的，或是精通印尼語的，車子裡面還有一個保鑣保護她。

問：

答：這張照片是她往生前最後一張拍的照，她七月往生的，這是她五月中旬要辦簽證時在這邊拍的照，國盛幫她拍的。

問：國盛是誰？

答：許國盛，他也是屬於真佛宗的人，比較偏向拜母娘。

問：哇！千代師姑真的跟很多真佛宗弟子有來往。

答：這張照片是最接近她往生前拍的照片，93 年五月。

問：她有去過大陸。

答：去天山朝聖。

問：聽說千代師姑辦完喪事後，有一部分的骨灰是拿去天山灑下的？

答：對對對，她要走的兩個月前，來我們家說，她要是過世了，我們跟他兒子就把她的骨頭燒一燒，往大海那邊灑一灑。我說我做不到這樣。結果那個女人就是嫁來林建華他們這邊，她的先生死了，就在秀麗（為林千代的二女兒）那邊幫忙做事情，千代師姑生病時，那個人就過去照顧她，那個女生是回教的人，也不知道這個阿婆很屬害，也不知道我的事情，她只覺得我這個人怪怪的。千代死了之後，拿了一部分骨灰，千代要死之前跟她說，妳幾月要回去，妳要去天山的天池那裡，瑤池金母那裡有一間廟妳去拜拜，骨灰灑一灑。結果就真的，她要回去也是千代說的，那罐骨灰就帶著，就去拜拜，骨灰帶著去坐船，因為天池很大，那天開遊艇的人就說戴她繞一圈，算是對她的優惠，逛的時候她就想到千代師姑說叫她把骨灰灑入海，因為新疆西藏有大的水池就叫做海池，山多平原多叫做壩子，她想到師姑叫她把骨灰灑入海，所以就真的把她灑入天池中，原本她沒有灑完，想說不能灑完要留一些做保身符，結果她還沒逛完天池，就聽到有一個聲音說不可以這樣，要全部都灑下去，她就覺

得一直有聲音這樣說，就感到很害怕，就趕快把骨灰全部都灑下去。

她要死之前兩個月來我家，還跟我說她要去印尼，我說妳已經病了瘦到皮包骨了，妳若真的要去辦事，我就叫誰叫誰都不要跟妳去，看妳要怎樣去。她說我叫松樹他老婆陪我去，我說松樹的小孩那麼大還黏著媽媽照顧，她要怎樣去照顧妳？她說她的親家母會去幫忙照顧小孩，已經說好了。我說不要啦！你病成這樣。她說我已經答應要去了，我說妳要是在那裡死掉怎麼辦？那妳會很熱鬧喔！那這樣大家就要去機場迎接妳喔！我叫他不要去，她說要怎麼辦？我看她一天一天不一樣了，走路就走不穩了，我叫她乾脆回去花蓮。說完以後就遇到颱風，颱風時我打電話去花蓮問，結果沒有回去耶！我就想她人一定在松樹他家，我就要打電話，可是又怕松樹他們夫妻倆不平衡，說師姑常常來這裡住那麼久，去他們那裡才住幾天我就這麼囉唆，我就要一個人「文章」，蔡文章，這個人也是很過分，他也是不知道石壁的歷史在亂講，我就叫他打電話去跟師姑叫她趕快回，不趕快回去會出事情，會很難看喔。她說不然我明天坐火車回去好了，我說不用啦，妳等颱風過後就坐飛機回去，妳坐火車回去，等妳回到花蓮骨頭就散掉了。回來以後就去慈濟，本來一開始說要去門諾醫院，我們松華跟我說，那時候我樓上人很多，松華跟我說我媽媽現在人在門諾，肚子很痛，醫生說可能裡面有破洞。我就說那門諾可以活喔！後來那個女人說門諾是基督教的不行啦，要去慈濟才可以，這樣就完蛋了。她以前就常說，我心臟不好，以後死不是因為心臟，她很清楚，她 79 歲就要走了，我就跟她說不要走啦！世界上像妳這種好人，而且還會這種的，世間上已經很少了，妳就多活兩三年啦。到他 81 歲時她就跟我說，我吃不下了，可能要走了，我也覺得自己像在搬家，她坐這裡，我坐這裡，就我們兩個人，她就跟我說些孩子氣的話。我就說這就是遇不到，若遇得到，像母娘遇到像我很會計較的這種人，活到一百歲也不打緊，她怎麼跟我說：「一百歲不好，一百歲已經都老了。」

問：

答：照片一堆喔，也有去南庄的。這是維多利亞、這是去澳洲的、這是去大陸安徽九華山。

問：受師姑宗教影響比較多的人，還有哪些人呢？

答：其實石壁部堂是一個很奇妙的地方，專門訓練一些小分堂的人，像楊傳

廣也是分出去的，像一些乩童訓練所，反而總堂沒有這樣訓練人耶。還有像白師姐她先生，也是她訓練出來的。

問：像千代師姑去印尼這麼多次，她跟哪個宮堂比較要好？早期南庄慈惠堂跟她關係不錯，南庄是石壁的第一支分堂，以前還去跟她捧場，去南庄牽過亡魂。

答：聽說千代師姑與您的關係很好，身體不舒服時都是在這裡休養。

問：對，她都躲在我這裡，我保護她，她都扮白臉，我都扮黑臉。人家找她辦事情很囉唆的，我都說她不在家，她人就在這邊，我都說不在。有時候她跟人家講好的，我都說對不起她現在在睡覺，你晚一點一點多再來好了。其實她人在這裡沒有睡覺，她說：「剛才誰打電話？她人不是來了嗎？」我說妳要幹什麼？她說：「我們約好了」，我怎麼瞞她，她的神明會告訴她，讓她閃都閃沒路。

答：她跟一個觀音堂很好，台中觀音堂，去那裡牽亡是很觀音，那個尼姑很有趣，她們在樓上忙，做他們的功課，我們在樓下牽我們的。她說我們跟這裡很有緣，她們人很好，欠貴人，我們就來這裡幫他們的忙，就在這裡牽亡跟超渡。如果你跟她很好，跟這個堂很好，就會來這裡幫忙牽亡，牽亡人就會來這邊拜，你這裡有辦超渡她就會來辦。

問：在台灣除了日祥慈惠堂、南庄、還有觀音堂，還有哪些地方是她也很好去幫忙牽過亡的？

答：玄聖殿也有啊！你說那個楊老師也是。

問：玄聖殿自己本身也有牽亡？

答：其實那也不是，就簡單說兩句，那個我也會。

問：高雄常去嗎？

答：也常去，是去辦事。林兆壹，是建設公司，日本人。

問：有一次她來我這邊，她說：「林桑、林桑，你蓋那麼多房子是誰要賣？妳要是今年有福氣賣18間，你就賺錢了啦！不然那麼多你要賣誰？」林先生說：「我賣幾間就超渡幾個，若賣18間就超渡18個。」那時候超渡燒神主牌是要自己抱去燒的，我看他抱著一堆，問他有幾個，他說就18個。過兩天師姑來，那對夫妻就來，他們就說：「師姑，我賣了 18 間，超渡了 18 個耶！」師姑就看著他們說：「真的嗎？」這就是你說的，說我賣18間就又超渡18個，你說這個陰的力量有沒有很厲害。以後石壁有錢就

會蓋個紀念館。

答：她第一次出國是什麼時候？

問：很早，那時候松華還沒有結婚，就是去西雅圖、關島，差不多二十多年前。有一次我跟她去印尼，坐在飛機上，就有人問我說坐我旁邊的是不是千代師姑，我說：「是，有什麼事嗎？」他說能不能問個事情，我就問師姑說能不能幫他問事，就這樣賺一個紅包。她賺紅包真是信手拈來，比我們種年柑還快，像有日本人問他事情，馬上就拿日本錢給她。

答：這個是林的女兒，這個旁邊的是印尼那邊的華僑，也會通靈，算是在印尼師姑牽起來的人，也算是弟子，叫做阿源，去年十一月也有回來石壁部堂拜拜，開金紙店，會收驚，收驚方式不同，念咒語。

問：聽說她的乾女兒很多？

答：有很多都是想拜師姑做徒弟，師姑說我徒弟很多，他們就說不然我就認妳做乾媽。其實她真正正式有收的，只有兩個，一個是住加拿大，加拿大那個是有正式去拜她的祖先，印尼那個沒有，不過印尼那個是她往生時有回去披麻戴孝，這兩個是很正式的認的，其他的都是她隨口應好的。她的弟子雖然看起來很多，都是她幫忙牽起來的，但真正有在辦事的，只有盧勝彥、我、和玄聖殿的，其他都是隨手幫忙隨便應的。其他正式分出去的堂，也不全都是千代師姑分的，有的是阿牙師姑，有的是大師姑，不全是千代師姑，有些是阿茶師姑牽的。

問：你知道千代師姑與玄聖殿楊老師的事情嗎？

答：我喔！我跟她合不來，我覺得她很誇張。她很愛收弟子，又喜歡收八大行業酒家女，所以錢很多。她很誇張喜歡買地建廟，又不親自去看，是看圖買地的，結果買到垃圾場的地。她廟還沒蓋好，就叫人認養刻一堆大理石的蓮花，廟還沒蓋好，蓮花就一大堆了。（略）玄聖殿早期很出名，連松山慈惠堂也跟不上。

問：千代師姑對廟裡的建設很盡心盡力，沒有說以後廟裡沒傳人要怎麼辦嗎？

答：她這個人就是這樣，她說：「我沒看到那就不管了！」